DUMONT

Vielen seiner Bewunderer gelten Michel Houellebecqs Essays als sein eigentliches Hauptwerk: Sie sind Houellebecq pur, die Essenz seines Schaffens. Literatur, Religion, Glaube, Meinungsfreiheit, Konservatismus, Liebe – das sind die Themen, mit denen sich Michel Houellebecq seit jeher beschäftigt. In diesen Texten, die mal provozieren, immer intellektuell anregen, führt er uns wie so oft die Mittelmäßigkeit und Absurdität des menschlichen Daseins vor Augen. Was Houellebecq in seinen Essays betreibt, ist keine Sozial- und Kulturkritik – es ist nicht weniger als Weltkritik.

Das Kompendium verbindet die Einzelbände ›Die Welt als Supermarkt‹ (2000), ›Ich habe einen Traum. Neue Interventionen‹ (2010) und ›Ein bisschen schlechter‹ (2020). Letzterer ist damit erstmals als Taschenbuch erhältlich.

Michel Houellebecq wurde 1958 geboren. Er gehört zu den wichtigsten Autoren der Gegenwart, seine Bücher werden in über 40 Ländern veröffentlicht. Für den Roman ›Karte und Gebiet‹ (2011) erhielt er den renommiertesten französischen Literaturpreis, den Prix Goncourt. Sein Roman ›Unterwerfung‹ (2015) stand wochenlang auf den Bestsellerlisten und wurde mit großem Erfolg verfilmt und für die Theaterbühne adaptiert. Zuletzt erschien sein Roman ›Vernichten‹ (2022).

MICHEL HOUELLEBECQ

INTERVENTIONEN 1992-2020
ESSAYS

Aus dem Französischen von Hella Faust
und Stephan Kleiner

DUMONT

MIX
Papier aus verantwortungsvollen Quellen
FSC® C083411

Dieses Buch wurde klimaneutral produziert.

Klimaneutral
Druckprodukt
ClimatePartner.com/17531-2110-1001

Februar 2022
DuMont Buchverlag, Köln

›Interventionen 1992 – 2020‹ verbindet die Bände ›Die Welt als Supermarkt‹, ›Ich habe einen Traum und ›Ein bisschen schlechter‹.

›Die Welt als Supermarkt‹
© Flammarion 1998
Die französische Originalausgabe erschien 1998 unter dem Titel ›Intervention‹ bei Flammarion, Paris.
© 1999 für die deutsche erweiterte Ausgabe: DuMont Buchverlag, Köln
›Ich habe einen Traum‹
© Michel Houellebecq/Flammarion 2009
Die französische Originalausgabe erschien 2009 unter dem Titel ›Intervention 2‹ bei Flammarion, Paris.
© 2010 für die deutsche Ausgabe: DuMont Buchverlag, Köln
›Ein bisschen schlechter‹
© Michel Houellebecq and Flammarion, Paris, 2020
Die französische Originalausgabe erschien 2020 unter dem Titel ›Interventions 2020‹ bei Flammarion, Paris.
© 2020 für die deutsche Ausgabe: DuMont Buchverlag, Köln
Übersetzung: Hella Faust, Stephan Kleiner
Umschlaggestaltung: Lübbeke Naumann Thoben, Köln
Umschlagabbildung: © plainpicture/Anja Bäcker
Satz: Angelika Kudella, Köln
Gesetzt aus der Documenta
Druck und Verarbeitung: CPI books GmbH, Leck
Gedruckt auf säurefreiem und chlorfrei gebleichtem Papier
Printed in Germany
ISBN 978-3-8321-6634-2

www.dumont-buchverlag.de

INHALT

DIE WELT ALS SUPERMARKT.

INTERVENTIONEN

Der Roman, von gleicher Gestalt wie der Mensch, sollte normalerweise alles von ihm enthalten können. Man glaubt beispielsweise zu Unrecht, dass die Menschen ein rein materielles Leben führen. Gewissermaßen parallel zu ihrem Leben stellen sie sich unentwegt Fragen, die man in Ermangelung eines besseren Ausdrucks *philosophisch* nennen muss. Ich habe diesen Zug in allen Klassen der Gesellschaft, von den einfachsten bis in die gebildetsten hinein, beobachten können. Physischer Schmerz, Krankheit und Hunger machen es unmöglich, diese existenziellen Fragestellungen vollständig zum Verstummen zu bringen. Dieses Phänomen hat mich schon immer beschäftigt und mehr noch die Tatsache, dass man es verkennt. Es steht in so lebhaftem Kontrast zu dem zynischen Realismus, der seit einigen Jahrhunderten in Mode ist, will man über die Menschheit reden.

Die »theoretischen Überlegungen« scheinen mir folglich ein genauso guter Romanstoff zu sein wie alle anderen auch, ja ein besserer als die meisten anderen. Das Gleiche gilt für Diskussionen, Gespräche, Debatten … Es gilt noch offensichtlicher für die Literatur-, Kunst- oder Musikkritik. Im Grunde müsste man alles in ein einziges Buch verwandeln können, an dem man bis zu seinem Tod schriebe. Es scheint mir eine vernünftige, glückliche Lebensweise zu sein und eine, die sich bis auf wenige Dinge vielleicht sogar in die Praxis umsetzen lässt. Die einzige Sache, von der ich in Wirklichkeit glaube, dass sie sich schwierig in einen Roman einfügen lässt, ist die Poesie. Ich sage nicht, dass es unmöglich ist, ich sage, dass es mir sehr schwierig vorkommt. Es gibt die Poesie, es gibt das Leben. Zwischen den beiden gibt es Ähnlichkeiten, mehr nicht.

Der offensichtlichste gemeinsame Nenner der hier versammelten Texte ist, dass man mich gebeten hat, sie zu schreiben. Sie sind in verschiedenen Zeitschriften veröffentlicht und dann unauffindbar geworden. Im Sinne des oben Gesagten hätte ich in Erwägung ziehen können, sie in einem größeren Werk weiterzuverwenden. Ich habe es versucht, es ist mir aber nur selten gelungen. Mir liegt jedoch noch immer an diesen Texten. Das ist, kurz gesagt, der Grund dieser Veröffentlichung.

M. H.

JACQUES PRÉVERT IST EIN ARSCHLOCH

Dieser Artikel erschien in der Nummer 22 (Juli 1992) der Zeitschrift Lettres françaises.

Jacques Prévert ist jemand, dessen Gedichte man in der Schule lernt. Aus ihnen geht hervor, dass er Blumen mochte, Vögel, die alten Stadtviertel von Paris usw. Die Liebe schien ihm in einer Atmosphäre der Freiheit zu erblühen. Er war allgemein *eher für* die Freiheit. Er trug eine Schildmütze und rauchte Gauloises. Man verwechselt ihn zuweilen mit Jean Gabin. Er war es übrigens, der die Drehbücher für *Hafen im Nebel, Pforten der Nacht* usw. schrieb. Er schrieb auch das Drehbuch für *Die Kinder des Olymp,* das man für sein Meisterwerk hält. All das sind genügend gute Gründe, um Jacques Prévert zu hassen, vor allem, wenn man die nie verfilmten Drehbücher liest, die Antonin Artaud zur gleichen Zeit schrieb. Es ist traurig festzustellen, dass dieser widerwärtige *poetische Realismus,* dessen wichtigster Vertreter Jacques Prévert war, noch immer verheerende Auswirkungen hat. Man glaubt, Leos Carax ein Kompliment zu machen, wenn man ihn dazuzählt (genau wie man Rohmer wahrscheinlich für einen neuen Guitry hält usw.) Das französische Kino hat sich vom Aufkommen des Tonfilms in Wirklichkeit nie erholt. Es wird zum Schluss daran zugrunde gehen, was nicht weiter schlimm ist.

Jacques Prévert hatte in der Nachkriegszeit, ungefähr zur gleichen Zeit wie Jean-Paul Sartre, ungeheuren Erfolg. Man ist wider Willen vom Optimismus dieser Generation verblüfft. Heute wäre der einflussreichste Denker eher jemand wie Cioran. Damals hörte man Vian, Brassens ... Verliebte, die sich auf öffentlichen Parkbänken abknutschen, Babyboom, der massenhafte Bau von Sozialwohnungen, um all diese Leute unterzubringen. Viel Optimismus, Glaube an die Zukunft und ein wenig Idiotie. Wir sind unbestreitbar viel intelligenter geworden.

Bei den Intellektuellen ist Prévert weniger gut weggekommen. Und das, obwohl seine Gedichte nur so strotzen von stupiden Wortspielen, die bei Bobby Lapointe so gefallen. Aber es ist wahr, dass das Chanson, ein wie man sagt, *minderwertiges Genre* ist und dass auch der Intellektuelle sich entspannen muss. Wenn man den geschriebenen Text, seinen wirklichen Broterwerb, unter die Lupe nimmt, wird der Intellektuelle unerbittlich. Die »Textarbeit« bleibt bei Prévert dürftig. Er schreibt schlicht und wirklich ungezwungen, mitunter sogar gefühlvoll. Er interessiert sich weder für den Stil noch für die Unmöglichkeit zu schreiben. Seine große Inspirationsquelle ist eher das Leben. Den Dissertationen ist er daher im Wesentlichen entkommen. Heute hingegen zieht er in die Pléiade ein, was einem zweiten Tod gleichkommt. Sein Werk liegt vor uns, komplett und erstarrt. Ein ausgezeichneter Grund, sich zu fragen, weshalb die Poesie von Jacques Prévert so mittelmäßig ist, dass man sich bei ihrer Lektüre manchmal schämt. Die klassische Erklärung (es fehle seinem Stil an »Strenge«) ist völlig falsch. Seine Wortspiele, sein leichter und klarer Rhythmus bringen Préverts Weltanschauung in Wirklichkeit perfekt zum Ausdruck. Die Form passt zum Inhalt, wohl das Höchste, was man von einer Form verlangen kann. Wenn ein Dichter zudem bis zu diesem Grad ins Leben eintaucht, in das wirkliche Leben seiner Zeit, wäre es eine Beleidigung, ihn mit rein stilistischen Kriterien zu bewerten. Wenn Prévert schreibt, dann deshalb, weil er etwas zu sagen hat. Das gereicht ihm ganz zu seiner Ehre. Was er zu sagen hat, ist leider von grenzenloser Dummheit. Es wird einem manchmal übel. So gibt es hübsche nackte Mädchen, Spießer, die wie Schweine bluten, wenn man ihnen den Hals aufschlitzt. Die Kinder sind sympathisch unsittlich, die Strolche verführerisch und potent, denen die hübschen nackten Mädchen ihre Körper hingeben. Die Bürger sind alt, fett, impotent, mit der Ehrenlegion geschmückt und ihre Frauen frigide. Priester sind widerwärtige alte Ekel, die die Sünde erfunden haben, um uns das Leben zu vergällen. All das ist bekannt. Man kann dem Baudelaire vorziehen. Oder gar Karl Marx, der sich wenigstens nicht in der Zielscheibe irrt, wenn er schreibt, dass »der Triumph der Bourgeoisie die heiligen Schauer der religiösen Extase, des ritterlichen Enthusiasmus und der Dreigroschensentimentalität in den eiskalten Wassern des egoistischen Kalküls ertränkt hat«.[1] Intelligenz ist beim Schreiben von Gedichten keine Hilfe. Sie kann jedoch verhindern, dass man schlechte Gedichte schreibt. Jacques Prévert ist ein schlechter Dichter, vor allem deshalb, weil seine Weltsicht platt, oberflächlich und falsch ist. Sie war schon zu seiner Zeit falsch, heute aber springt seine Unbegabtheit so sehr ins Auge, dass das gesamte Werk die Darlegung eines gigantischen Klischees zu sein scheint. Philosophisch und politisch gesehen ist Jacques Prévert vor allem ein Libertin, das heißt im Wesentlichen ein Dummkopf.

»In den eiskalten Wassern des egoistischen Kalküls« plätschern wir seit unserer zartesten Kindheit. Man kann sich daran gewöhnen, versuchen, zu überleben. Man kann auch darin versinken. Aber es ist unmöglich, sich vorzustellen, dass allein die Freisetzung von Lustgefühlen in der Lage sein soll, eine Erwärmung herbeizuführen. Die Anekdote will, dass es Robespierre war, der darauf bestand, der Losung der Republik das Wort Brüderlichkeit hinzuzufügen. Heute sind wir imstande, diese Anekdote angemessen zu würdigen. Prévert hielt sich mit Sicherheit nicht für einen Anhänger der Brüderlichkeit. Robespierre jedoch war alles andere als ein Gegner der Tugend.

DIE FEIER

Das Ziel der Feier ist es, uns vergessen zu machen, dass wir einsam, elend und dem Tode geweiht sind. Anders gesagt, es ist das Ziel der Feier, uns in Tiere zu verwandeln. Deshalb hat der Primitive ein hoch entwickeltes Gespür fürs Feiern. Eine gute Dosis halluzinogener Pflanzen, drei Tamburins und die Sache geht in Ordnung: Ein Nichts amüsiert ihn. Im Gegensatz dazu gerät der durchschnittliche Westeuropäer erst am Ende endloser *Rave-Parties,* aus denen er taub und mit Drogen vollgepumpt herauskommt, in eine unzulängliche Ekstase: *Er hat überhaupt kein Gespür mehr fürs Feiern.* Sich seiner zutiefst bewusst, den anderen vollkommen fremd, terrorisiert vom Gedanken an den Tod, ist er wirklich unfähig, zu welcher Fusion auch immer zu gelangen. Trotzdem bleibt er eigensinnig. Der Verlust seiner tierischen Kondition betrübt ihn, er empfindet darüber Scham und Verdruss. Er wäre gern ein Lebemann oder würde zumindest gern als ein solcher gelten. Er befindet sich in einer scheußlichen Lage.

WAS HABE ICH MIT DIESEN ARSCHLÖCHERN ZU TUN?

»Wenn sich zwei von Euch in meinem Namen vereinen, werde ich in ihrer Mitte sein« (Matthäus, 17, 13). Das ist genau das Problem: vereint in wessen Namen? Was rechtfertigt es im Grunde, miteinander vereint zu sein?

Vereint, um sich zu amüsieren. Das ist der schlimmste der Fälle. Unter diesen Umständen (Nachtclubs, Volksfeste, Feiern), die sichtlich nichts Amüsantes an sich haben, gibt es nur eine einzige Lösung: anbaggern. Man verlässt sodann die Gattung Feier, um in einen rauen narzisstischen Wettbewerb – mit oder ohne *Option »Penetration«* – hinüberzuwechseln. (Gewöhnlich geht man davon aus, dass der Mann die Penetration braucht, um die gewünschte narzisstische Befriedigung zu erlangen. Er spürt dann etwas, das dem Klappern der Freispiele bei alten Flipperautomaten entspricht. Die Frau begnügt sich zumeist mit der Gewissheit, dass man in sie einzudringen wünscht.) Wenn Sie sich von dieser Art Spielchen abgestoßen fühlen, wenn Sie sich außerstande fühlen, dabei eine gute Figur abzugeben, dann gibt es nur eine Lösung: so schnell wie möglich aufzubrechen.

Vereint, um zu kämpfen (Studentendemos, Umweltschützertreffen, Talkshows über die Banlieue). Die Idee ist a priori genial: Das fröhliche Bindemittel einer gemeinsamen Sache kann tatsächlich einen Gruppeneffekt hervorrufen, ein Zugehörigkeitsgefühl, ja, sogar eine echte kollektive Trunkenheit. Leider folgt die Massenpsychologie unwandelbaren Gesetzen: der Herrschaft der dümmsten und aggressivsten Bestandteile. Man befindet sich also inmitten einer lautstark grölenden, ja, gefährlichen Bande. Man ist folglich vor die gleiche Wahl gestellt wie im Nachtklub: aufbrechen, bevor es zu Handgreiflichkeiten kommt, oder anbaggern (in einem hier günstigeren Umfeld: das Vorhandensein gemeinsamer Überzeugungen, die diversen, vom Ablauf der Protestveranstaltung hervorgerufenen Gefühle haben den narzisstischen Panzer womöglich leicht erschüttert).

Vereint, um zu vögeln (Swingerklubs, private Orgien, bestimmte New-Age-Gruppen). Eine der einfachsten und ältesten Formeln: die Menschheit in dem zu vereinen, was sie in der Tat zutiefst gemeinsam hat. Geschlechtsakte finden statt, selbst wenn der Genuss nicht immer zur Stelle ist. Es ist immerhin etwas, aber auch schon alles.

Vereint, um zu zelebrieren (Messen, Pilgerfahrten). Die Religion bietet eine ganz und gar originelle Formel an: Trennung und Tod werden kühn geleugnet, indem man bekräftigt, dass wir wider allen Anschein in göttlicher Liebe baden und uns gleichzeitig auf eine glückliche Ewigkeit zubewegen. Eine religiöse Zeremonie, an die die Teilnehmenden glauben, bietet das einzigartige Beispiel einer *gelungenen* Feier. Bestimmte agnostische Teilnehmer fühlen sich während der Dauer der Zeremonie möglicherweise sogar von einem Gefühl des Glaubens übermannt; sie laufen dann jedoch Gefahr, schmerzlich ernüchtert zu werden (ein wenig wie beim Geschlechtsakt, nur schlimmer). Eine Lösung: von der Gnade berührt zu sein.

Die Pilgerfahrt, die die Vorteile der Studentendemonstration mit denen der Nouvelles-Frontières-Reisen kombiniert, all das in einem von der Müdigkeit noch verschärften Ambiente der Geistigkeit, bietet darüber hinaus die idealen Bedingungen für die Anbaggerei, die darüber fast unfreiwillig, ja aufrichtig wird. Der beste Fall am Ende einer Pilgerfahrt: Heirat und Konversion. Im entgegengesetzten Fall kann die Ernüchterung schrecklich sein. Sehen Sie vor, eine UCPA-Reise zum Thema »Gleitsportarten« anzuschließen, die Sie immer noch rechtzeitig stornieren können (informieren Sie sich im Voraus über die Stornierungsbedingungen).

DIE TRÄNENLOSE FEIER

In Wirklichkeit reicht es aus, Amüsement vorgesehen zu haben, um sicherzugehen, dass man sich langweilt. Ideal wäre es daher, völlig aufs Feiern zu verzichten. Leider ist der Lebemann eine in solchem Maße respektierte Persönlichkeit, dass dieser Verzicht eine starke Minderung des sozialen Images zur Folge hat. Die wenigen folgenden Ratschläge dürften ermöglichen, das Schlimmste zu vermeiden (bis zum Schluss allein bleiben, in einem Zustand der Langeweile, der sich zur Verzweiflung hin entwickelt, mit dem irrtümlichen Eindruck, dass sich die anderen amüsieren).

- Sich im Voraus klarmachen, dass die Feier zwangsläufig misslingen wird. Sich die Beispiele früherer Misserfolge vor Augen halten. Es geht nicht darum, deswegen eine zynische und blasierte Haltung anzunehmen. Im Gegenteil, das bescheidene und von einem Lächeln begleitete Akzeptieren des allgemeinen Desasters ermöglicht den Erfolg, eine misslungene Feier in einen Augenblick angenehmer Banalität zu verwandeln.

- Stets vorsehen, allein und im Taxi nach Hause zu fahren.

- Vor der Feier: trinken. Alkohol in moderater Dosierung erzeugt eine sozialisierende und euphorisierende Wirkung, die nach wie vor keine wirkliche Konkurrenz hat.

- Während der Feier: trinken, aber die Dosierung verringern (der Cocktail Alkohol plus vorherrschende Erotik verleitet schnell zur Gewalttätigkeit, zum Selbstmord und zum Mord). Es ist geschickter, im passenden Moment eine halbe Lexomil zu nehmen. Da der Alkohol den Effekt der Beruhigungsmittel verstärkt, beobachtet man umgehend Schläfrigkeit: der richtige Zeitpunkt, um ein Taxi zu rufen. Eine gute Feier ist eine kurze Feier.

- Nach der Feier: anrufen, um sich zu bedanken. Friedlich auf die nächste Feier warten (einen monatlichen Abstand einhalten, der sich in der Ferienzeit auf eine Woche verkürzen kann).

Zum Schluss eine tröstliche Aussicht: Mit zunehmendem Alter nimmt die Verpflichtung zu feiern ab, der Hang zur Einsamkeit nimmt zu. Das wirkliche Leben gewinnt wieder die Oberhand.

FATA MORGANA
von Jean-Claude Guiguet

Dieser Artikel erschien in der Nummer 27 (Dezember 1992) der Zeitschrift Lettres françaises.

Eine Familie aus dem Bildungsbürgertum am Ufer des Genfer Sees. Klassische Musik, kurze Sequenzen mit intensiven Dialogen, dazwischen Schnitte mit Blick auf den See: All das vermittelt möglicherweise den schmerzlichen Eindruck eines *Déjà-vu*. Die Tatsache, dass die Tochter malt, vergrößert unsere Unruhe noch. Aber nein, es handelt sich nicht um den fünfundzwanzigsten Klon von Eric Rohmer. Es handelt sich seltsamerweise um weit mehr.

Wenn ein Film unentwegt Nervendes neben Magisches stellt, ist es selten, dass das Magische zum Schluss die Oberhand gewinnt; genau das aber geschieht hier. Die recht ungenau spielenden Schauspieler haben sichtlich Schwierigkeiten, einen Text zu interpretieren, dem man zu sehr anhört, dass er geschrieben ist, und der mitunter ans Lächerliche grenzt. Sagen wir, dass sie nicht immer den richtigen Ton treffen, was vielleicht nicht ausschließlich ihre Schuld ist. Was ist der richtige Tonfall für einen Satz wie »Das schöne Wetter ist mit von der Partie«? Nur die Mutter, Louise Marleau, ist von Anfang bis Ende perfekt, und es ist ohne Zweifel der von ihr gesprochene wunderbare Monolog einer verliebten Frau (eine erstaunliche Sache im Film, der Monolog einer verliebten Frau), der ausschlaggebend dafür ist, dass wir uneingeschränkt Anteil nehmen. Einige fragwürdige Dialoge, gewisse, etwas schwerfällige musikalische Zeichensetzungen lassen sich wohl entschuldigen; in einem gewöhnlichen Film blieben sie übrigens unbemerkt.

Ausgehend von einem tragisch einfachen Thema (es ist Frühling, das Wetter ist schön; eine fünfzigjährige Frau wünscht sich sehnlichst, eine letzte sinnliche Leidenschaft zu erleben; die Natur ist schön, aber sie ist auch grausam) ist Jean-Claude Guiguet das größte Risiko eingegangen: das der formalen Perfektion. In diesem Film, der vom Werbeclip wie vom auftrumpfenden Realismus meilenweit entfernt ist, meilenweit entfernt auch von willkürlicher Experimentiererei, gibt es keine andere Suche als die nach Schönheit pur. Die klassische, geläuterte Zerlegung in Sequenzen von zartem Wagemut findet ihre exakte Entsprechung in der unerbittlichen Geometrie der Bildeinstellungen. Das alles ist präzise, nüchtern, angelegt wie die Facetten eines Diamanten: ein seltenes Werk. Es ist auch selten, einen Film zu sehen, in dem das Licht sich mit solcher Klugheit der emotionalen Stimmung der Szenen anpasst. Die Beleuchtung und die Ausstattung der Innenaufnahmen treffen den richtigen Ton, sind von unendlichem Taktgefühl. Wie eine diskrete und intensive Orchesterbegleitung bleiben sie im Hintergrund. Das Licht bricht nur in die Außenaufnahmen ein, in die sonnigen, an den See grenzenden Wiesen, nur dort spielt es eine zentrale Rolle. Auch da herrscht vollkommene Übereinstimmung mit der Aussage des Films. Sinnlich und gewaltig leuchtende Gesichter. Die flimmernde Maske der Natur, hinter der sich, wie man weiß, ein abstoßendes Gewimmel verbirgt, eine Maske, die abzureißen jedoch unmöglich ist. Nie ist, ganz nebenbei gesagt, der Geist von Thomas Mann mit solcher Tiefe erfasst worden. Von der Sonne haben wir nichts Gutes zu erwarten, den Menschen aber kann es bis zu einem gewissen Grad vielleicht gelingen, einander zu lieben. Ich erinnere mich nicht, jemals eine Mutter gehört zu haben, die zu ihrer Tochter auf so überzeugende Weise »Ich liebe dich« gesagt hätte. In keinem Film, noch nie. *Fata Morgana* will vehement, nostalgisch, fast schmerzhaft ein kultivierter, ein europäischer Film sein. Und merkwürdigerweise gelingt ihm das, indem er Tiefe, ein echt germanisches Gespür für den Riss mit einem zutiefst französischen Leuchten, einer klassischen Reinheit der Beleuchtung verbindet. Ein wirklich seltener Film.

DER VERLORENE BLICK
Lob des Stummfilms

Dieser Artikel erschien in der Nummer 32 (Mai 1993) der Zeitschrift Lettres françaises.

Der Mensch spricht, manchmal spricht er nicht. Ist er bedroht, krümmt er sich, seine Blicke durchsuchen hastig den Raum. Ist er verzweifelt, zieht er sich zurück, wickelt sich ein in Angst. Ist er glücklich, verlangsamt sich seine Atmung. Sein Leben hat einen gleichmäßigeren Rhythmus. Es hat in der Geschichte der Welt zwei Kunstformen (die Malerei, die Bildhauerei) gegeben, die versucht haben, die menschliche Erfahrung mithilfe von bewegungslosen Darstellungen, von angehaltenen Bewegungen zusammenzufassen. Manchmal entschieden sie sich dafür, die Bewegung in ihrem Gleichgewicht, ihrer größten Anmut (in ihrer Unsterblichkeit) anzuhalten: Man denke an all die Jungfrauen mit Kind. Manchmal entschieden sie sich dafür, die Handlung in ihrer höchsten Spannung, ihrem intensivsten Ausdruck anzuhalten – so der Barock, aber auch zahlreiche Gemälde von Caspar David Friedrich, die an eine gefrorene Explosion erinnern. Sie haben sich jahrtausendelang entwickelt; sie hatten die Möglichkeit, Werke hervorzubringen, die im Sinne ihres verborgensten Ehrgeizes – die Zeit anzuhalten – vollendet waren.

Es hat in der Geschichte der Welt eine Kunst gegeben, die

sich das Studium der Bewegung zum Inhalt gemacht hatte. Diese Kunst hat sich in dreißig Jahren entwickeln können. Zwischen 1925 und 1930 hat sie einige Einstellungen – in einigen Filmen – hervorgebracht (ich denke vor allem an Murnau, Eisenstein, Dreyer), die ihr Dasein als Kunst belegten. Dann verschwand sie, offensichtlich für immer.

Die Dohlen geben Zeichen der Warnung und des gegenseitigen Erkennens aus. Man hat mehr als sechzig Zeichen entziffern können. Die Dohlen bleiben eine Ausnahme: Im Großen und Ganzen arbeitet die Welt in einer schrecklichen Stille. Sie drückt ihr Wesen durch die Form und die Bewegung aus. Der Wind fegt über das Gras (Eisenstein), eine Träne läuft über ein Gesicht (Dreyer). Der Stummfilm sah, wie sich ein unermesslicher Raum vor ihm auftat: Er untersuchte nicht nur die menschlichen Gefühle, er untersuchte nicht nur die Bewegungen der Welt. Sein größter Ehrgeiz war es, die Bedingungen der Wahrnehmung zu untersuchen. Die Unterscheidung zwischen Hintergrund und Figur bildet die Grundlage unserer Darstellungen; aber unser Geist sucht auf geheimnisvolle Weise auch zwischen der Gestalt und der Bewegung, zwischen der Form und ihrem Entstehungsprozess seinen Weg durch die Welt – daher das fast hypnotische Gefühl, das uns überfällt, wenn wir vor einer starren Form stehen, die von einer ununterbrochenen Bewegung hervorgebracht wurde, wie etwa die stehenden Wellen an der Oberfläche einer Pfütze.

Was hat sich nach 1930 davon erhalten? Einige Spuren, vor allem in Werken von Regisseuren, die zur Zeit des Stummfilms zu drehen begonnen hatten (Kurosawas Tod war mehr als nur der Tod eines Mannes); einige Augenblicke in Experimentalfilmen, in wissenschaftlichen Dokumentarfilmen, ja, sogar in Serienproduktionen (die vor wenigen Jahren entstandene Serie *Australia* ist dafür ein Beispiel). Diese Augenblicke erkennt man unschwer daran, dass Sprechen in ihnen unmöglich ist, dass selbst die Musik in ihnen etwas Kitschiges, Schwerfälliges, Vulgäres bekommt. Wir werden zu reiner Wahrnehmung, die Welt erscheint in ihrer Immanenz. Wir sind überaus glücklich, ein Glück, das seltsam ist. Verliebtsein kann diese Art Effekte ebenfalls erzeugen.

LEERER HIMMEL

In dem Film, den Pasolini über das Leben des heiligen Paulus zu drehen gedachte, hatte er die Absicht, die Mission des Apostels auf die heutige Welt zu übertragen; sich die Form auszumalen, die sie inmitten der Geschäftsmoderne annehmen könnte; und das, ohne den Text der Briefe zu verändern. Er hatte jedoch den Plan, Rom gegen New York auszutauschen, und gibt dafür einen naheliegenden Grund an: Wie damals Rom ist heute New York das Zentrum der Welt, der Sitz der Mächte, die die Welt beherrschen (er schlägt im gleichen Sinne vor, Athen gegen Paris und Antiochia gegen London auszutauschen). Nach einigen Stunden Aufenthalt in New York merke ich, dass es wahrscheinlich einen anderen, verborgeneren Grund gibt, den nur der Film hätte ans Licht bringen können. In New York wie in Rom spürt man trotz der scheinbaren Dynamik eine eigenartige Verfalls- und Todesstimmung, eine Endzeitstimmung. Ich weiß wohl, dass »die Stadt brodelt, dass sie ein Schmelztiegel ist, dass in ihr eine wahnsinnige Energie pulsiert« usw. Dennoch war mir seltsamerweise eher danach, in meinem Hotelzimmer zu bleiben, die Möwen anzuschauen, die quer über die verlassenen Hafenanlagen an den Ufern des Hudson River flogen. Ein sanfter Regen fiel auf die Lagerhäuser aus Ziegelstein; es war sehr besänftigend. Ich konnte mir durchaus vorstellen, mich unter einem dreckig braunen Himmel in einer riesigen

Wohnung zu verschanzen, während am Horizont letzte sporadische Kämpfe verglühen würden. Später würde ich ausgehen, durch endgültig verödete Straßen laufen können. So wie im buschigen Unterholz Pflanzenschichten übereinanderliegen, stehen in New York unterschiedliche Höhen und Stile in einem unvorhersehbaren Wirrwarr nebeneinander. In mehr als einer Straße hat man das Gefühl, durch einen Canyon, zwischen Felsburgen hindurchzulaufen. Ein wenig wie in Prag (aber eingeschränkter: Die New Yorker Gebäude decken nur ein Jahrhundert Architektur ab) hat man manchmal den Eindruck, in einem Organismus umherzulaufen, den Gesetzen des natürlichen Wachstums unterworfen. (Dagegen erstarren Burens Säulen in den Gärten des Palais Royal in einem albernen Gegensatz zu ihrer architektonischen Umgebung; man spürt deutlich die Gegenwart eines menschlichen Willens und sogar die eines recht dürftigen menschlichen Willens, in der Art eines Gags.) Es ist möglich, dass die menschliche Architektur den Gipfel ihrer Schönheit erst dann erreicht, wenn sie durch Brodeln und Aneinanderreihungen an ein natürliches Gebilde zu erinnern beginnt; genau wie die Natur den Gipfel ihrer Schönheit erst dann erreicht, wenn sie durch Lichtspiele und formale Abstraktion den Verdacht eines *voluntaristischen* Ursprungs erweckt.

DIE SCHÖPFERISCHE ABSURDITÄT

Dieser Artikel erschien in der Nummer 13 der Zeitschrift Les Inrockuptibles *anlässlich der Neuauflage.*

Jean Cohen, Theoretiker der Poesie, ist Autor zweier Werke: Structure du langage poétique (Die Struktur der poetischen Sprache) *(Flammarion/Champs, 1966) und* Le haut langage (Die hohe Sprache) *(Flammarion, 1979). Letzteres wurde 1995 kurz nach dem Tode des Autors bei José Corti neu aufgelegt.*

Structure du langage poétique wird den ernsthaften Kriterien der Universität gerecht. Das ist nicht unbedingt eine Kritik. Jean Cohen macht in seinem Buch darauf aufmerksam, dass sich die Poesie im Vergleich zur gewöhnlichen Sprache der Prosa, die dazu dient, Informationen zu übermitteln, erhebliche Abweichungen erlaubt. Sie benutzt immer wieder Epitheta, die nicht zwingend sind (»weiße Dämmerungen«, Mallarmé; »schwarze Parfüme«, Rimbaud). Sie erliegt der Versuchung des Evidenten (»Zerreißen Sie es nicht mit Ihren beiden weißen Händen«, Verlaine; der prosaische Geist feixt: Hat sie etwa drei?) Sie schreckt nicht vor einer gewissen Inkonsequenz zurück (»Ruth sann und Booz träumte, das Gras war schwarz«, Hugo; eine Aneinanderreihung von zwei Aussagen, unterstreicht Cohen, deren logische Einheit nur schwer nachzuvollziehen ist). Sie findet Gefallen – und das mit Vergnügen – an der Redundanz, die die Prosa als *Wiederholung* ächtet. Ein Grenzfall ist *Llanto por Ignacio Sanchez Mejias,* ein Gedicht von Garcia Lorca, in dem die Worte *cinco de la tarde* in den zweiundfünfzig Versen dreißigmal wiederkehren. Zum Nachweis seiner Behauptung analysiert der Autor im statistischen Vergleich poetische Texte und Texte in Prosa (Höhepunkt des Prosaischen sind für ihn – bezeichnenderweise – die Schriften der großen Wissenschaftler des ausgehenden 19. Jahrhunderts: Pasteur, Claude Bernard, Marcelin Berthelot). Die gleiche Methode führt ihn zu der Feststellung, dass das Ausmaß der poetischen Abweichung bei den Romantikern weit größer ist als bei den Klassikern und bei den Symbolisten noch zunimmt. Auch wenn man das intuitiv bereits geahnt hat, es ist dennoch angenehm, das so klar nachgewiesen zu bekommen. Am Ende des Buches ist man sich einer Sache sicher: Der Autor hat tatsächlich bestimmte für die Poesie charakteristische Abweichungen gefunden. Wohin aber tendieren diese Abweichungen? Worin besteht ihr Ziel, wenn sie eins besitzen?

Nach mehreren Wochen Seefahrt meldete man Christoph Columbus, dass die Hälfte der Lebensmittel aufgebraucht sei. Nichts wies auf die Nähe von Land hin. Das ist genau der Augenblick, in dem sein Abenteuer ins Heldenhafte umschlug: der Augenblick, in dem er die Entscheidung traf, weiter nach Westen zu segeln, obwohl er wusste, dass es nach menschlichem Ermessen keine Möglichkeit der Rückkehr mehr gab. Jean Cohen deckt seine Karten bereits in der Einführung von *Haut langage* auf: Was die Frage des Wesens der Poesie betrifft, wird er von allen bestehenden Theorien abrücken. Was die Poesie ausmacht, sagt er, ist nicht die Tatsache, dass der

Prosa (wie man lange Zeit geglaubt hat, zu jener Zeit, als ein Gedicht es sich schuldig war, in Versen abgefasst zu sein) eine bestimmte Musik hinzugefügt wird; es ist auch nicht die Tatsache, dass man einer unterschwelligen Bedeutung eine explizite Bedeutung hinzufügt (marxistische, Freudsche Deutungen etc.) Es ist noch weniger die Tatsache, dass sich hinter der ersten Bedeutung noch andere Bedeutungen verbergen (polysemische Theorie). Kurz gesagt, Poesie ist nicht Prosa plus etwas anderes: Sie ist nicht mehr als Prosa, sie ist *anders. Structure du langage poétique* endete mit der Feststellung: Die Poesie weicht von der gewöhnlichen Sprache ab, und sie tut es immer mehr. Dabei kommt einem natürlich eine Theorie in den Sinn: Ziel der Poesie sei es demnach, eine maximale Abweichung festzumachen, alle bestehenden Kommunikationscodes aufzubrechen, zu dekonstruieren. Auch diese Theorie weist Jean Cohen zurück. Jede Sprache, versichert er, übernimmt eine Funktion von Intersubjektivität, und auch die Poesie entgeht dieser Regel nicht: Die Poesie spricht anders, aber sie spricht von der Welt, so wie die Menschen sie wahrnehmen. Genau an diesem Punkt geht er ein nennenswertes Risiko ein: Denn wenn die abweichenden Strategien der Poesie nicht ihr eigentliches Ziel sind, wenn die Poesie wirklich mehr ist als eine Suche nach oder ein Spiel mit der Sprache, wenn sie wirklich anstrebt, eine andere Sprache über dieselbe Realität zu begründen, dann hat man es mit zwei unversöhnlichen Weltanschauungen zu tun.

Die Marquise ging um fünf Uhr siebzehn fort; sie hätte auch um sechs Uhr zweiunddreißig fortgehen können. Das Wassermolekül setzt sich aus zwei Wasserstoffatomen und einem Sauerstoffatom zusammen. Der Umfang der Geldgeschäfte hat 1995 beträchtlich zugenommen. Um die Erdanziehungskraft zu überwinden, muss eine Rakete beim Start eine Schubkraft entwickeln, die zu ihrer Masse direkt proportional ist. Die Sprache der Prosa gliedert Überlegungen, Argumente, Fakten; im Grunde gliedert sie vor allem Fakten. Willkürliche, aber mit großer Präzision beschriebene Ereignisse kreuzen sich in einem neutralen Raum und einer neutralen Zeit. Aus unserer Weltanschauung verschwindet jeder qualitative oder emotionale Aspekt. Es handelt sich um die vollkommene Verwirklichung von Demokrits Ausspruch: »Das Zarte und das Bittere, das Warme und das Kalte sind nur Meinungen; es gibt an Wahrem nur die Atome und die Leere.« Ein Text von wirklicher, aber begrenzter Schönheit, bei dem man unwiderstehlich an den Stil der Autoren des Nouveau Roman erinnert wird, deren Einfluss sich seit ungefähr vierzig Jahren fortsetzt, eben weil dieser Stil einer demokritischen Metaphysik entspricht, die noch immer überwiegt; in einem Maße, dass man sie mitunter mit dem wissenschaftlichen Programm insgesamt verwechselt, während dieses nur ein Gelegenheitsbündnis mit ihr eingegangen ist – selbst wenn dieses Bündnis mehrere Jahrhunderte gehalten hat –, dazu bestimmt, das religiöse Denken zu bekämpfen.

»Wenn tief und schwer der Himmel wie ein Deckel drückt ...« Dieser wie so viele Verse von Baudelaire schrecklich *schwerfällige* Vers strebt etwas ganz anderes an als die Weitergabe einer Information. Es ist nicht nur der Himmel, sondern die ganze Welt, das Wesen dessen, der spricht, die Seele dessen, der zuhört, die von einem Ton der Angst und Beklemmung befallen werden. Die Poesie ereignet sich; Pathetik überflutet die Welt.

Jean Cohen zufolge strebt die Poesie danach, einen von Grund auf alogischen Diskurs zu erzeugen. Für die Sprache, die informiert, ist es möglich, dass das, was ist, nicht oder anders ist, anderswo oder in einer anderen Zeit. Die Abweichungen der Poesie dagegen streben nach einem »Effekt der Unumschränktheit«, bei dem das Bejahende die gesamte Welt überflutet, ohne dass sich ein äußerlicher Widerspruch behaupten könnte. Dies rückt das Gedicht in die Nähe von primitiveren Ausdrucksformen wie Wehklagen oder Geschrei. Das Register ist zugegeben von beachtenswertem Umfang, aber die Wörter sind ihrem Wesen nach dem Schrei gleich. In der Poesie beginnen sie zu schwingen, sie finden ihre ursprüngliche Schwingung wieder. Diese aber ist nicht nur musikalischer Natur. Es ist die von ihnen bezeichnete Realität, die durch die Worte zu ihrer gräulichen oder zauberischen Macht, zu ihrem ursprünglichen Pathos zurückfindet. Azurblau ist eine unmittelbare Erfahrung. Genauso fühlt sich der Mensch allein auf der Welt, wenn die Helligkeit des Tages abnimmt, wenn die Dinge ihre Farben und Konturen verlieren und langsam in einem Grau verschmelzen, das dunkler wird. Das war der Fall seit seinen ersten Tagen auf der Welt, das war der Fall, noch bevor er Mensch war. Es ist älter als jede Sprache. Die Poesie versucht, zu diesen aufwühlenden Wahrnehmungen zurückzufinden, wozu sie natürlich die Sprache, den »Signifikanten«, benutzt. Die Sprache ist für sie jedoch nur ein Mittel. Eine Theorie, die Jean Cohen in folgendem Satz zusammenfasst: »Die Poesie ist der Gesang des Signifikats.«

Man versteht sodann, dass er davon ausgehend eine andere These entwickelt: Bestimmte Wahrnehmungsweisen der Welt sind in sich poetisch. Alles, was dazu beiträgt, Grenzen aufzulösen, aus der Welt ein homogenes und undifferenziertes Ganzes zu machen, ist von poetischer Kraft durchdrungen (so verhält es sich mit Nebel oder der Dämmerung). Bestimmte Dinge haben eine poetische Auswirkung, nicht als Dinge, sondern weil sie, indem sie einzig durch ihre Präsenz die Begrenzung des Raumes und der Zeit rissig machen, einen besonderen psychologischen Zustand herbeiführen (und die Analysen über den Ozean, die Ruine, das Schiff sind zugegebenermaßen verwirrend). Die Poesie ist nicht nur eine andere Sprache, sie ist ein anderer Blick. Eine Art, die Welt, alle Dinge der Welt zu sehen (Autobahnen genau wie Schlangen, Blumen genau wie Parkplätze). In diesem Abschnitt des Buches gehört Jean Cohens Poetik in keiner Weise mehr der Linguistik an; sie knüpft direkt an die Philosophie an.

Jede Wahrnehmung baut auf einer doppelten Unterscheidung auf: der zwischen dem Objekt und dem Subjekt und der zwischen dem Objekt und der Welt. Die Klarheit, mit der diese Unterschiede gesehen werden, hat weitreichende philosophische Implikationen, und ohne willkürlich zu sein, lassen sich die bestehenden Metaphysiken längs dieser beiden Achsen verteilen. Jean Cohen zufolge bewirkt die Poesie eine allgemeine Auflösung der Markierungen: Objekt, Subjekt und die Welt verschmelzen in ein- und derselben pathetischen und lyrischen Stimmung. Demokrits Metaphysik dagegen treibt die Klarheit dieser beiden Unterscheidungen bis zum Äußersten (eine Klarheit, die blendet wie die Sonne auf weißen Steinen an einem Augustnachmittag: »Es gibt nichts anderes als die Atome und die Leere.«).

Im Prinzip scheint man sich in der Sache einig, die Poesie –

als sympathisches Überbleibsel einer prälogischen Mentalität, der Mentalität des Primitiven oder des Kindes – zu verurteilen. Das Problem besteht darin, dass Demokrits Metaphysik falsch ist. Sie stimmt, um genauer zu sein, nicht mehr mit den Erkenntnissen der Physik des 20. Jahrhunderts überein. Die Quantenmechanik macht in der Tat jede Möglichkeit einer materialistischen Metaphysik zunichte und führt dazu, dass die Unterscheidungen zwischen Objekt, Subjekt und der Welt von Grund auf neu überdacht werden müssen.

Bereits 1927 unterbreitete Niels Bohr einen Vorschlag, die sogenannte »Kopenhagener Deutung«. Die Kopenhagener Deutung, Ergebnis eines mühsamen und mitunter tragischen Kompromisses, betont die Instrumente, die Messprotokolle. Sie stellt den Akt der Erkenntnis auf neue Grundlagen und zeigt damit die ganze Dimension von Heisenbergs Unschärferelation: Wenn es unmöglich ist, alle Parameter eines physikalischen Systems gleichzeitig mit Präzision zu messen, dann nicht nur, weil sie »durch die Messung gestört werden«, sondern weil sie nicht unabhängig von ihr existieren. Von ihrem früheren Zustand zu sprechen, hat folglich keinen Sinn. Die Kopenhagener Deutung befreit den wissenschaftlichen Akt, indem sie das Paar Beobachter – Beobachtetes an den Ort und Platz einer hypothetischen realen Welt stellt. Sie ermöglicht es, die Wissenschaft allgemeingültig als zwischenmenschliches Kommunikationsmittel über »das, was wir beobachtet haben, das, was wir gelernt haben«, um Bohrs Worte zu verwenden, neu zu begründen.

Die Physiker dieses Jahrhunderts sind der Kopenhagener Deutung insgesamt treu geblieben, was keine sehr bequeme Position ist. Denn in der tagtäglichen Praxis der Forschung ist das beste Mittel voranzukommen natürlich, sich an einen streng positivistischen Ansatz zu halten, der sich wie folgt zusammenfassen lässt: »Wir begnügen uns damit, Beobachtungen zu sammeln, Beobachtungen von Menschen, und sie mit Gesetzen in Einklang zu bringen. Die Idee der Wirklichkeit ist nicht wissenschaftlich, sie interessiert uns nicht.« Nichtsdestotrotz muss es unangenehm sein, sich mitunter darüber klar zu werden, dass die Theorie, die man gerade aufstellt, nicht in einer klar verständlichen Sprache formulierbar ist.

Und das in einem Maße, dass sich merkwürdige Annäherungen andeuten. Seit Langem verblüfft mich die Feststellung, dass die Theoretiker der Physik, wenn sie die Spektralzerlegungen, die Hilbert-Räume, die hermitischen Operatoren usw. hinter sich gelassen haben, die das Gros ihrer Publikationen ausmachen, die poetische Sprache jedes Mal nachdrücklich würdigen – wenn man sie dazu befragt. Weder den Kriminalroman noch die serielle Musik: nein, was sie interessiert und verwirrt, ist bezeichnenderweise die Poesie. Bevor ich Jean Cohen gelesen hatte, verstand ich wirklich nicht, weshalb. Als ich seine Poetik entdeckte, wurde mir bewusst, dass wirklich etwas im Gange war und dass dieses Etwas im Zusammenhang mit den Vorschlägen von Niels Bohr stand.

In der begrifflichen Katastrophenstimmung, die die Entdeckung der ersten Quanten bewirkt hatte, hat man mitunter nahegelegt, dass es angebracht wäre, eine neue Sprache zu schaffen, eine neue Logik – oder gar beides. Es war klar, dass die alte Sprache und Logik für die Darstellungen des Universums der Quanten nicht geeignet war. Bohr war dennoch zurückhaltend. Die Poesie, betonte er, beweise, dass der subtile und zum Teil widersprüchliche Gebrauch der Umgangssprache es ermöglicht, ihre Grenzen zu überwinden. Das von Bohr eingeführte Prinzip der Komplementarität ist eine Form, mit dem Widerspruch *subtil umzugehen:* Man führt zur Betrachtung der Welt simultan zwei komplementäre Blickwinkel ein, von denen sich jeder unzweideutig in einer klar verständlichen Sprache ausdrücken lässt und die beide, voneinander getrennt, falsch sind. Ihre gemeinsame Präsenz schafft eine neue, für die Vernunft unbehagliche Situation. Aber nur mit diesem konzeptuellen Unbehagen wird es uns gelingen, zu einer korrekten Darstellung der Welt zu gelangen. Darüber hinaus bekräftigt Jean Cohen, dass der absurde Gebrauch, den die Poesie von der Sprache macht, nicht ihr eigentliches Ziel ist. Die Poesie bricht die Ketten des Kausalen und spielt unentwegt mit der Explosivkraft der Absurdität; aber sie ist nicht die Absurdität. Sie ist die Absurdität, die zur Schöpferin gemacht wurde; zur Schöpferin eines anderen, seltsamen, aber unmittelbaren, unbegrenzten, emotionalen Sinnes.

GESPRÄCH MIT JEAN-YVES JOUANNAIS UND CHRISTOPHE DUCHÂTELET

Das Gespräch erschien in *Art Press,* n° 199, Februar 1995.

Was macht die wenigen Schriften, deren Autor du bist – vom Essay über H. P. Lovekraft über den Band Rester vivant (Am Leben bleiben) *mit der Gedichtsammlung* La poursuite du bonheur (Die Verfolgung des Glücks) *bis zum letzten Roman* Ausweitung der Kampfzone *–, zu einem Werk? Welche Einheit, welcher Grundgedanke, welche Besessenheit liegt ihm zugrunde?*

Ich glaube, ihm liegt vor allem die Ahnung zugrunde, dass das Universum auf der Trennung, dem Leiden und dem Bösen basiert; der Entscheidung, diesen Sachverhalt zu beschreiben und ihn möglicherweise zu überwinden. Die Frage der – literarischen oder nicht literarischen – Mittel ist nebensächlich. Am Anfang steht die radikale Verweigerung der Welt im Zustand, in dem sie sich befindet, sowie der Glaube an die Begriffe von Gut und Böse. Der Wille, diese Begriffe zu ergründen, ihren Wirkungsbereich – mich selber einbegriffen – abzustecken. Dann erst kommt die Literatur. Der Stil kann variieren; das ist eine Frage des inneren Rhythmus, des persönlichen Befindens. Ich sorge mich nicht sonderlich um Fragen der Kohärenz; mir scheint, dass sich das von selbst ergibt.

Ausweitung der Kampfzone *ist dein erster Roman. Wie kam es nach einem Gedichtband zu dieser Entscheidung?*

Ich wünschte, es gäbe keinen Unterschied. Man müsste einen Gedichtband hintereinanderweg, von Anfang bis Ende, lesen können. Genauso müsste sich ein Roman auf einer x-beliebigen Seite aufschlagen lassen und unabhängig vom Kontext gelesen werden können. Es gibt keinen Kontext. Es ist angebracht, dem Roman zu misstrauen, man darf sich weder von der Geschichte hereinlegen lassen noch vom Tonfall noch vom Stil. Genau wie man im Alltag vermeiden muss, sich von seiner eigenen Geschichte hereinlegen zu lassen – oder, noch heimtückischer, von der Persönlichkeit, von der man annimmt, dass es die eigene ist. Man sollte sich eine gewisse lyrische Freiheit erkämpfen; ein idealer Roman sollte Versdichtung und Gesangspassagen enthalten können.

Er könnte auch wissenschaftliche Diagramme enthalten.

Ja, das wäre perfekt. Man sollte alles hineinstecken können. Novalis und die deutschen Romantiker allgemein zielten auf eine totale Erkenntnis ab. Es war ein Irrtum, diese Ambition aufzugeben. Wir zappeln wie zerquetschte Fliegen. Was der Tatsache keinen Abbruch tut, dass wir zur totalen Erkenntnis bestimmt sind.

Deine Texte sind eindeutig von einem schrecklichen Pessimismus gekennzeichnet. Könntest du zwei oder drei Gründe nennen, die deiner Meinung nach dem Selbstmord Aufschub gewähren?

Kant hat den Selbstmord 1797 in seinen *Metaphysischen Anfangsgründen der Tugendlehre* rundweg verurteilt. Ich zitiere ihn: »In seiner eigenen Person das Subjekt der Sittlichkeit zu vernichten, heißt, die Sittlichkeit, soweit es von einem selbst abhängt, aus der Welt zu schaffen.« Das Argument scheint wie oft bei Kant naiv und in seiner Unschuld ziemlich pathetisch; dennoch glaube ich, dass es das einzig gültige ist. Nur das Pflichtgefühl kann uns wirklich am Leben erhalten. Konkret gesagt: Will man sich mit einer praktischen Pflicht versehen, muss man es so einrichten, dass das Glück eines anderen von der eigenen Existenz abhängt; man kann zum Beispiel versuchen, ein kleines Kind großzuziehen, oder man kann zur Not einen Pudel kaufen.

Kannst du dich zu der soziologischen Theorie äußern, derzufolge der für den Kapitalismus typische Kampf um den sozialen Erfolg mit einem perfideren und brutaleren, diesmal sexuellen Kampf gekoppelt ist?

Das ist ganz einfach. Jede tierische und menschliche Gesellschaft richtet ein hierarchisches Differenzierungssystem ein, das sich auf Geburt (aristokratisches System), auf Reichtum, auf Schönheit, auf Körperkraft, auf Intelligenz, auf Begabung gründen kann. Diese Kriterien halte ich übrigens alle für gleich verachtenswert, ich lehne sie ab. Die einzige Überlegenheit, die ich anerkenne, ist die Güte. Gegenwärtig bewegen wir uns in einem zweidimensionalen System: dem der erotischen Attraktivität und dem des Geldes. Alles andere, das Glück und das Unglück der Leute, leitet sich daraus ab. Für mich handelt es sich in keiner Weise um eine Theorie.

Wir leben tatsächlich in einer simplen Gesellschaft, für deren komplette Beschreibung diese wenigen Sätze ausreichen.

Eine der brutalsten Szenen des Romans spielt in einem Nachtklub in der Vendée. Dort finden rein sexuelle Begegnungen statt, Szenen misslungener Verführung, Misserfolge, die Ursache für Rachegefühle und Bitterkeit sind. Dieser Ort erscheint in deinen Texten wie das Pendant zu einem Supermarkt. Wird an ihm auf die gleiche Weise konsumiert?

Nein. Man könnte eine Parallele ziehen zwischen der Werbung für Hühner und der für Miniröcke. Aber mit der Hervorhebung des Angebots hört die Analogie auch auf. Der Supermarkt ist das wahre Paradies der Moderne. Der Kampf hört an seiner Tür auf, die Armen beispielsweise betreten ihn nicht. Man hat woanders Geld verdient, jetzt wird es ausgegeben für ein sich ständig erneuerndes und abwechslungsreiches Angebot, dessen guter Geschmack meist zuverlässig und dessen Nährwert gut dokumentiert ist. Nachtklubs bieten einen ganz anderen Anblick. Trotz fehlender Aussichten werden sie weiterhin von zahlreichen Frustrierten besucht. Sie haben somit Gelegenheit, sich Minute für Minute ihre eigene Erniedrigung vor Augen zu führen. Wir stehen der Hölle hier viel näher. Nebenbei gesagt, gibt es Supermärkte des Sex, die einen nahezu kompletten Pornokatalog anbieten. Das Wesentliche aber fehlt ihnen. Denn das, was beim Sex hauptsächlich gesucht wird, ist nicht der Genuss, sondern die narzisstische Befriedigung, die Huldigung, die der begehrte Partner der eigenen erotischen Geschicklichkeit erweist. Das ist übrigens auch der Grund, weshalb Aids nicht viel verändert hat. Das Kondom verringert den Genuss, aber im Gegensatz zu Lebensmitteln ist nicht der Genuss das gesuchte Ziel: Ziel ist die narzisstische Trunkenheit der Eroberung. Der Pornokonsument verspürt nicht nur nicht diese Trunkenheit, sondern ein oft geradezu entgegengesetztes Gefühl. Will man das Bild vervollständigen, könnte man abschließend hinzufügen, dass manche Leute, solche mit abweichenden Wertmaßstäben, Sexualität weiterhin mit Liebe gleichsetzen.

Könntest du dich zu dem Informatikingenieur äußern, den du den »vernetzten Menschen« genannt hast? Worauf verweist diese Art von Figur in der heutigen Welt?

Man muss sich darüber klar werden, dass die Fertigwaren dieser Welt – Stahlbeton, elektrische Lampen, Metrozüge, Taschentücher – gegenwärtig von einer kleinen Klasse von Ingenieuren und Technikern entworfen und produziert werden. Sie sind imstande, sich entsprechende Apparaturen auszudenken und umzusetzen, sie allein sind wirklich produktiv. Sie stellen vielleicht 5 % der berufstätigen Bevölkerung dar – und dieser Prozentsatz ist ständig am Sinken. Der soziale Nutzen des restlichen Unternehmenspersonals – kaufmännische Angestellte, Werbeleute, Büroangestellte, Verwaltungskader, Designer – ist viel weniger einsichtig: Sie könnten verschwinden, ohne dass der Produktionsprozess dadurch wirklich beeinträchtigt würde. Ihre Rolle besteht offensichtlich darin, verschiedene Informationsklassen aufzustellen und zu manipulieren, das heißt verschiedene Pausverfahren für eine Realität, die ihnen aus den Händen gleitet. Die gegenwärtige Explosion von Informationsübertragungsnetzen muss in diesen Zusammenhang gestellt werden. Eine Handvoll Techniker – in Frankreich sind das höchstens fünftausend Personen – ist für das Definieren der Protokolle und das Realisieren der Apparaturen verantwortlich, die in den kommenden Jahrzehnten den sofortigen Transport jeglicher Form von Information – Text, Ton, Bild, möglicherweise auch taktile und elektrochemische Stimuli – auf weltweiter Ebene ermöglichen sollen. Einige von ihnen entwickeln zu ihrer Tätigkeit einen positiven Diskurs, demzufolge der Mensch, von dem man annimmt, er stünde im Zentrum der Produktion und verarbeite die Informationen, seine volle Größe erst in der Vernetzung mit einer größtmöglichen Anzahl analoger Zentren finden werde. Die Mehrzahl dagegen entwickelt keinen Diskurs; sie begnügt sich damit, ihre Arbeit zu tun. Damit verwirklicht sie voll und ganz das Techniker-Ideal, das den Gang der Geschichte der westlichen Gesellschaften seit dem Ende des Mittelalters steuert und das sich in einem Satz zusammenfassen lässt: »Wenn es technisch realisierbar ist, wird es technisch realisiert werden.«

Man kann deine Geschichte einer zunächst psychologischen Lesart unterziehen, es ist jedoch die soziologische Lesart, die nachhaltig prägt. Handelt es sich womöglich um ein Werk, das eher wissenschaftliche als literarische Ambitionen hat?

Das ginge nun doch zu weit. Als Jugendlicher war ich in der Tat von der Wissenschaft fasziniert – insbesondere von den neuen Konzepten, die in der Quantenmechanik entwickelt wurden. Diese Fragen bin ich in meinen Schriften jedoch noch nicht wirklich angegangen. Die realen Überlebensbedingungen dieser Welt haben mich wahrscheinlich zu sehr in Anspruch genommen. Dennoch bin ich ein wenig überrascht, wenn man mir sagt, dass mir psychologische Porträts von Individuen, von Personen gelingen. Vielleicht ist es wahr, aber auf der anderen Seite habe ich oft den Eindruck, dass die Individuen in etwa identisch sind, dass das, was sie ihr Ich nennen, nicht wirklich existiert, und dass es in gewissem Sinne einfacher ist, den Gang der Geschichte zu definieren. Vielleicht liegen hier die Prämissen einer Komplementarität à la Niels Bohr vor: Welle und Teilchen, Position und Geschwindigkeit, Individuum und Geschichte. Was das mehr Literarische angeht, so spüre ich deutlich die Notwendigkeit zweier komplementärer Herangehensweisen: das Pathetische und das Klinische. Auf der einen Seite das Sezieren, die kaltblütige Analyse, der Humor; auf der anderen die emotionale und lyrische Anteilnahme, lyrisch im Sinne eines unmittelbaren Lyrismus.

Du hast dir das Genre des Romans ausgesucht, trotzdem scheinst du die Poesie von Natur aus vorzuziehen.

Die Poesie ist das natürlichste Mittel, um die reine Intuition eines Augenblicks zu vermitteln. Es gibt wirklich einen Kern reiner Intuition, der sich direkt in Bilder oder Wörter übertragen lässt. Solange man bei der Poesie bleibt, bleibt man bei der Wahrheit. Die Probleme fangen erst an, wenn es darum geht, diese Fragmente zu gliedern, eine sowohl inhaltliche als auch musikalische Kontinuität herzustellen. Dabei hat mir wahrscheinlich die Erfahrung der Montage sehr geholfen.

Du hast in der Tat einige Kurzfilme gedreht, bevor du mit dem Schreiben begonnen hast. Wer hat dich beeinflusst? Und welchen Bezug gibt es zwischen diesen Bildern und deiner Literatur?

Ich mochte Murnau und Dreyer sehr; ich mochte auch all das, was man deutschen Expressionismus genannt hat – auch wenn der wichtigste bildliche Bezugspunkt dieser Filme wahrscheinlich mehr die Romantik als der Expressionismus ist. Sie studieren die Faszination der Reglosigkeit, die ich versucht habe, in Bilder, später in Worte umzusetzen. Es gibt noch etwas anderes, das tief in mir sitzt, eine Art ozeanisches Gefühl. Es ist mir nicht gelungen, es in Filmen zu umschreiben. Ich hatte nicht einmal wirklich Gelegenheit, es zu probieren. Es in Worte umzusetzen, ist mir mitunter gelungen, in einigen Gedichten. Aber ich werde mich sicherlich eines Tages auf die Bilder besinnen müssen.

Kann man sich zum Beispiel vorstellen, deinen Roman zu verfilmen?

Ja, durchaus. Im Grunde handelt es sich um ein Drehbuch, das dem von *Taxi Driver* recht nahekommt. Die visuelle Seite muss jedoch verändert werden. Es hat nichts mit New York zu tun: Die Filmkulisse würde sich hauptsächlich aus Glas, Stahl, reflektierenden Oberflächen zusammensetzen. Büros von Landschaftsarchitekten, Bildschirme; das Universum einer neuen Stadt, die ein in seiner Art einmaliger, erfolgreich geregelter Verkehr durchquert. Gleichzeitig ist die Sexualität in diesem Buch eine Folge von Misserfolgen. Man sollte vor allem jede Verherrlichung des Erotischen vermeiden; die Ermüdung filmen, die Masturbation, das Erbrechen. Aber all das in einer durchsichtigen, kunterbunten, fröhlichen Welt. Wenn man schon einmal dabei ist, könnte man auch Diagramme und grafische Darstellungen einführen: sexuelle Hormonwerte im Blut, Gehalt in Kilofrancs … Man darf nicht zögern, Theoretiker zu sein; man muss auf allen Fronten angreifen. Eine Überdosis Theorie erzeugt eine eigenartige Dynamik.

Du beschreibst deinen Pessimismus als etwas, das nur eine Etappe sein dürfte. Was kann danach kommen?

Ich würde gern der beklemmenden Gegenwart der modernen Welt entkommen; in ein Universum à la *Mary Poppins* zurückkehren, in dem alles gut wäre. Ich weiß nicht, ob mir das gelingen wird. Auch sich über die allgemeine Entwicklung der Dinge zu äußern, ist schwer. In Anbetracht des vorliegenden sozioökonomischen Systems, in Anbetracht vor allem unserer philosophischen Annahmen ist absehbar, dass sich der Mensch unter furchtbaren Bedingungen demnächst in eine Katastrophe stürzt; wir sind schon mittendrin. Die logische Folge des Individualismus ist Mord und Unglück. Die Begeisterung, mit der wir uns in diesen Ruin stürzen, ist bemerkenswert, wirklich sehr seltsam. Es ist zum Beispiel erstaunlich, mit welch freudiger Unbekümmertheit man die Psychoanalyse aus dem Weg geräumt hat – die es zugegeben durchaus verdiente –, um sie durch eine reduzierende Lesart des Menschen auf der Basis von Hormonen und Neurotransmittern zu ersetzen. Die mit den Jahrhunderten fortgeschrittene Auflösung der Sozial- und Familienstrukturen, die zunehmende Tendenz von Individuen, sich als isolierte, dem Stoßgesetz unterliegende Teilchen, als provisorische Aggregate noch kleinerer Teilchen anzusehen, all das bewirkt natürlich, dass sich auch nicht die geringfügigste politische Lösung in die Praxis umsetzen lässt. Es ist folglich legitim, dass man damit anfängt, die Quellen eines hohlen Optimismus zu beseitigen. Wenn man auf eine mehr philosophische Analyse der Geschehnisse zurückkommt, wird einem bewusst, dass die Situation noch seltsamer ist, als man zunächst geglaubt hat. Von einem falschen Weltbild geleitet, steuern wir auf eine Katastrophe zu; und niemand weiß es. Die Neurochemiker selber scheinen sich nicht darüber im Klaren zu sein, dass ihre Disziplin auf einem Minenfeld vorrückt. Früher oder später werden sie die molekularen Grundlagen des Bewusstseins angehen; sie werden sich dann mit voller Wucht an Denkweisen stoßen, die aus der Quantenphysik hervorgegangen sind. Wir werden nicht um eine Neudefinition der Wissensgrundlagen, um eine Neudefinition des eigentlichen Begriffs der Realität herumkommen; für das Gefühlsleben sollte man sich das bereits jetzt vor Augen führen. Wie dem auch sei, wir werden sterben, solange wir eine mechanistische und individualistische Weltanschauung beibehalten. Es erscheint mir daher unvernünftig, noch länger im Leiden und Bösen zu verharren. Die Idee des Ich besetzt seit fünfhundert Jahren den Raum. Es ist Zeit, eine andere Richtung einzuschlagen.

BRIEF AN LAKIS PROGUIDIS

In der Nummer 9 der Zeitschrift L'Atelier du roman *untersuchte Lakis Proguidis das Verhältnis zwischen Poesie und Roman, und das ganz besonders in meinen Schriften. Diese »Antwort« erschien in der Nummer 10 (Frühjahr 1997).*

Mein lieber Lakis,

seit wir uns kennen, spüre ich, dass Dich meine seltsame (zwanghafte? masochistische?) Verbundenheit mit der Poesie, die ich in regelmäßigen Abständen zum Ausdruck bringe, verwirrt. Du hast natürlich ein Vorgefühl für deren Nachteile: die Sorge der Verleger, die Bestürzung der Kritiker; fügen wir, um das Bild abzurunden, hinzu, dass ich seit meinem Erfolg als Romancier die Dichter aufbringe. Angesichts einer so hartnäckig verfolgten Manie stellst Du Dir natürlich Fragen; Deine Fragen gaben schließlich Anlass zu einem Artikel, der in der Nummer 9 von *L'Atelier du Roman* erschien. Sagen wir es ganz deutlich: Ich war von der Ernsthaftigkeit und der Tiefe dieses Artikels beeindruckt. Nach seiner Lektüre spürte ich, dass es schwierig werden würde, mich noch länger zu entziehen; dass es an mir sein würde, zu versuchen, mich zu den von Dir gestellten Fragen zu äußern.

Die Idee einer Literaturgeschichte, die von der globalen Menschheitsgeschichte abgetrennt wäre, scheint mir nur wenig brauchbar (und ich würde dem hinzufügen, dass die Demokratisierung des Wissens sie immer künstlicher macht). Wenn ich mich im Folgenden auf außerliterarische Wissensbereiche beziehe, geschieht dies folglich weder aus Provokation noch aus einer Laune heraus. Das 20. Jahrhundert wird für die breite Öffentlichkeit ohne jeden Zweifel das Zeitalter bleiben, in dem eine wissenschaftliche Erklärung der Welt triumphierte, von der sie meint, sie gehe einher mit einer materialistischen Ontologie und mit dem Prinzip des lokalen Determinismus. So gewinnt etwa die Erklärung menschlicher Verhaltensmuster mithilfe einer kurzen Liste digitaler Parameter (im Wesentlichen eine Konzentration von Hormonen und Neurotransmittern) jeden Tag an Boden. In diesen Dingen gehört der Romancier ganz offensichtlich der breiten Öffentlichkeit an. Ist er ehrlich, müsste ihm die Gestaltung einer Romanfigur folglich wie eine ein wenig vergebliche Stilübung erscheinen; kurz, ein technischer Plan würde ausreichen. Es ist peinlich, das zu sagen, aber das Konzept der Romanfigur scheint mir die Existenz wenn nicht einer Seele, so doch wenigstens einer *psychologischen Tiefe* vorauszusetzen. Zumindest muss man zugeben, dass die zunehmende Erkundung einer Psychologie lange Zeit als eines der Spezialgebiete des Romanciers gegolten hat und dass die radikale Einschränkung seiner Fähigkeiten ihn zu Zweifeln hinsichtlich der Rechtmäßigkeit seiner Tätigkeit führen muß.

Schlimmer noch: Wie die Beispiele von Dostojewski oder von Thomas Mann eindringlich zeigen, ist der Roman der natürliche Ort, um philosophische Debatten auszutragen oder philosophische Zerrissenheit zum Ausdruck zu bringen. Es ist ein Euphemismus zu sagen, dass der Triumph des Glaubens an die Wissenschaft den Raum dieser Debatten, den Umfang dieser Zerrissenheit gefährlich einschränkt. Wenn unsere Zeitgenossen über das Wesen der Welt aufgeklärt werden möchten, wenden sie sich nicht mehr an Philosophen oder Denker, die aus den »Geisteswissenschaften« kommen – die sie meist für harmlose Kasper halten –, sondern vertiefen sich in Stephen Hawking, Jean-Didier Vincent oder Trinh Xuan Thuan. Mir scheint, dass die beschränkte Mode der Kneipendiskussionen, der noch durchschlagendere Erfolg der Astrologie oder der Hellseherei höchstens ausgleichende, verschwommen schizophrene Reaktionen auf die Ausweitung der für unausweichlich gehaltenen wissenschaftlichen Weltanschauung sind.

Unter diesen Bedingungen wendet sich der in einem erstickenden Behaviorismus verfangene Roman schließlich seinem einzigen, allerletzten Rettungsanker zu: der »Schreibweise« (in diesem Stadium wird das Wort »Stil« kaum noch benutzt; es ist nicht beeindruckend, nicht mysteriös genug). Summa summarum stünde auf der einen Seite die Wissenschaft, die Ernsthaftigkeit, die Erkenntnis, das Reale. Auf der anderen Seite die Literatur, ihre Willkürlichkeit, ihre Eleganz, ihre Spiele mit der Form; die Produktion von »Texten«, kleinen spielerischen Gegenständen, die sich durch den Zusatz von Präfixen (Para-, Meta-, Inter-) kommentieren lassen. Der Inhalt dieser Texte? Es ist nicht gesund, nicht zulässig, ja, sogar unvorsichtig, davon zu sprechen.

Das Spektakel hat seine traurige Seite. Was mich betrifft, habe ich den technischen Ausschweifungen, wie sie von diesem oder jenem Formalisten des Nouveau Roman für ein so dünnes Endresultat ins Werk gesetzt wurden, nie ohne Herzbeklemmen beiwohnen können. Um durchzuhalten, wiederholte ich mir oft Schopenhauers Satz: »Die erste – und praktisch einzige – Voraussetzung für einen guten Stil ist, dass man etwas zu sagen hat.« Dieser Satz ist in seiner charakteristischen Brutalität hilfreich. Wenn zum Beispiel in einer literarischen Unterhaltung das Wort »Schreibweise« fällt, weiß man, dass es Zeit ist, sich ein wenig zu entspannen. Sich umzuschauen, noch ein Bier zu bestellen. Was hat das mit Poesie zu tun? Anscheinend gar nichts. Im Gegenteil – die Poesie scheint auf den ersten Blick noch ernsthafter von der dummen Idee angesteckt, derzufolge die Literatur eine Arbeit mit Sprache sei; mit dem Ziel, eine Schreibweise hervorzubringen. Ein erschwerender Umstand: Sie ist besonders empfänglich für die formalen Bedingungen, unter denen sie ausgeübt wird (Georges Perec zum Beispiel ist es gelungen, trotz Oulipo ein großer Schriftsteller zu werden; ich kenne keinen Dichter, der dem Lettrismus widerstanden hätte). Anzumerken ist jedoch, dass die Auslöschung der Romanfigur sie in keiner Weise betrifft, dass die philosophische – übrigens genauso wenig wie irgendeine andere – Debatte nie ihr natürlicher Ort gewesen ist. Sie behält also einen Großteil ihrer Kraft – unter der Bedingung natürlich, dass sie es akzeptiert, von ihr Gebrauch zu machen.

Ich finde interessant, dass Du im Zusammenhang mit mir Christian Bobin erwähnst, sei es, um zu betonen, was mich von diesem liebenswürdigen Gottesanbeter unterscheidet (was mich bei ihm irritiert, ist weniger seine Entzückung über die »bescheidenen Dinge der von Gott geschaffenen Welt« als der ständig von ihm vermittelte Eindruck, dass er über seine eigene Entzückung entzückt ist). Du hättest auch den um einiges abscheulicheren, zweifelhaften Coelho erwähnen können. Ich habe nicht die Absicht, den unangenehmen Folgen der von mir getroffenen Wahl auszuweichen: nämlich die eingeschläferte Macht der poetischen Ausdruckskraft wiederzuerwecken. Wenn die Poesie, sobald sie über die Welt zu sprechen versucht, so mühelos metaphysischer oder mystischer Tendenzen beschuldigt wird, dann aus einem einfachen Grund: Außer dem mechanistischen Reduktionismus und den Albernheiten des *New Age* gibt es nichts mehr. Nichts. Eine erschreckende intellektuelle Leere, eine totale Wüste.

Das 20. Jahrhundert wird – auch – als jenes paradoxe Zeitalter zurückbleiben, in dem die Physiker den Materialismus widerlegten, auf den lokalen Determinismus verzichteten und alles in allem jene Ontologie der Dinge und Eigenschaften völlig aufgaben, die sich zur gleichen Zeit in der breiten Öffentlichkeit als das konstitutive Element einer wissenschaftlichen Weltanschauung durchsetzte. In dieser (wirklich ausgezeichneten) Nummer 9 von *L'Atelier du roman* wird die einnehmende Persönlichkeit von Michel Lacroix erwähnt. Ich habe sein letztes Werk, *L'idéologie du New Age,* aufmerksam gelesen und wieder gelesen. Meine Schlussfolgerung ist klipp und klar: Er hat keine Chance, aus dem von ihm aufgenommenen Kampf siegreich hervorzugehen. Er hat recht, wenn er sagt, dass das *New Age,* das seinen Ursprung in dem unerträglichen, von der sozialen Auflösung verursachten Leiden hat, das seit seinem Entstehen den neuen Kommunikationsmitteln fest verbunden ist, das wirksame Technologien des Wohlstands anbietet, unendlich mächtiger ist, als man es sich vorstellt. Das Denken des *New Age,* auch darin hat er recht, ist weit mehr als ein Remix früherer Quacksalbereien: Es war in der Tat das erste Denken, das aus den jüngsten Umwälzungen, die im wissenschaftlichen Denken stattgefunden hatten (das Studium globaler Systeme, deren Summe nicht auf ihre Bestandteile zurückzuführen ist; der Nachweis der Unteilbarkeit von Quanten), Kapital zu schlagen gedachte. Anstatt seine Angriffe auf diesem Boden zu führen (wo das Denken des New Age letztlich auf wackligen Füßen steht, denn die Umwälzungen, die stattgefunden haben, vertragen sich mit einem uneingeschränkten Positivismus genauso gut wie mit einer Ontologie à la Bohm), begnügt sich Michel Lacroix damit, berührende und abwechslungsreiche Klagen zu äußern, die bezeugen, dass er dem Denken der Andersartigkeit, dem Erbe der griechischen oder jüdisch-christlichen Kultur kindlich treu geblieben ist. Mit Argumenten solchen Schlags wird er keine Chance haben, dem Bulldozer des Holismus zu widerstehen.

Ich hätte es allerdings auch nicht besser gemacht. Das ist es, was mich stört: Ich fühle mich intellektuell außerstande, weiterzugehen. Ich habe jedoch die Intuition, dass die Poesie eine Rolle zu spielen haben wird, vielleicht in der Art eines chemischen Vorläufers. Die Poesie geht nicht nur dem Roman voraus; sie geht auch – und auf direktere Art – der Philosophie voraus. Wenn Plato die Dichter an den Toren seiner berühmten Stadt zurücklässt, dann deshalb, weil er sie nicht *mehr* braucht (und weil sie, zu nichts mehr nutze, umgehend gefährlich werden). Wenn ich Gedichte schreibe, dann im Grunde vor allem, um die Betonung auf einen monströsen und globalen Mangel zu legen (den man als Mangel an Affektion, an Sozialem, an Religion oder an Metaphysik definieren kann, und jeder dieser Ansätze wäre wahr). Ein anderer Grund mag sein, dass die Poesie die einzige Möglichkeit ist, diesen Mangel im Reinzustand, im Geburtszustand auszudrücken, jeden seiner komplementären Aspekte gleichzeitig auszudrücken. Der Grund mag sein, dass ich folgende winzige Botschaft hinterlassen möchte: »Jemand hat in den Neunzigerjahren des 20. Jahrhunderts deutlich die Entstehung eines monströsen und globalen Mangels verspürt; außerstande, das Phänomen klar zu umreißen, hat er uns jedoch – als Zeugnis seiner Inkompetenz – einige Gedichte hinterlassen.«

ANSÄTZE FÜR WIRRE ZEITEN

Die endgültige Version dieses Textes erschien in Dix *(Les Inrockuptibles/Grasset, 1997)*

»Ich kämpfe gegen Ideen, von denen ich nicht einmal sicher bin, dass sie existieren.« (Antoine Waechter)

Die Gegenwartsarchitektur als Beschleunigungsfaktor der Fortbewegung

Die breite Öffentlichkeit, das ist bekannt, mag keine zeitgenössische Kunst. Hinter dieser trivialen Feststellung verbergen sich in Wirklichkeit zwei gegensätzliche Haltungen. Wenn der Durchschnittspassant zufällig an einem Ort vorbeikommt, an dem zeitgenössische Gemälde oder Skulpturen ausgestellt sind, hält er vor den ausgestellten Werken an, vielleicht, um sich über sie lustig zu machen. Seine Haltung schwankt zwischen ironischer Belustigung und einem einfachen Grinsen; wie dem auch sei, er ist empfänglich für ein bestimmtes Maß an *Lächerlichkeit.* Gerade die Bedeutungslosigkeit des vor ihm Ausgestellten ist es, die ihm beruhigende Harmlosigkeit garantiert. Sicher, er hat *Zeit verloren,* aber auf eine im Grunde gar nicht so unangenehme Art.

Stellt man ihn dagegen in ein Gebäude zeitgenössischer Architektur, ist demselben Passanten weit weniger zum Lachen zumute. Sind die Voraussetzungen günstig (spät am Abend oder vor einem Hintergrund aus Polizeisirenen), wird man ein Phänomen beobachten, das deutlich von *Angst* gekennzeichnet ist, sowie eine Beschleunigung sämtlicher organischer Absonderungen. In jedem Fall kommt das aus Sehorganen und Bewegungsgliedmaßen zusammengesetzte Ganze erheblich auf Touren.

Das ist etwa der Fall, wenn ein von einem exotischen Schilderwald in die Irre geführter Touristenbus seine Ladung im Bankenviertel von Segovia oder im Handelszentrum von Barcelona absetzt. Die in ihr vertrautes Universum aus Stahl, Glas und Signalschildern getauchten Besucher finden augenblicklich zu ihrer schnellen Gangart und ihrem funktionalen und gelenkten Blick zurück, der der ihnen vorgesetzten Umgebung entspricht. Zwischen Piktogrammen und Textschildern vorrückend, erreichen sie schnellen Schrittes das Kirchenviertel, den historischen Stadtkern. Sofort verlangsamt sich ihr Schritt, bekommt die Bewegung ihrer Augen etwas Ungewisses, fast Umherirrendes. Ihren Gesichtern liest man eine gewisse stumpfsinnige Verblüffung ab (man denke an das Phänomen des offen stehenden Mundes, typisch für die Amerikaner). Offensichtlich spüren sie, dass sie sich in Gegenwart ungewohnter visueller Objekte befinden, die zu entziffern ihnen schwerfällt. Auf den Mauern tauchen jedoch bald Hinweisschilder auf. Dem Fremdenverkehrsamt ist zu verdanken, dass historisch-kulturelle Orientierungspunkte eingerichtet wurden. Unsere Reisenden können nun ihre Caméscopes herausholen, um die Erinnerung an ihre Reise in eine *gelenkte* kulturelle Wegstrecke einzuordnen.

Die zeitgenössische Architektur ist eine *bescheidene* Architektur; sie offenbart ihre autonome Präsenz, ihre Präsenz als Architektur, nur durch diskretes *Augenzwinkern* – im Allgemeinen durch winzige Botschaften, in denen sie für ihre eigenen Herstellungsverfahren wirbt (so ist es etwa üblich, die maschinelle Ausrüstung des Fahrstuhls sowie die Firma, die ihn konzipiert hat, gut sichtbar zu machen). Die zeitgenössische Architektur ist eine *funktionale* Architektur. Die sie betreffenden ästhetischen Fragen wurden längst von der Formel »Was funktional ist, ist zwangsläufig schön« aus der Welt geräumt. Eine erstaunliche Voreingenommenheit, der das Schauspiel der Natur permanent widerspricht; und was eher dazu einlädt, die Schönheit als eine Art *Revanche über den Verstand* anzusehen. Wenn natürliche Formen dem Auge gefallen, dann oft deshalb, weil sie keine Funktion haben, weil kein Kriterium von Effizienz wahrnehmbar ist. Sie pflanzen sich in Hülle und Fülle fort, offenbar angetrieben von einer inneren Kraft, die man als reine Lebenslust bezeichnen kann, als reine Lust, sich fortzupflanzen: eine Kraft, die in Wahrheit zwar wenig verständlich (es reicht aus, an den burlesken und ein wenig abstoßenden Einfallsreichtum der Tierwelt zu denken), dafür aber erdrückend augenscheinlich ist. Es ist wahr, dass bestimmte unbelebte Naturformen (Kristalle, Wolken, Wasserkreisläufe) einem thermodynamischen Optimalitätskriterium zu gehorchen scheinen. Aber gerade sie sind am komplexesten, am verzweigtesten. Sie erinnern keineswegs an die Funktionsweise einer rationalen Maschine, sondern eher an das chaotische Sprudeln eines *Prozesses.*

Insofern sie ihr eigentliches Optimum in der Herausbildung von so funktionalen Orten erlangt, dass diese darüber hinweg unsichtbar werden, ist die zeitgenössische Architektur eine *transparente* Architektur. Da es ihre Aufgabe ist, den zügigen Verkehr von Personen und Waren zu ermöglichen, neigt sie dazu, den Raum auf seine rein geometrische Dimension zu reduzieren. Dazu bestimmt, mit einer ununterbrochenen Abfolge textueller, visueller und illustrierter Botschaften bestückt zu werden, hat sie deren maximale Lesbarkeit zu gewährleisten (nur ein vollkommen transparenter Ort ist in der Lage, eine umfassende Weiterleitung von Informationen zu gewährleisten). Dem strengen Gesetz des Konsens unterworfen, beschränken sich die einzigen echten Botschaften, die sie sich herausnimmt, auf objektive Informationen. Der Inhalt jener immensen, die Autobahnen säumenden Straßenschilder etwa war Gegenstand einer gründlichen Vorstudie. Zahlreiche Umfragen wurden durchgeführt, um zu vermeiden, diese oder jene Benutzerkategorie vor den Kopf zu stoßen. Psychosoziologen sowie Spezialisten der Straßensicherheit wurden konsultiert: all das, um bei Hinweisschildern im Stil von »Auxerre« oder »Seenplatte« zu enden.

Der Bahnhof Montparnasse entfaltet eine transparente und geheimnislose Architektur, stellt die notwendige und ausreichende Entfernung zwischen den Videobildschirmen der Abfahrtszeiten und den elektronischen Reservierungsterminals her, schildert mit angemessener Redundanz die Abfahrts- und Ankunftsgleise durch Pfeile aus. So gestattet er dem durchschnittlich oder überdurchschnittlich intelligenten, westlichen Menschen die Erreichung seines Reiseziels, indem er Reibereien, Ungenauigkeiten und verlorene Zeit auf ein Mindestmaß reduziert. Noch allgemeiner gesagt, muss jede Form zeitgenössischer Architektur als eine ungeheure Vorrichtung zur Beschleunigung und Rationalisierung menschlicher Fortbewegung angesehen werden; so gesehen ist das System der Autobahnzubringer, das man in der Nachbarschaft von Fontainebleau-Melun Sud beobachten kann, ihr idealer Standort.

Auf die gleiche Weise kann das unter dem Namen La Défense bekannt gewordene architektonische Ensemble als eine rein produktive Vorrichtung angesehen werden, eine Vorrichtung, die die individuelle Produktivität erhöhen soll. Aber selbst wenn diese paranoide Vision örtlich zutrifft, ist sie nicht in der Lage, die Gleichförmigkeit zu reflektieren, mit der die Architektur auf die Unterschiedlichkeit sozialer Bedürfnisse (Supermärkte, Nachtklubs, Bürogebäude, Kultur- und Sportzentren) antwortet. Wir kommen hingegen weiter, wenn wir berücksichtigen, dass wir nicht nur in einer Marktwirtschaft, sondern allgemein gesagt in einer *Marktgesellschaft* leben; das heißt in einem Kulturraum, in dem sämtliche zwischenmenschliche Beziehungen und auch sämtliche Beziehungen des Menschen zu seiner Umwelt über ein Zahlenkalkül vermittelt werden, bei dem die Attraktivität, die Neuheit und das Preis-Leistungs-Verhältnis zum Tragen kommt. Bei dieser Logik, die sowohl die Erotik, das Liebes- und Berufsleben als auch das eigentliche Kaufverhalten überschattet, geht es darum, die Herstellung solcher Beziehungen zu erleichtern, die sich zügig erneuern lassen (zwischen Konsumenten und Waren, zwischen Angestellten und Unternehmen, zwischen Liebhabern), folglich eine konsumorientierte Durchlässigkeit zu fördern, die auf einer Ethik der Verantwortung, der Transparenz und der freien Wahl gründet.

Regale errichten

Die zeitgenössische Architektur stattet sich also implizit mit einem simplen Programm aus, das sich wie folgt zusammenfassen lässt: Sie *errichtet die Regale des sozialen Supermarktes.* Das gelingt ihr einerseits, indem sie der Ästhetik des Regals die absolute Treue hält, und andererseits, indem sie bevorzugt Materialien gebraucht, deren Granulometrie niedrig oder gleich null ist (Metall, Glas, plastische Materialien). Darüber hinaus macht der Gebrauch von reflektierenden oder transparenten Oberflächen die angemessene Vervielfachung von Warenständern möglich. In jedem Fall geht es darum, polymorphe, neutrale, austauschbare Räume zu schaffen. (Der gleiche Prozess ist übrigens in der Innenarchitektur zugange: In diesem ausgehenden Jahrhundert eine Wohnung einzurichten, bedeutet im Wesentlichen, die Wände einzureißen, um sie durch bewegliche Trennwände zu ersetzen – die in Wirklichkeit nur wenig verschoben werden, da es keinen Grund gibt, sie zu verschieben; Hauptsache ist jedoch, dass die Möglichkeit ihrer Verschiebung besteht, dass ein zusätzlicher Grad an Freiheit geschaffen wurde – und eingebaute Dekorationselemente zu entfernen: Die Wände sind weiß, die Möbel durchscheinend.) Es geht darum, neutrale Räume zu schaffen, in denen sich die Botschaften in Form von Information oder Werbung, die vom Sozialkörper ausgegeben werden und aus denen er sich übrigens zusammensetzt, ungehindert ausbreiten können. Denn was produzieren die Angestellten und Kader, die in La Défense zusammengefasst sind? Genau genommen gar nichts. Der materielle Produktionsprozess ist für sie sogar völlig undurchschaubar. Ihnen werden digitale Informationen über die Dinge der Welt zugestellt. Diese Informationen sind der Rohstoff von Statistiken, von Berechnungen; es werden Modelle erarbeitet, Entscheidungsschemata erstellt; am Ende der Kette werden Entscheidungen getroffen, neue Informationen in den Sozialkörper gepumpt. Auf diese Weise wird die sinnliche Welt durch ihr digitales Bild ersetzt. Das Wesen der Dinge wird verdrängt vom Schaubild ihrer Variationen. Die modernen Orte, vielseitig nutzbar und neutral, passen sich der unendlichen Anzahl von Botschaften an, denen sie als Träger dienen müssen. Sie können es sich nicht leisten, eine eigene Botschaft auszugeben, eine besondere Stimmung heraufzubeschwören; so können sie weder schön noch poetisch noch allgemein gesprochen in irgendeiner Weise eigentümlich sein. Jeden individuellen und anhaltenden Charakters beraubt – und nur unter dieser Bedingung –, sind sie jetzt bereit, das unendliche Pulsieren des Vergänglichen in sich aufzunehmen.

Die modernen Angestellten – mobil, offen für Veränderung und verfügbar – leiden unter einer ähnlichen Entindividualisierung. Die Techniken zum Erlernen der Veränderung, wie sie von den Workshops des *New Age* in Umlauf gebracht wurden, setzen sich zum Ziel, Individuen zu schaffen, die sich unendlich versetzen lassen, die jeder intellektuellen oder emotionalen Starrheit entledigt sind. Von den Einengungen befreit, wie sie Zugehörigkeitsgefühl, Treue oder ein streng kodiertes Verhalten bedeuteten, ist das moderne Individuum somit bereit, in einem System verallgemeinerter Transaktionen Platz zu nehmen, in dem es möglich geworden ist, ihm auf eindeutige, unzweideutige Weise einen *Tauschwert* zuzuweisen.

Die Rechnungen vereinfachen

Die zunehmende, in den Vereinigten Staaten bereits weit fortgeschrittene Numerisierung mikrosoziologischer Funktionen wies in Westeuropa erheblichen Rückstand auf, wie es beispielsweise die Romane Marcel Prousts bezeugen. Es brauchte mehrere Jahrzehnte, um die verschiedenen Berufssparten vollständig ihrer Symbolik zu entledigen, wobei es keine Rolle spielte, ob diese Symbolik Anerkennung (Kirche, Schule) oder Geringschätzung (Werbung, Prostitution) zum Ausdruck brachte. In der Folge dieses Läuterungsprozesses wurde es möglich, zwischen den sozialen Stellungen auf der Grundlage von zwei einfachen Kriterien, zwei Ziffern, eine präzise Hierarchie zu erstellen: Jahreseinkommen und Zahl der Arbeitsstunden.

Auch was das Liebesleben betrifft, waren die Parameter des sexuellen Austauschs lange Zeit dem System einer lyrischen, impressionistischen, unzuverlässigen Beschreibung verpflichtet. Auch hier waren es die USA, die den ersten ernsthaften Versuch unternahmen, Standards zu definieren. Dieser Versuch, gestützt auf einfache und objektiv überprüfbare Kriterien (Alter, Größe, Gewicht, Taille, Hüft- und Brustumfang bei der Frau; Alter, Größe, Gewicht, Umfang des erigierten Gliedes beim Mann), wurde zunächst durch die Pornoindustrie unters Volk gebracht und dabei bald von der Frauenpresse abgelöst. Während die vereinfachte ökonomische Hierarchie lange Zeit auf sporadischen Widerstand stieß (Bewegungen zugunsten »sozialer Gerechtigkeit«), wurde die als natürlicher empfundene erotische Hierarchie bemerkenswert schnell verinnerlicht und war von vornherein Gegenstand eines breiten Konsens.

Der westliche Mensch – zumindest der junge –, nun in der Lage, sich mithilfe einer Kurzsammlung numerischer Parameter selbst zu definieren, befreit vom Nachdenken über das Dasein, das seine geistige Beweglichkeit lange Zeit beeinträchtigt hatte, war nun imstande, sich den technologischen Umwälzungen anzupassen, die seine Gesellschaft ergriff; Umwälzungen, die in ihrem Gefolge umfassende ökonomische, psychologische und soziale Veränderungen nach sich zogen.

Eine kurze Geschichte der Information

Gegen Ende des Zweiten Weltkrieges machten die Simulation der Flugbahnen von Mittel- und Langstreckenraketen und die Modelldarstellungen von Atomkernspaltungen den Bedarf an leistungsfähigeren algorithmischen und digitalen Rechenanlagen spürbar. Den theoretischen Arbeiten John von Neumanns ist es teilweise zu verdanken, dass die ersten Computer das Licht der Welt erblickten.

Zu jener Zeit zeichnete sich die Büroarbeit durch eine Standardisierung und Rationalisierung aus, die weniger fortgeschritten war als jene, die in der Industrieproduktion überwog. Die Verwendung der ersten Computer für Verwaltungsaufgaben hatte das sofortige Verschwinden jeglicher Freiheit und Flexibilität bei der Umsetzung von Arbeitsverfahren – kurz, die brutale Proletarisierung der Angestelltenschicht – zur Folge.

Mit einem Verzug, der komisch anmutet, sah sich die europäische Literatur in denselben Jahren mit einem neuen Werkzeug konfrontiert: der *Schreibmaschine.* Die unbegrenzte und vielfältige Arbeit am Manuskript (mit seinen Ergänzungen, seinen Querverweisen, seinen Randbemerkungen) verschwand zugunsten eines geradlinigeren und einförmigeren Stils. Im Grunde fand eine Gleichschaltung mit den Normen des Kriminalromans und des amerikanischen Journalismus statt (man denke an die Entstehung des Mythos Underwood oder an den Erfolg von Hemingway). Das verminderte Ansehen der Literatur führte zahlreiche junge, über »kreatives« Temperament verfügende Autoren dazu, die aussichtsreicheren Richtungen des Kinos und des Chansons einzuschlagen (Richtungen, die letztlich in eine Sackgasse mündeten, denn die amerikanische Unterhaltungsindustrie sollte wenig später mit der Zerstörung der lokalen Unterhaltungsindustrien beginnen – eine Arbeit, die, wie wir sehen, heute ihrem Ende entgegengeht).

Das plötzliche Auftreten des PC zu Beginn der Achtzigerjahre kann man als eine Art historischen Zufall ansehen. Sein Auftreten ist in der Tat unerklärlich, da ihm, abgesehen von Erwägungen wie etwa den Fortschritten in der Regulierung von Schwachstrom und der Herstellung von Siliciumchips, keinerlei ökonomische Notwendigkeit zugrunde liegt. Völlig unerwartet kamen die Büroangestellten und mittleren Kader in den Besitz eines leistungsfähigen, benutzerfreundlichen Werkzeugs, das es ihnen – de facto, wenn nicht von Rechts wegen – ermöglichte, die Kontrolle über die wichtigsten Bestandteile ihrer Arbeit wiederzuerlangen. Ein stummer, nur wenig bekannter Kampf spielte sich mehrere Jahre lang zwischen den Leitungen der Informatikabteilungen und den »Benutzern an der Basis« ab, denen mitunter leidenschaftliche Informatiker zur Seite standen. Am erstaunlichsten ist, dass die Führungsgremien – denen die Kosten und die mangelnde Effizienz der Großrechner bewusst wurden, während die Serienproduktion die Herstellung von zuverlässigem und preiswertem Büromaterial und von Bürosoftware ermöglichte – nach und nach ins Feld der Mikroinformatik umschwenkten.

Für den Schriftsteller war der PC eine unverhoffte Befreiung: Selbst wenn man nicht wirklich die Flexibilität und die Annehmlichkeiten eines Manuskriptes wiederfand, wurde es immerhin wieder möglich, sich einer ernsthaften Textarbeit zu widmen. Verschiedene Anzeichen ließen in jenen Jahren darauf schließen, dass die Literatur einen Teil ihres früheren Prestiges wiedererlangen würde – weniger übrigens durch eigenen Verdienst als durch die Selbstauslöschung ihrer Rivalen. Rock und Kino, der kolossalen Gleichmacherei des Fernsehens unterworfen, verloren nach und nach ihren Zauber. Die früheren Unterscheidungen zwischen Film, Clip, Nachrichtensendung, Werbung, Augenzeugenbericht und Reportage verschwanden tendenziell zugunsten eines verallgemeinerten Spektakels.

Bereits Anfang der Neunzigerjahre machten die Einführung von Glasfasern und das Industrieabkommen über das TCP-IP-Protokoll die Einrichtung von Computernetzen innerhalb eines Unternehmens, dann auch zwischen Unternehmen möglich. Der PC, nun erneut zum simplen Arbeitsplatz innerhalb von betriebssicheren Client-Server-Systemen verkommen, verlor völlig seine Kapazität, Texte autonom zu verarbeiten. In Wirklichkeit wurden die Arbeitsverfahren innerhalb mobilerer, quer geschalteter, effizienterer Informationsverarbeitungssysteme standardisiert.

Die in den Unternehmen allgegenwärtigen PCs waren im Einzelhandel aus Gründen, die seither klar analysiert worden sind (hoher Preis, kein wirklicher Nutzen, Schwierigkeiten bei der Bedienung in liegender Position), gescheitert. Die späten Neunziger sahen die Entstehung der ersten Netzcomputer; diese Computer, die weder über eine Festplatte noch über ein Betriebssystem verfügten und deren Herstellungskosten folglich äußerst niedrig waren, wurden entwickelt, um den Zugang zu den riesigen Datenbanken zu ermöglichen, die die amerikanische Unterhaltungsindustrie eingerichtet hatte. Mit einer (offiziell zumindest) abgesicherten, ästhetisch ansprechenden und leicht zu handhabenden Vorrichtung zum Onlinepayment per Kreditkarte sollten sie schnell zur Norm werden und dabei sowohl Handy, Minitel als auch die Fernbedienung der klassischen Fernsehapparate ersetzen.

Völlig unerwartet sollte das Buch einen lebhaften Pol des Widerstands bilden. Versuche wurden unternommen, Onlineversionen von Büchern ins Internet zu speisen; ihr Erfolg blieb bescheiden, beschränkte sich auf Lexika und Nachschlagewerke. Einige Jahre später musste sich die Industrie eingestehen, dass der praktischere, attraktivere und leichter zu handhabende Gegenstand »Buch« die Gunst des Publikums behielt. Jedes gekaufte Buch aber wurde ein gefährliches Instrument geistigen Abschaltens. In der Vergangenheit war es der Literatur in der intimen Chemie des Gehirns oft möglich gewesen, das Reale in den Hintergrund zu drängen. Sie hatte von virtuellen Sphären nichts zu befürchten. Damit begann eine paradoxe, bis heute andauernde Zeit, in der weltweite Unterhaltung und weltweiter Austausch – bei denen die artikulierte Sprache einen reduzierten Platz einnahm – einherging mit einer Verstärkung der Landessprachen und der lokalen Kulturen.

Das Aufkommen der Ermüdung

In politischer Hinsicht hatte die Opposition gegen den weltweiten Liberalismus weit früher eingesetzt. Ihren Gründungsakt erfuhr sie in Frankreich 1992, mit der Kampagne gegen das Referendum über das Abkommen von Maastricht. Diese Kampagne schöpfte ihre Kraft weniger aus dem Bezug auf eine nationale Identität oder einen republikanischen Patriotismus – beide waren 1916 bis 1917 im Gemetzel von Verdun verschwunden – als aus einer echten, allgemeinen Ermüdung, einem ganz einfachen Gefühl der Ablehnung. Wie alle Historizismen vor ihm spielte der Liberalismus die Karte der Einschüchterung, indem er sich als unausweichliche historische Zukunft darstellte. Wie alle Historizismen vor ihm gab sich der Liberalismus – im Namen einer langfristigen Vision von der *historischen Entwicklung der Menschheit* – als Höhepunkt und Überbietung des *einfachen ethischen Gefühls* aus. Wie alle Historizismen vor ihm versprach der Liberalismus für die nächste Zeit Anstrengung und Leid und verwies den Beginn des allgemeinen Wohlstands auf ein oder zwei Generationen später. Diese Denkweise hatte das ganze 20. Jahrhundert über schon genügend Schaden angerichtet.

Die von den Historizismen regelmäßig vorgenommene Entstellung des Fortschrittskonzepts sollte leider das Entstehen *burlesker Denkformen* begünstigen, wie sie für wirre Zeiten typisch sind. Oft von Heraklit oder Nietzsche angeregt, den mittleren und besseren Einkommensklassen bestens angepasst und von einer mitunter gefälligen Ästhetik, schienen sie sich insofern zu bestätigen, als sich in den weniger begünstigten Schichten komplizierte, unberechenbare und gewalttätige Identitätsreflexe ausbreiteten. Tatsächlich führten bestimmte Aussagen der mathematischen Theorie der Störfunktionen immer häufiger dazu, dass man die Menschheitsgeschichte in Form eines chaotischen Systems darstellte, in dem Futurologen und medienwirksame Denker alle Kräfte aufboten, um eine oder mehrere *seltsame Anziehungskräfte* nachzuweisen. Obwohl diese Analyse jeder methodologischen Grundlage entbehrte, sollte sie bei den gebildeten oder halb gebildeten Schichten an Boden gewinnen und damit die Herausbildung einer neuen Ontologie dauerhaft verhindern.

Die Welt als Supermarkt und Hohn

Arthur Schopenhauer glaubte nicht an die Geschichte. Er starb in der Überzeugung, dass die Offenbarung, die er über die Welt gebracht hatte – die Welt als Wille einerseits (als Verlangen, als Lebensschwung) und als (in sich neutrale, unschuldige, rein objektive und als solche für die ästhetische Nachbildung geeignete) Vorstellung andererseits –, die nachfolgenden Generationen überleben würde. Heute kann man sagen, dass er zum Teil unrecht hatte. Die von ihm erarbeiteten Konzepte sind im Muster unserer Lebensläufe noch erkennbar. Sie haben jedoch derartige Metamorphosen durchlaufen, dass man sich fragen kann, ob sie noch Gültigkeit besitzen.

Das Wort »Wille« scheint auf einen andauernden Zustand der Anspannung hinzuweisen, auf ein stetiges, bewusstes oder unbewusstes, aber sinnvolles Streben nach einem Ziel. Gewiss: Noch bauen die Vögel Nester, noch kämpfen die Hirsche um die Weibchen; und in Schopenhauers Sinne lässt sich durchaus sagen, dass es der gleiche Hirsch ist, der kämpft, und die gleiche Larve, die wühlt, seit sie das Licht der Welt erblickten. Mit dem Menschen verhält es sich völlig anders. Die Logik des Supermarktes führt zwangsläufig zu einer Streuung des Verlangens. Der Mensch des Supermarktes kann organisch gesehen nicht der Mensch eines einzigen Willens, eines einzigen Verlangens sein. Das erklärt, weshalb das Wollen beim zeitgenössischen Menschen einen gewissen Tiefstand erleidet. Nicht, dass der Einzelne weniger verlangen würde. Im Gegenteil, er verlangt mehr und mehr, nur hat sein Verlangen etwas Aufreißerisches und Kreischendes bekommen: Zwar ist es kein reines Trugbild, dafür aber zum großen Teil das Produkt äußerer Determinierungen, sagen wir Determinierungen der *Werbung* im weitesten Sinne. Nichts in ihnen erinnert an die organische, totale, hartnäckig auf ihre Vollendung ausgerichtete Kraft, die das Wort »Wille« suggeriert – daher der gewisse Mangel an Persönlichkeit, der sich bei jedem beobachten lässt.

Die vom Sinn schwer infizierte Vorstellung hat jede Unschuld verloren. Man kann eine Vorstellung dann als *unschuldig* bezeichnen, wenn sie sich einfach als solche ausgibt, wenn sie lediglich vorgibt, das Abbild einer äußeren (realen oder imaginären, aber äußerlichen) Welt zu sein; mit anderen Worten, wenn sie nicht ihren eigenen kritischen Kommentar einschließt. Die massive Einführung in Vorstellungen von *Verweisen,* von Hohn, von *übertragener Bedeutung* oder von Humor hat Kunst und Philosophie insofern unterlaufen, als sie sie in eine verallgemeinerte Rhetorik verwandelt hat. So wie jede Wissenschaft ist auch jede Kunstform ein Mittel zwischenmenschlicher Kommunikation. Es ist klar, dass die Wirksamkeit und die Intensität der Kommunikation in dem Moment abnehmen und zur Aufhebung neigen, in dem Zweifel einsetzen an der Wahrhaftigkeit des Gesagten, an der Aufrichtigkeit des zum Ausdruck Gebrachten. (Kann man sich etwa eine Wissenschaft *in übertragener Bedeutung* vorstellen?) Die tendenziell zerbröckelnde Kreativität in den Künsten ist deshalb nur eine andere Facette der ganz und gar zeitgenössischen Unmöglichkeit des *Gesprächs.* Ein gewöhnliches Gespräch verläuft in der Regel so, als sei der unmittelbare Ausdruck eines Gefühls, einer Gemütsbewegung, einer Idee unmöglich – weil zu vulgär – geworden. Alles muss den verzerrenden Filter des *Humors* durchlaufen, eines Humors, der sich zum Schluss natürlich im Kreise dreht und sich in ein tragisches Schweigen verwandelt. Das zeichnet sowohl die Geschichte der berühmten »Unkommunizierbarkeit« aus (es ist bemerkenswert, dass die wiederholte Ausschlachtung dieses Themas in keiner Weise verhindert hat, dass diese sich in der Praxis ausweitet und aktueller ist als je zuvor, selbst wenn man es ein wenig müde geworden ist, darüber zu sprechen) als auch die tragische Geschichte der Malerei des 20. Jahrhunderts. Die Entwicklung der Malerei veranschaulicht so – zugegeben weniger im direkten Ansatz als in der Analogie der Atmosphäre – die Entwicklung der zwischenmenschlichen Kommunikation in unserer Zeit. In beiden Fällen gleiten wir in eine ungesunde, betrügerische, zutiefst höhnische und in ihrem Hohn am Ende gar tragische Atmosphäre ab. So darf der Durchschnittspassant, der eine Gemäldegalerie durchquert, sich nicht lange aufhalten, will er seine ironisch distanzierte Haltung bewahren. Wider Willen befällt ihn nach wenigen Minuten Verwirrung oder zumindest Benommenheit, Unbehagen; er spürt eine beunruhigende Verlangsamung seiner humoristischen Funktion.

(Das Tragische tritt genau dann auf den Plan, wenn man den Hohn nicht mehr für *fun* halten kann. Es ist eine Art brutaler psychologischer Umkehrung, die den unnachgiebigen Wunsch nach Ewigkeit beim Individuum sichtbar macht. Die Werbung kann diesem, sich ihrem Ziel entgegensetzenden Phänomen nur durch die unaufhörliche Erneuerung ihrer Trugbilder ausweichen. Die Bestimmung der Malerei liegt jedoch weiterhin in der Schaffung beständiger Dinge, die zudem über einen eigenen Charakter verfügen sollen. Diese Sehnsucht nach dem Sein ist es, die ihr ihren traurigen Glanz verleiht und die aus ihr wohl oder übel einen getreuen Spiegel der geistigen Situation des westlichen Menschen macht.)

In bemerkenswertem Kontrast dazu steht das relative Wohlbefinden der Literatur im gleichen Zeitraum. Es ist leicht zu erklären. Die Literatur ist eine von Grund auf konzeptuelle Kunst. Sie ist genau genommen sogar die einzige. Worte sind Konzepte, Klischees sind Konzepte. Nichts kann ohne die Zuhilfenahme von Konzepten und Worten bejaht, verleugnet, relativiert oder verspottet werden. Das erklärt die erstaunliche Robustheit der Literatur, die sich verweigern, sich selbst vernichten, ihre Unmöglichkeit dekretieren kann, ohne dass sie deswegen aufhören würde, sie selbst zu sein. Die jeder »Mise en abyme«[2], jeder Dekonstruktion, jeder Anhäufung auch noch so subtiler übertragener Bedeutungen widersteht; die einfach wieder aufsteht, sich schüttelt und auf die Beine kommt, wie ein Hund, der aus einer Pfütze steigt.

Im Gegensatz zur Musik, im Gegensatz zur Malerei, im Gegensatz auch zum Film kann die Literatur auf diese Weise unendliche Mengen von Hohn und Humor in sich aufnehmen und verarbeiten. Die Gefahren, die sie heute bedrohen, haben nichts mit denen zu tun, welche die anderen Künste bedroht, ja, mitunter zerstört haben. Sie liegen vielmehr in der Beschleunigung der Wahrnehmungen und Sinneseindrücke, die die Logik des Supermarktes kennzeichnet. Ein Buch kann man in Wirklichkeit nur *langsam* schätzen lernen. Es beinhaltet ein Nachdenken (gar nicht im Sinne einer intellektuellen Anstrengung, sondern im Sinne *der Möglichkeit, auf etwas zurückzukommen)*. Es gibt keine Lektüre ohne Anhalten, ohne Rückwärtsbewegung, ohne Wiederlesen – was unmöglich, ja, absurd ist in einer Welt, in der sich alles verändert, alles fluktuiert, in der nichts – weder die Vorschriften noch die Dinge noch die Lebewesen – anhaltende Gültigkeit hat. Die Literatur stellt sich mit ihrer ganzen (ehemals großen) Kraft dem Begriff des ständig Aktuellen, des ewig Präsenten entgegen. Die Bücher verlangen nach Lesern. Diese Leser aber müssen ein individuelles und stabiles Leben aufweisen: Sie dürfen nicht nur Konsumenten sein, nicht nur Phantome. Sie müssen gewissermaßen auch *Subjekte* sein.

Der westliche Leser, aufgerieben von der feigen Besessenheit des *»politically correct«*, geblendet von einer Flut von Pseudo-Informationen, die ihm die Illusion einer ständigen Veränderung des Verständnisses von Existenz vermitteln (man *kann nicht mehr* denken, was vor zehn, hundert oder tausend Jahren gedacht wurde), vermag es nicht mehr, Leser zu sein; er vermag es nicht mehr, der bescheidenen Bitte eines vor ihm liegenden Buches nachzukommen: lediglich ein Mensch zu sein, der selbstständig denkt und empfindet.

Umso weniger kann er diese Rolle einem anderen Menschen gegenüber spielen. Obwohl es nottäte: Denn diese Auflösung des Menschen ist eine tragische Auflösung. Jeder, angetrieben von einer schmerzlichen Sehnsucht, verlangt vom anderen weiterhin das, was er nicht mehr sein kann, setzt wie ein irregeführter Geist die Suche nach dem Gewicht des Seins fort, das er in sich selbst nicht mehr findet. Nach Beständigkeit, nach Dauerhaftigkeit, nach Tiefe. Jeder scheitert natürlich, und die Einsamkeit ist schrecklich.

Der Tod Gottes in der westlichen Welt war das erste Anzeichen für einen gewaltigen metaphysischen Fortsetzungsroman, der bis heute seinen Fortgang nimmt. Jeder Historiker der Geistesgeschichte wäre in der Lage, dessen einzelne Etappen zu rekonstituieren. Sagen wir, um es kurz zu fassen, dass dem Christentum das *Meisterstück* gelungen war, den ungezähmten Glauben an das Individuum – im Verhältnis zu den Briefen des heiligen Paulus erscheint uns die gesamte antike Kultur heute merkwürdig zivilisiert und eintönig – mit dem Versprechen einer ewigen Teilnahme am Göttlichen zu kombinieren. Als dieser Traum ausgeträumt war, versprach man dem Einzelnen in diversen Versuchen ein Minimum an Sein, um den Traum vom Sein, den er in sich trug, mit der quälenden Allgegenwart des Werdenden auszusöhnen. Diese Versuche sind bis heute alle gescheitert, und das Unheil hat sich weiter ausgebreitet.

Die Werbung bildet den vorläufig letzten dieser Versuche. Obwohl sie anstrebt, das Begehren hervorzurufen, zu provozieren, das Begehren zu *sein,* sind ihre Methoden im Grunde denen recht ähnlich, die die frühere Moral kennzeichneten. Sie setzt ein erschreckendes, hartherziges Über-Ich ein, das weit unerbittlicher ist als jedes Pflichtgebot, das jemals existiert hat. Es klebt sich an die Haut des Individuums und wiederholt ihm unaufhörlich: »Du musst begehren. Du musst begehrenswert sein. Du musst am Wettkampf teilhaben, am Kampf, am Leben der Welt. Wenn du aufhörst, existierst du nicht mehr. Wenn du zurückbleibst, bist du tot.« Die Werbung, die jedes Konzept von Ewigkeit in Abrede stellt, die sich selbst als Prozess einer ständigen Erneuerung definiert, strebt die Zerstörung des Subjekts an, um es in ein höriges Phantom des Werdenden zu verwandeln. Und diese oberflächliche, seichte Beteiligung am Leben der Welt soll das Begehren nach dem Sein ersetzen.

Die Werbung scheitert, die Depressionen werden zahlreicher, die Verwirrung nimmt zu. Die Werbung baut trotzdem an den Infrastrukturen weiter, mit deren Hilfe ihre Botschaften empfangen werden. Sie arbeitet weiter an der Vervollkommnung der Fortbewegungsmittel für Menschen, die keinen Ort haben, an den sie fahren könnten, weil sie keinen Ort haben, an dem sie zu Hause sind. Sie arbeitet weiter an der Entwicklung von Kommunikationsmitteln für Menschen, die sich nichts mehr zu sagen haben. Sie arbeitet weiter an der Erleichterung von Interaktionen zwischen Menschen, die keine Lust mehr haben, mit wem auch immer in Verbindung zu treten.

Die Poesie der angehaltenen Bewegung

Im Mai 1968 war ich zehn Jahre alt. Ich spielte mit Murmeln, ich las *Pif, der Hund,* das Leben war schön. An die »Ereignisse des Mai 68« habe ich eine einzige, jedoch sehr lebhafte Erinnerung. Mein Cousin Jean-Pierre war damals in der zwölften Klasse des Gymnasiums von Raincy. Das Gymnasium erschien mir (die Erfahrung, die ich später mit ihm machte, sollte diese erste Ahnung, zu der sich eine schmerzliche sexuelle Dimension gesellte, im Übrigen bestätigen) als ein weiträumiger und schrecklicher Ort, an dem ältere Jungen versessen schwierige Fächer studierten, um sich ihre berufliche Zukunft zu sichern. An einem Freitag begab ich mich, ich weiß nicht mehr, weshalb, mit meiner Tante dorthin, um meinen Cousin nach dem Unterricht von der Schule abzuholen. Am selben Tag hatte am Gymnasium von Raincy ein unbefristeter Streik begonnen. Der Schulhof, von dem ich dachte, er sei mit Hunderten geschäftiger Jugendlicher gefüllt, war menschenleer. Einige Lehrer streiften ziellos zwischen den Pfosten der Handballtore umher. Ich erinnere mich, dass auch ich minutenlang auf diesem Hof umherlief, während meine Tante versuchte, irgendwelche Informationen aufzutreiben. Es herrschte totaler Frieden, absolute Stille. Es war ein wunderbarer Augenblick.

Im Dezember 1986 befand ich mich auf dem Bahnhof von Avignon, das Wetter war mild. Aufgrund gefühlsmäßiger Schwierigkeiten, deren Wiedergabe hier langwierig wäre, musste ich – zumindest glaubte ich das – unbedingt den TGV nach Paris nehmen. Ich wusste nicht, dass auf dem gesamten Netz der französischen Eisenbahn gerade ein Streik ausgebrochen war. Auf diese Weise wurde die funktionsgemäße Abfolge: Austausch von Sex, Abenteuer und Überdruss mit einem Schlag unterbrochen. Ich verbrachte zwei Stunden auf einer Bank, wo ich einer verödeten Landschaft von Eisenbahnen gegenübersaß. Die Waggons des TGV standen unbeweglich auf den Abstellgleisen. Man hätte meinen können, sie stünden dort seit Jahren, ja, sie seien nie gerollt. Sie standen einfach da, reglos. Die Reisenden flüsterten sich mit leiser Stimme Auskünfte zu. Die Stimmung neigte zur Resignation, zur Ungewissheit. Es hätte sich um einen Krieg handeln können oder um das Ende der westlichen Welt.

Bestimmte Zeugen, die die »Ereignisse von 1968« unmittelbar miterlebt hatten, erzählten mir später, es habe sich um eine wunderbare Zeit gehandelt, in der sich die Leute auf der Straße ansprachen, in der alles möglich schien. Ich möchte es gern glauben. Andere geben lediglich zu bedenken, dass keine Züge mehr fuhren, dass kein Benzin mehr aufzutreiben war. Ich stimme dem bedenkenlos zu. Ich finde, diese Zeugnisse haben alle einen gemeinsamen Zug: Für einige Tage hörte eine riesige und bedrückende Maschine auf magische Weise auf, sich zu drehen. Es herrschte Unschlüssigkeit, Ungewissheit; ein Schwebezustand trat ein, im Land breitete sich eine gewisse Ruhe aus. Natürlich fing die Sozialmaschine dann wieder an, sich zu drehen – noch schneller, noch unerbittlicher (der Mai 68 hat nur dazu gedient, mit den wenigen moralischen Regeln zu brechen, die ihrem gefräßigen Lauf bis dahin noch im Wege standen). Nichtsdestotrotz gab es einen Augenblick des Stillstands, des Zögerns, einen Augenblick metaphysischer Ungewissheit.

Aus wahrscheinlich den gleichen Gründen ist die Reaktion

des Publikums angesichts eines plötzlichen Stillstands der Informationsübertragungsnetze, wenn es den ersten Anflug von Ärger erst einmal überwunden hat, alles andere als völlig negativ. Dieses Phänomen lässt sich jedes Mal beobachten, wenn ein elektronisches Reservierungssystem eine Panne hat (ein recht häufig eintretender Fall): Sobald der Missstand zugegeben wurde und vor allem sobald sich die Angestellten entschließen, ihr Telefon zu benutzen, kommt bei den Benutzern heimliche Freude auf; als gäbe ihnen das Schicksal die Gelegenheit, sich heimtückisch an der Technologie zu rächen. Genauso reicht es aus – will man wissen, was die Öffentlichkeit im Grunde von der Architektur hält, in der man sie zu leben zwingt –, ihre Reaktionen zu beobachten, wenn man sich entschließt, einen jener in den Sechzigerjahren in der Banlieue errichteten Blöcke in die Luft zu jagen: ein Augenblick sehr reiner und sehr gewaltiger Freude, der Trunkenheit einer unerhofften Befreiung gleich. Der Geist, der diese Orte bewohnt, ist übel, unmenschlich, feindselig. Es ist der Geist eines ermüdenden, grausamen, sich ständig beschleunigenden Getriebes. Jeder spürt es im Grunde und wünscht seine Zerstörung.

Die Literatur wird mit allem fertig, passt sich an alles an, wühlt im Abfall, leckt an den Wunden des Unglücks. Eine widersprüchliche Poesie, eine Poesie der Angst und Bedrückung konnte derart inmitten von Supermärkten und Bürogebäuden entstehen. Die moderne Poesie ist nicht fröhlich; sie kann es nicht sein. Die moderne Poesie ist nicht mehr dazu berufen, ein hypothetisches »Heim des Seins« zu errichten, als die moderne Architektur dazu, bewohnbare Orte zu errichten. Das wäre eine Aufgabe, die sich von derjenigen, die Infrastrukturen des Umlaufs und der Verarbeitung von Daten zu vervielfachen, grundlegend unterscheidet. Die Daten, Rückstände des Unbeständigen, sind der Bedeutung entgegengesetzt wie das Plasma dem Kristall. Eine Gesellschaft, die die Stufe der Überhitzung erreicht hat, fällt nicht zwangsläufig in sich zusammen, sondern erweist sich als außerstande, einen Sinn zu produzieren, da ihre gesamte Energie von der informativen Beschreibung ihrer Zufallsvariationen in Anspruch genommen wird. Dennoch ist jedes Individuum in der Lage, in sich selbst eine Art *kalte Revolution* zu verursachen, indem es einen Augenblick die Flut informativer Werbung an sich vorbeiziehen lässt. Das ist sehr leicht zu bewerkstelligen. Es ist sogar noch nie so einfach wie heute gewesen, der Welt gegenüber eine *ästhetische Haltung* einzunehmen: Es reicht aus, einen Schritt zur Seite zu treten. Und selbst dieser Schritt ist letztlich überflüssig. Es reicht aus, eine Ruhepause einzulegen, das Radio auszustellen, den Fernseher auszumachen; nichts mehr zu kaufen, nichts mehr kaufen zu wollen. Es reicht aus, nicht mehr mitzumachen, nichts mehr zu wissen, jede geistige Tätigkeit vorübergehend einzustellen. Es reicht im wahrsten Sinne des Wortes aus, für einige Sekunden reglos zu werden.

DIE KUNST ALS ENTHÄUTUNG

Dieser Text erschien in der Rubrik »Das Spiralheft« der Zeitschrift Les Inrockuptibles *(Nummer 5, 1995).*

Montag, Kunsthochschule Caen. Man hat mich gebeten zu erklären, weshalb mir die Güte wichtiger erscheint als die Intelligenz oder die Begabung. Ich gab mein Bestes, ich hatte Mühe, aber ich weiß, dass es wahr ist. Danach besuchte ich das Atelier von Rachel Poignant, die für ihre Arbeit Abgüsse verschiedener Teile ihres Körpers verwendet. Ich blieb vor langen Riemen stehen, die überzogen waren mit Abgüssen einer ihrer Brustwarzen. (Die rechte? Die linke? Ich weiß nicht mehr.) Ihre gummiartige Konsistenz, ihr Aussehen erinnerten offen gesagt an die Fangarme einer Krake. Ich habe trotzdem gut geschlafen.

Mittwoch, Kunsthochschule Avignon, »Tag des Misserfolgs«, organisiert von Arnaud Labelle-Rojoux. Ich sollte vom sexuellen Misserfolg sprechen. Die Dinge begannen fast fröhlich mit einer Vorführung von Kurzfilmen, die man unter dem Titel *Filme ohne Eigenschaften* zusammengefasst hatte. Die einen waren lustig, die anderen seltsam, manchmal waren sie beides. (Ich glaube, die Kassette läuft in mehreren Kunstzentren, es wäre schade, sie zu verpassen.) Dann sah ich ein Video von Jacques Lizène. Die sexuelle Misere quälte ihn. Sein Glied ragte aus einem Loch hervor, das in eine Sperrholzplatte geschnitten worden war. Es war in eine lose Schlinge gesperrt, die sich mittels eines Bindfadens bedienen ließ. Er zog lange daran, ruckartig, wie an einer weichen Marionette. Mir war sehr unbehaglich zumute. Die Atmosphäre des Verfalls, des traurigen Misslingens, welche der Gegenwartskunst anhaftet, bleibt einem schließlich im Halse stecken. Man bedauert Joseph Beuys mit seinen von Großzügigkeit zeugenden Arbeiten. Nichtsdestotrotz ist das Zeugnis, das hier über unsere Zeit abgelegt wird, von fast unerträglicher Präzision. Den ganzen Abend dachte ich darüber nach, ohne um folgende Feststellung herumzukommen: Die Gegenwartskunst deprimiert mich zwar, aber mir ist klar, dass sie der bei Weitem beste Kommentar jüngeren Datums zur Lage der Dinge ist. Ich träumte von Mülltüten, aus denen Kaffeefilter, Obst- und Gemüseschalen, Fleisch mit Soße quollen. Ich dachte an die Kunst als an eine Enthäutung, an die Fleischstücke, die an der Haut kleben bleiben.

Samstag, literarisches Treffen im Norden der Vendée. Einige »rechtsregionale« Schriftsteller (dass sie rechts sind, erkennt man daran, dass sie, wenn sie von ihrer Herkunft sprechen, auf einen jüdischen Vorfahren in der vierten Generation hinzuweisen pflegen; so kann jeder ihren geistigen Freisinn konstatieren). Ansonsten wie überall ein sehr unterschiedliches Publikum, das keinen anderen Punkt als den des Lesens gemeinsam hat. Diese Leute leben in einer Gegend, in der die Zahl der Grünnuancen ins Unendliche reicht. Ist der Himmel aber vollkommen grau, verblassen diese Grünnuancen alle. Man hat es folglich mit einer blass gewordenen Unendlichkeit zu tun. Ich dachte an den Lauf der Planeten nach dem Ende allen Lebens, in einem immer kälteren, vom allmählichen Erlöschen der Sterne geprägten Universum, und die Worte »menschliche Wärme« brachten mich beinahe zum Weinen.

Sonntag nahm ich den TGV nach Paris. Die Ferien waren zu Ende.

GESPRÄCH MIT SABINE AUDRERIE

Diese Unterhaltung erschien in der Nummer 5 der Zeitschrift Encore *(April 1997).*

Nach der Veröffentlichung von Der Sinn des Kampfes *arbeiten Sie an der Umarbeitung Ihres ersten Gedichtbands* Die Fortsetzung des Glücks. *Ist die Poesie ein Genre, das Sie immer mehr bevorzugen?*

Nicht wirklich, ich unternehme gerade den Versuch, einen Roman zu schreiben. Ich habe den Eindruck, dass ich mich in zwei gegensätzliche Richtungen entwickle: in der Prosa in eine immer unerbittlichere und gemeinere, in der Poesie in eine immer leuchtendere und bizarrere. Wenn ich in einer Richtung zu weit gehe, gerate ich sofort in Versuchung, mich in die andere zu stürzen. Es ist ein dynamisches Gleichgewicht, wahrscheinlich noch weniger als eine Synthese. Aber es ist das Beste, was ich im Moment tun kann.

Ist die Poesie nicht dazu ausersehen, unmittelbare Emotionen hervorzurufen, ein Innenleben auszudrücken?

Sie ist vor allem eine geheimnisvollere Sicht der Welt. Die Poesie ruft verborgene, mit anderen Mitteln nicht auszudrückende Dinge wach … und ich bin stets vom Ergebnis überrascht. Manchmal hat es mit der Musikalität zu tun, manchmal nicht. Manchmal ist es einfach eine seltsame, völlig losgelöste Wahrnehmung. Es ist eigenartig, in sich selbst auf unerklärliche Dinge zu stoßen. Ich bin immer mehr davon überzeugt, dass eine Schönheit, die nicht an Begehren gebunden ist, zwangsläufig etwas Seltsames hat. Man kann sie in einem Roman antreffen, aber das kommt viel seltener vor, man wird vom Treiben des Geschehens und der Gestalten mitgerissen. Ohne dass man dabei mit den Worten spielen würde, kann man wahrscheinlich sagen, dass der aktive Teil in einem Roman auf Poesie beruht.

Kann man den Dichter heute »verdammt« nennen?

Es ist noch schlimmer. Die Poesie ist eine völlig hoffnungslose Tätigkeit. Und das, obwohl viele Menschen im Laufe ihres Lebens das Bedürfnis verspüren, Gedichte zu schreiben. Aber keiner liest sie mehr. Die Idee hat sich breitgemacht, dass Poesie zwangsläufig langweilig ist. Der Bedarf an Poesie wird durch Songs jedoch nur teilweise gestillt.

Fühlen Sie sich zeitgenössischen Dichtern nicht nahe?

Ich habe viele Dichter des letzten Jahrhunderts gelesen, weniger die meines Jahrhunderts. Meine Lieblingsepoche – in der Poesie wie in der Musik – bleibt die erste Zeit der deutschen Romantik. Es ist schwierig, das heute wiederzufinden, unsere Zeit eignet sich nicht für Pathetik und Lyrismus. Ich habe weder etwas gegen diese oder jene Avantgarde, noch bin ich gegen diese oder jene andere, mir ist nur klar, dass ich mich durch die einfache Tatsache hervorhebe, dass ich mich weniger für die Sprache als für die Welt interessiere. Ich bin fasziniert von den bis dato unbekannten Erscheinungen der Welt, in der wir leben, und ich verstehe nicht, wie es den anderen Dichtern gelingt, sich dem zu entziehen: Leben sie denn alle auf dem Land? Jeder geht in den Supermarkt, liest Zeitschriften, jeder hat einen Fernseher, einen Anrufbeantworter ... Es gelingt mir einfach nicht, diesen Aspekt der Dinge hinter mir zu lassen, dieser Realität zu entrinnen. Ich bin schrecklich zugänglich für die Welt, die mich umgibt.

Sie haben den Text Am Leben bleiben, *Ihre »Methode«, nur geringfügig verändert.*

Es handelt sich um einen Text, der sehr einem »ersten Wurf« gleicht und schwer zu verändern ist. Außerdem ist es wahr, dass er eine Methode definiert, der ich bis heute treu geblieben bin. Ich weiß, dass *Die Ausweitung der Kampfzone,* mein erster Roman, Überraschung hervorgerufen hat. Jene (sie waren ausgesprochen selten), die *Am Leben bleiben* gelesen hatten, waren wahrscheinlich weniger überrascht als die anderen.

Welche Rolle kann die Literatur in der von Ihnen beschriebenen Welt spielen, die jeden moralischen Sinn verloren hat?

In jedem Fall eine schmerzliche Rolle. Wenn man mit dem Finger die Wunden berührt, verdammt man sich zu einer unsympathischen Rolle. In Anbetracht des von den Medien entwickelten, fast märchenhaften Diskurses fällt es leicht, literarische Qualitäten an den Tag zu legen – indem man die Ironie, die Negativität, den Zynismus ausbaut. Erst wenn man den Zynismus überwinden möchte, wird es schwierig. Wenn es heute jemandem gelingen sollte, einen sowohl ehrlichen als auch positiven Diskurs zu entwickeln, wird er den Lauf der Welt verändern.

GESPRÄCH MIT VALÈRE STARASELSKI

Dieses Gespräch erschien am 5. Juli 1996 in L'Humanité.

Michel Houellebecq, die Titel Ihrer Werke klingen wie Aufrufe zum Widerstand gegen eine Welt, von der Sie – ein in der Literatur seltener Tatbestand – mithilfe eines offensichtlich belanglosen Alltags vor allem in Unternehmen zeigen, dass sie auf einer immer krasseren Mystifizierung aufbaut. Erklärt sich die Durchschlagskraft Ihrer Bücher nicht durch die Tatsache, dass Sie unumwunden ein soziales und politisches Tabu zum Ausdruck bringen?

Meine Romangestalten sind weder reich noch berühmt. Sie sind auch keine Außenseiter, Straftäter oder Ausgeschlossene. Unter ihnen finden sich Sekretärinnen, Techniker, Büroangestellte, Kader. Leute, die mitunter ihre Arbeit verlieren, die mitunter Opfer von Depressionen sind. Also völlig durchschnittliche, vom romanesken Standpunkt aus a priori wenig anziehende Leute. Wahrscheinlich ist es die Präsenz dieses banalen, selten beschriebenen Universums (umso seltener beschrieben, als die Schriftsteller es kaum kennen), das in meinen Büchern überrascht hat – insbesondere in meinem Roman. Vielleicht ist es mir tatsächlich gelungen, bestimmte Gewohnheitslügen zu beschreiben, pathetische Lügen, die sich die Leute erzählen, um ihr unglückliches Leben zu ertragen.

Sie beschreiben eine Welt, die vom Liberalismus ihrer Menschlichkeit entleert wird, und meinen, dass »die zunehmende Auslöschung zwischenmenschlicher Beziehungen nicht ohne einige Probleme für den Roman einhergeht … Wir sind weit von Emily Brontës Sturmhöhe *entfernt, das kann man wohl sagen. Die Form des Romans ist weder für die Schilderung der Gleichgültigkeit geschaffen noch für die der Leere; man müsste eine flachere, genauere und eintönigere Ausdrucksweise erfinden.« Stellt sich die Frage für die Poesie nicht?*

Wir erleben noch immer seltsame Augenblicke von großer Intensität, für die die Poesie ein natürliches und unmittelbares Ausdrucksmittel ist. Typisch modern ist, dass diese Augenblicke sich nur schwer in eine Kontinuität einreihen, die Sinn macht. Das ist etwas, was viele Leute empfinden: Sie leben von Zeit zu Zeit. Nimmt man ihr Leben jedoch insgesamt, hat es weder Richtung noch Sinn. Aus diesem Grund ist es schwierig geworden, einen ehrlichen Roman ohne Klischees zu schreiben, in dem es dennoch eine romaneske Entwicklung gibt. Ich bin mir nicht sicher, eine Lösung gefunden zu haben. Ich habe den Eindruck, dass ein Ansatz darin besteht, dem Romanstoff brutal Theorie und Geschichte zu injizieren.

Die Umwälzungen in den Beziehungen und in der Stellung von Mann und Frau schlagen sich in Ihren Texten nieder. Oft auf schmerzliche Weise. Wozu inspiriert Sie Aragons Vers »die Zukunft des Mannes ist die Frau«?

Was man die »Befreiung der Frau« genannt hat, kam eher den Männern gelegen, die darin die Gelegenheit sahen, ihre sexuellen Begegnungen zu vervielfachen. Darauf folgte die Auflösung des Paares und der Familie, das heißt, der beiden letzten Gemeinschaften, die das Individuum vom Markt trennten. Auch wenn es sich um eine sehr allgemeine menschliche Katastrophe handelt, glaube ich, dass es die Frauen sind, die am meisten darunter leiden. In traditionellen Verhältnissen entwickelte sich der Mann in einer Welt, die freier und offener war als die der Frau; das heißt auch in einer härteren, wettbewerbsorientierteren, egoistischeren und gewalttätigeren Welt. Die femininen Werte waren gewöhnlich geprägt von Selbstlosigkeit, Liebe, Mitgefühl, Treue und Sanftheit. Auch wenn diese Werte ins Lächerliche gezogen worden sind, muss man deutlich sagen: Es sind Werte einer höheren Kultur, deren völliges Verschwinden eine Tragödie wäre.

In diesem Kontext scheint mir der Vers von Aragon, den Sie anführen, auf einem unglaublichen Optimismus zu beruhen. Die alten Dichter haben jedoch das Recht, Visionäre zu sein, sich in eine Zukunft zu projizieren, deren erste Umrisse noch nicht absehbar sind. In der Geschichte der Menschheit ist es in der Tat möglich, dass das Maskuline nur eine Episode bildet – eine unheilvolle Episode.

Man hat den politischen Parteien, einschließlich der Kommunistischen Partei Frankreichs, vorgeworfen, dass sie einen auf lange Sicht tödlichen Konformismus transportieren, dass sie Gewohnheiten entsprechen, die nicht mehr den vitalen Bedürfnissen der Gesellschaft folgen, und dass sie viel zu abgeschlossen leben. Was meinen Sie dazu? Und wie sehen

Sie die Beziehungen zwischen Kunst und Politik in der heutigen Gesellschaft, in einer Zeit, in der Künstler, vor allem im Film, für die Kultur bedeutsame Fragen aufgreifen und nicht zögern, in ihren Werken die Welt in die Hand zu nehmen?

Seit September 1992, als wir den Fehler begangen haben, Maastricht zuzustimmen, hat sich ein neues Gefühl im Lande breitgemacht: das Gefühl, dass die Politiker nichts bewirken können, dass sie keine wirkliche Kontrolle über das Geschehen haben und immer weniger haben werden. Die unerbittliche Zwangsläufigkeit der Wirtschaft lässt Frankreich langsam ins Lager der mittleren bis armen Länder kippen. Was die Öffentlichkeit unter diesen Umständen für die Politiker empfindet, ist natürlich Verachtung. Die Politiker spüren das und verachten sich selber. Wir wohnen einem betrügerischen, ungesunden, unheilvollen Spiel bei. Es ist schwer, sich dessen genau bewusst zu werden. Um auf den zweiten Teil Ihrer Frage zu antworten: Ich glaube, dass es bereits enorm wäre, wenn es der Kunst gelänge, ein halbwegs ehrliches Bild vom gegenwärtigen Chaos zu geben, und dass man nicht mehr von ihr verlangen kann. Wenn man sich in der Lage fühlt, einen sinnvollen Gedanken auszudrücken, ist das gut. Wenn man Zweifel hat, muss man sie ebenfalls mitteilen. Was mich betrifft, habe ich den Eindruck, dass es nur einen einzigen Weg gibt: die Widersprüche, die mich zerreißen, weiterhin kompromisslos zum Ausdruck zu bringen, da sie sich für meine Zeit sehr wahrscheinlich als repräsentativ herausstellen werden.

In Ihren Texten erwähnen Sie mehrmals die Figur von Robespierre, und in einem Gespräch erklären Sie sich zum Anhänger einer kommunistischen Gesellschaft, auch wenn Sie zugeben, dass das mit Persönlichkeiten wie der Ihren nicht sehr gut funktionieren würde. An anderer Stelle, in Ihrem Gedicht Letztes Bollwerk gegen den Liberalismus, *beziehen Sie sich auf die Enzyklika Papst Léos XIII. über die soziale Mission des Evangeliums. Was muss man Ihrer Meinung nach politisch gesehen tun, damit der Mensch ein Mensch bleibt?*

Die Anekdote ist vielleicht apokryph, ich mag sie dennoch sehr: Es sei Robespierre gewesen, der darauf bestanden hätte, der Losung der Republik das Wort »Brüderlichkeit« hinzuzufügen. Als habe er in einer plötzlichen Ahnung gespürt, dass Freiheit und Gleichheit zwei miteinander unvereinbare Begriffe sind, dass ein dritter Begriff absolut unerlässlich sein würde. Die gleiche Ahnung hat er auch gegen Ende hin, als er versucht, den Kampf gegen den Atheismus aufzunehmen, den Kult Gottes zu fördern (und das inmitten der Gefahren, der Knappheit, des äußeren und inneren Krieges). Man kann in ihm einen Vorläufer von Auguste Comtes Konzept des Großen Wesens sehen. Noch allgemeiner gesagt, halte ich es für wenig wahrscheinlich, dass eine Kultur lange ohne irgendeine Religion auskommen kann (wobei man präzisieren muss, dass eine Religion atheistisch sein kann, wie zum Beispiel der Buddhismus). Die Aussöhnung der Egoismen durch die Vernunft – der Irrtum des Jahrhunderts der Aufklärung, auf das sich die Liberalen in ihrer unheilbaren Dummheit weiterhin berufen (es sei denn, es handelt sich um Zynismus, was im Übrigen auf das Gleiche hinausliefe), – scheint mir eine auf äußerst wackligen Füßen stehende Basis zu sein. In dem Gespräch, das Sie erwähnen, beschrieb ich mich als »Kommunisten, aber nicht als Marxisten«. Der Irrtum des Marxismus bestand im Glauben, dass es ausreichen würde, die ökonomischen Strukturen zu verändern, der Rest würde dann folgen. Der Rest, das haben wir gesehen, ist nicht gefolgt. Wenn etwa die jungen Russen sich so schnell der widerwärtigen Atmosphäre eines mafiösen Kapitalismus angepasst haben, dann deshalb, weil sich das vorhergehende Regime außer Stande gezeigt hat, den Altruismus zu fördern. Es ist ihm nicht gelungen, weil der dialektische Materialismus, der sich auf dieselben philosophischen Prämissen stützt wie der Liberalismus, von seiner Konstruktion her nicht in der Lage ist, zu einer altruistischen Moral zu führen.

Ich persönlich bin allerdings von Grund auf areligiös, obwohl ich mir der Notwendigkeit einer religiösen Dimension schmerzlich bewusst bin. Das Problem ist, dass sich keine der heutigen Religionen mit dem allgemeinen Erkenntnisstand verträgt. Was wir bräuchten, ist geradezu eine neue Ontologie. Diese Probleme mögen übertrieben intellektuell erscheinen. Ich glaube jedoch, dass sie in zunehmendem Maße außerordentlich konkrete Auswirkungen haben werden. Wenn in dieser Hinsicht nichts passiert, hat die westliche Kultur meiner Meinung nach keine Chance.

REISEBERICHT:
VOLL IN DIE MITTE TREFFEN

Aus Burma zurückgekehrt, erfahre ich, dass ich einen Fehler begangen habe. Ich hätte nicht in ein Land fahren dürfen, in dem die Dissidenten verfolgt werden, in dem die Meinungsfreiheit verhöhnt wird usw. Die Tatsache, dass ich nicht auf dem Laufenden war, verschlimmert meinen Fall noch: Informiert zu sein, war immer ein Recht, es scheint, als sei es zu einer *Pflicht* geworden. Schlimmer noch: Trotz eines dreiwöchigen Aufenthalts und zahlreicher Diskussionen mit den Burmesen (ich habe, ganz nebenbei gesagt, noch nie ein so gesprächiges Volk erlebt) war mir nicht bewusst geworden, dass sie unter dem Stiefel einer Militärdiktatur erstickten.

Daher betrachte ich den Brief, in dem mich die Französische Botschaft einlädt, in den Vereinigten Staaten eine Reihe von Vorträgen zu halten, diesmal mit einem gewissen Verdacht. Wird man mir als eingefleischtem Antiliberalen vorwerfen, meinen Überzeugungen abzuschwören? Ein kurzes Nachdenken überzeugt mich vom Gegenteil. Ein touristischer Aufenthalt im Reich des freien Unternehmertums wäre natürlich taktlos von mir. Die Tatsache aber, dass man meine Reisekosten übernimmt, dass man mir sogar einige Honorare zahlt, ändert alles: Offensichtlich wünschen mich diese Leute dafür zu bezahlen, dass ich wie gewöhnlich auf das Geld, auf die individuelle Freiheit, auf die Menschenrechte, auf die repräsentative Demokratie und auf raucherfreie Orte spucke. Kurz, sie wünschen, dass ich an *der Debatte teilnehme.* Zudem dürfte mein äußerst mittelmäßiges Englisch eine indirekte Ermutigung zum Erlernen der französischen Sprache darstellen; folglich wäre eine Absage von mir eine Feigheit. Um mir die letzten Skrupel zu nehmen, beschließe ich, den Monat darauf nach Kuba in Urlaub zu fahren. So werden die von den amerikanischen Universitäten ausgegebenen Dollar fast sofort dazu dienen, Fidel Castros Kassen zu füllen.

Nachdem ich die moralische Seite des Problems geregelt habe, mache ich mich an die administrative. Es stellt sich heraus, dass die Dinge dort von vornherein weniger einfach liegen. Damit ich in den Vereinigten Staaten bezahlt werden kann, müssen mir die einladenden Universitäten das Formular IAP66 zuschicken, das Vorspiel zur Beschaffung des Visums J1. Da sich die amerikanische Post in einem fortgeschrittenen Zustand der Auflösung befindet, hält es die Rice University in Houston für sicherer, sich an Jet Express Worldwide, einen privaten Kurierdienst, zu wenden. Ein schwerwiegender Fehler. Im Gegensatz zu den Briefträgern, die das Jahr damit verbringen, das Viertel langsam und bis in die kleinsten Ecken abzulaufen, rauschen die Kuriere auf ihren Motorrollern in einer sehr »tight-flow«-mäßigen Atmosphäre umher. Keinem von ihnen ist es bisher gelungen, mein Haus zu finden. In der Regel kommen die Dinge nach mehreren Anrufen beim dritten Anlauf ins Lot. Wenn die Sendung eigenhändig übergeben werden muss, wird es komplizierter. Das System der Einschreiben stützt sich auf eine äußerst dichte Infrastrukur von »Postämtern«, die über ausgedehnte Öffnungszeiten verfügen (in der Woche im Allgemeinen von 8 bis 19 Uhr). Jet Express Worldwide kann seinen zur Schau gestellten weltweiten Ambitionen zum Trotz offensichtlich kein vergleichbares Netz aufweisen …

Das Formular IAP66 kam schließlich doch noch bei mir an. Tatsächlich sind es die zur Beschaffung des Arbeitsvisums J1 notwendigen Formalitäten, bei denen man zum ersten Mal mit dem amerikanischen Traum in Berührung gerät. Die zuständige Abteilung der Botschaft verfügt über kein Telefon, mit Ausnahme einer automatischen Ansage (8, 93 F pro Anruf + 2,23 F pro Minute), die interessante Auskünfte über die Demokratie erteilt, aber bestimmte Details wie etwa die Öffnungszeiten (8 Uhr 30 bis 11 Uhr) auslässt. Nach einem ersten vergeblichen Gang und einer Stunde Wartezeit draußen im eiskalten Regen wird mir endlich gestattet, einen merkwürdigen Fragebogen auszufüllen. Ich habe weder an einem Genozid, noch an Verbrechen gegen die Menschheit teilgenommen. Ich gehöre weder einer terroristischen Organisation an, noch erwäge ich, den Präsidenten der Vereinigten Staaten zu ermorden. In dieser Hinsicht ist also alles im Lot.

Einem Europäer erscheinen die Beamten der Visaabteilung der amerikanischen Botschaft womöglich unnötig gewalttätig, aggressiv und vulgär. In Wirklichkeit muss man ihr Gebaren als erste Gelegenheit in einem Lernprozess von Verhaltensformen ansehen, die sich vor Ort als permanent nützlich erweisen (und Ihnen im Falle einer Verhaftung durch texanische Polizisten sogar das Leben retten können). Vermeiden Sie, den Leuten in die Augen zu sehen. Lächeln Sie nicht ironisch, machen Sie vor allem keine jähen Gesten. Vergessen Sie nie, dass sich in den Vereinigten Staaten jeder zwischenmenschliche Kontakt zunächst in einem Kräfteringen äußert. Wenn ein Amerikaner, mit dem Sie in Kontakt treten, im Allgemeinen damit beginnt, Sie anzugreifen, dann deshalb, weil er herausfinden möchte, »was Sie in der Hose haben«. Zögern Sie also nicht, gegebenenfalls Ihre höhere soziale Stellung auszuspielen (so zögerte der Angestellte des Französischen Konsulats in Houston nicht, mich *Professor Houellebecq* zu nennen, um vom Telefonisten des Holiday Inn das seit zwei Wochen reservierte Zimmer zu erhalten).

Bei meiner Ankunft in Roissy erfahre ich, dass Air France (völlig illegal) das *Overbooking* betreibt. Tritt der Fall ein, dass alle Passagiere vorstellig werden, versucht man, sie in einem anderen Flugzeug unterzubringen und gibt ihnen tausend Francs, um die Affäre zu vertuschen. Die Konkurrenz ist rüde im Nordatlantik.

Das Flugzeug der Continental Airlines ist überfüllt, die Stewardessen sind merkwürdig alt. Ich gebe meinen Kuchen der Nachbarin auf meiner linken Seite, einer Afrikanerin aus dem Togo, die mit Nouvelles Frontières reist. Bei der Ankunft in Newark ist der Himmel bewölkt und turbulent. Sie beginnt sich zu übergeben. Es ist 15 Uhr 30. Normalerweise hätte ich zwei Stunden früher auf einem anderen, viel näher am Stadtzentrum gelegenen Flughafen ankommen sollen. Im Gegensatz zu seinem förmlichen Versprechen hat der Angestellte von Air France nicht bei der Botschaft angerufen. Es erwartet mich folglich niemand. Es ist jetzt vierzehn Stunden her, dass ich eine Raucherzone durchquert habe. In meinen Mundwinkeln bildet sich ein wenig Geifer. Auf dem Flughafen von Newark überfällt mich ein stilles Lachen.

Die Order meiner Mission, die mir vom Außenministerium übergeben wurde, ist deutlich. Ihr vollständiger Text lautet: »Monsieur Houellebecq, Schriftsteller, nicht im öffentlichen Dienst (Gruppe I; Richtzahl), wird die Erlaubnis erteilt, sich von Paris aus nach New York, Hartford, Philadelphia und Houston und wieder zurück nach Paris (administrativer Wohnsitz: Paris; Familienwohnsitz: Paris) zu begeben.«

Für Kalifornien musste ich mich folglich mit Berichten von Zeugen zufriedengeben. Es hat den Anschein, als sei Bret Easton Ellis' Beschreibung der kalifornischen Jugend in *Unter Null* recht genau: Sex, Sonnenbäder, Muskeltraining, Videos, Kokain, Langeweile; keine Politik, keine Zigaretten, keine Bücher. In seinem zweiten Roman *Die Anziehungskraft* beschreibt Ellis einen Campus der Ostküste als eine gigantische Arena der Fickerei, gefüllt mit jungen Arschlöchern voller Zaster, deren intellektuelles und moralisches Niveau erschreckend niedrig ist. Auch die diskreten Umfragen, die ich an der (alteingesessenen, angesehenen, teuren, zur Ivy League gehörenden) University of Pennsylvania durchführen konnte, haben dieses Porträt nicht wirklich ungültig gemacht; aber letztlich hatte ich nur in New York Zeit, mich selber zu erkundigen. Mühelos fand ich all jene Marken wieder, die in *American Psycho* unablässig angeführt werden, bei uns jedoch nur wenig bekannt sind: Ermenegildo Zegna, Oliver Peoples, Hugo Boss ... selbst Armani und Calvin Klein sind in Europa weniger präsent. Dagegen hat es keinen Sinn, in die Vereinigten Staaten zu fahren, um von dort ein Paar Nikes mit zurückzubringen: Die Sportmarken sind die einzigen, die wirklich eine weltweite Strategie besitzen.

Den *Yuppie spielen* kann man in Manhattan besser als anderswo: Man mietet eine Limousine für den Abend, versucht in einem Restaurant zu reservieren, das gerade in ist; man wird von einer vollbusigen Schlampe, die ihren Kellnerjob offensichtlich *einzig in der Absicht* angenommen hat, sich von einem Produzenten aufgabeln zu lassen, schlimmer als der letzte Dreck behandelt; man verspürt eine wirkliche Erleichterung bei dem Gedanken, dass man sie stundenlang *misshandeln* könnte; man spürt schließlich all das, was einen von einem *wirklichen* Star trennt (die Begegnung mit Tom Cruise im Fahrstuhl oder die Demütigung des Erzählers durch seinen jungen »Rock and Roll«-Bruder im Dorcia bleiben für mich die besten Passagen des Buches).

Diese Reise in die USA hatte zum Ziel, Vorträge, vielleicht auch Vorlesungen in verschiedenen amerikanischen Universitäten zu halten. Also von mir zu sprechen, möglicherweise auch von der Situation in Frankreich. In keinem Fall aber, bis dahin unbekannte ethnografische Betrachtungen über die örtliche Realität anzustellen. Zum Glück, denn ich hätte nichts zu sagen gewusst, was nicht schon bei Bret Easton Ellis steht. Zwischen dem kalifornischen Jugendlichen, »dessen Vater beim Film arbeitet«, und dem Yuppie aus New York fehlen mehrere Jahre: *Die Anziehungskraft,* das von den drei Titeln am wenigsten gelesene, hat diese Lücke geschlossen. All das ist unglaublich zutreffend. Es stimmt zwar (man hat es ihm vorwerfen können), dass sich Ellis darauf beschränkt, junge und äußerst reiche Figuren zu beschreiben; aber *alle* Amerikaner versuchen, jung zu bleiben, *alle* Amerikaner streben danach, reich zu werden. Das Ambiente des alles beherrschenden Tribalismus (wahrscheinlich der Ausgleich für eine extreme individuelle Einsamkeit) darf nicht über die erdrückende Gleichförmigkeit der Werte hinwegtäuschen. Mehr noch als anderswo scheint es in den Vereinigten Staaten besonders angebracht, sich für die *Sieger* zu interessieren.

Ich persönlich ziehe Figuren »im mittleren Alter« vor, ich habe mich nie für Reiche interessiert (und tue es noch immer nicht), für Arme, Politiker, Straftäter oder Künstler (mit Ausnahme des *gescheiterten Künstlers,* ein besonderer Fall, der mir emblematisch erscheint: Wir sind alle ein wenig gescheitert, wir sind alle ein wenig Künstler). Was die soziale Beschreibung angeht, so beschreibe ich ganz entschieden die *Mittelklasse;* aber es ist möglich, dass dieses sozialdemokratische Konzept in einer rein liberalen Zone keinen Sinn hat. Mitten auf dem Flughafen von Houston, kurz vor meinem Rückflug nach Europa, wird mir bewusst, dass jenseits der Schwierigkeiten bei ihrer Umsetzung diese beiden Strategien wahrscheinlich das gleiche Ziel verfolgen: voll in die Mitte zu treffen.

TOTE ZEITEN

Diese Chroniken erschienen in den Nummern 90 bis 98 der Zeitschrift Les Inrockuptibles *(Februar bis März 1997). Die Titel stammen von Sylvain Bourmeau.*

Was suchst du hier?

»Nach dem phänomenalen Erfolg der ersten Veranstaltung« findet auf dem Ausstellungsgelände an der Porte Champerret die zweite Messe für *hot* Videos statt. Ich bin kaum am Vorplatz angelangt, als mir eine junge Frau, von der ich alles andere vergessen habe, ein Flugblatt überreicht. Ich versuche, mit ihr ins Gespräch zu kommen, aber sie ist bereits zu einer kleinen Gruppe von Militanten zurückgekehrt, die, jeder einen Stapel Flugblätter in der Hand, von einem Fuß auf den andern treten, um sich aufzuwärmen. Eine Frage steht quer auf dem Blatt, das sie mir überreicht hat: »Was suchst du hier?« Ich gehe auf den Eingang zu. Das Ausstellungsgelände befindet sich im Untergeschoss. Zwei Rolltreppen surren mitten in einem riesigen Raum. Männer kommen allein oder in kleinen Gruppen herein. Der Ort erinnert mehr an einen Darty als an einen unterirdischen Tempel der Unzucht. Ich steige einige Stufen hinab, lese dann einen Katalog auf, den jemand liegen gelassen hat. Er wurde herausgegeben von Cargo VPC, einem Unternehmen, das sich auf den Katalogversand von Pornovideos spezialisiert hat. Ja, was suche ich hier?

In die Metrostation zurückgekehrt, beginne ich mit der Lektüre des Flugblatts. Unter dem Titel »Die Pornografie verdirbt dir den Kopf« entwickelt es folgende Argumentation: Bei allen sexuellen Straftätern, Vergewaltigern, Pädophilen usw. wurden zahlreiche pornografische Kassetten gefunden. Das wiederholte Betrachten pornografischer Kassetten verursache »allen Studien zufolge«, dass sich die Grenzen zwischen Phantasma und Realität verwischten und damit der Übergang zur Tat erleichtert werde, während die »herkömmlichen sexuellen« Praktiken zugleich jeden Reiz verlören.

»Was meinen Sie?« höre ich die Frage, noch bevor ich meinen Gesprächspartner sehe. Jung, kurzes Haar, anscheinend intelligent und ein wenig ängstlich steht er vor mir. Die Metro fährt ein, was mir die Zeit lässt, mich von meiner Überraschung zu erholen. Jahrelang bin ich durch die Straßen gelaufen und habe mich gefragt, ob der Tag kommen würde, an dem mich jemand ansprechen würde – aus einem anderen Grund, als mich um Geld zu bitten. Man hält es nicht für möglich, aber der Tag ist gekommen. Dafür hat es die zweite Messe für *hot* Videos gebraucht.

Entgegen meiner Vermutung handelt es sich nicht um einen Anti-Porno-Militanten. In Wirklichkeit komme er von der Messe. Er sei hineingegangen. Und was er gesehen habe, habe ihn eher unbehaglich gestimmt. »Nur Männer … in ihrem Blick lag etwas Gewalttätiges.« Ich wende ein, dass Lust die Gesichtszüge oft in eine angespannte, ja Gewalt ausstrahlende Maske verwandle. Aber nein, er wisse das, nicht von der Gewalt der Lust wolle er sprechen, sondern von einer *wirklich gewalttätigen Gewalt.* »Ich war von Männergruppen umgeben (die Erinnerung daran scheint ihn leicht zu bedrücken) … viele Kassetten mit Vergewaltigungen, Folterszenen … Sie waren erregt, ihr Blick, die Atmosphäre … Es war …« Ich höre ihm zu, ich warte. »Ich habe das Gefühl, dass das ein übles Ende nehmen wird«, schließt er jäh, bevor er an der Station Opéra aussteigt.

Einige Zeit später stoße ich bei mir erneut auf den Katalog der Cargo VPC. Das Drehbuch von *Analo-Kids* verspricht uns »Frankfurter Würstchen im kleinen Loch, das Geschlecht voller Ravioli, Ficken in Tomatensoße«. Das der *Brüder Ejac n° 6* setzt »Rocco den Arschaufreißer« in Szene: »Sei es eine rasierte Blonde oder eine feuchte Brünette, Rocco verwandelt das Rektum in einen Vulkan, um seine kochende Lava auszuspeien«. Das Resümee von *Vergewaltigte Schlampen n°2* schließlich verdient, in vollem Wortlaut wiedergegeben zu werden: »Fünf herrliche Schlampen werden von Sadisten angegriffen, sodomisiert, vergewaltigt. Sie können noch so zappeln und ihre Krallen ausfahren, am Ende sind sie grün und blau geschlagen, in menschliche Samenpumpen verwandelt.« In diesem Stil geht es sechzig Seiten weiter. Ich gebe zu, dass ich darauf nicht gefasst war. Zum ersten Mal in meinem Leben beginne ich, für die amerikanischen Feministinnen vage Sympathie zu empfinden. Natürlich hatte ich gehört, dass seit einigen Jahren eine *Trash*-Mode aufgekommen war, was ich gedankenlos auf die Erschließung eines neuen Marktsegments geschoben hatte. Von wegen Markt, dummes Zeug, sagt mir gleich am nächsten Tag meine Freundin Angèle, Verfasserin einer Dissertation über das mimetische

Verhalten der Reptilien. Das Phänomen sitze viel tiefer. »Um sich in seiner Männlichkeit zu bestätigen«, legt sie fröhlich los, »begnügt sich der Mann nicht mehr mit der einfachen Penetration. Er fühlt sich in Wirklichkeit ständig bewertet, beurteilt, mit anderen Männern verglichen. Um dieses Unbehagen zu verjagen, um Lust verspüren zu können, muss er seine Partnerin heutzutage schlagen, erniedrigen, demütigen; er muss spüren, dass sie ihm völlig ausgeliefert ist. Man beginnt übrigens, dieses Phänomen auch bei Frauen zu beobachten«, schließt sie lächelnd.

»Wir sind also verloren«, sage ich nach einer Weile. Ja, ihr zufolge seien wir das. Ja, wahrscheinlich.

Der Deutsche

Das Leben eines Deutschen spielt sich wie folgt ab: In seiner Jugend, in seinem reifen Alter *arbeitet* der Deutsche (im Allgemeinen in Deutschland). Manchmal ist er arbeitslos, seltener jedoch als der Franzose. Wie dem auch sei, die Jahre gehen vorbei, und der Deutsche erreicht das Rentenalter. Von nun an kann er seinen Wohnsitz auswählen. Lässt er sich dann auf einem Bauernhof in Schwaben nieder? In einem Haus in den Wohnvierteln von Münchens Vororten? Es kommt vor, in Wirklichkeit aber immer seltener. Im fünfundfünfzig bis sechzig Jahre alten Deutschen vollzieht sich eine tief greifende Veränderung. Wie der Storch im Winter, wie der Hippie aus früheren Zeiten, wie der israelische Anhänger der *goa trance* fährt der sechzigjährige Deutsche *in den Süden.* Man findet ihn in Spanien, oft an der Küste zwischen

Cartagena und Valencia. Einige Vertreter der Spezies – in der Regel aus einer wohlhabenderen soziokulturellen Schicht – wurden von den Kanarischen Inseln oder Madeira gemeldet.

Diese tief greifende, existenzielle, endgültige Veränderung überrascht die Umgebung wenig. Sie wurde durch zahlreiche Ferienaufenthalte, durch den Kauf einer Wohnung fast unvermeidlich darauf vorbereitet. So lebt der Deutsche, er profitiert von seinen letzten schönen Jahren. Dieses Phänomen fiel mir zum ersten Mal im November 1992 auf. Als ich mit dem Auto nördlich von Alicante ein wenig umherfuhr, hatte ich die seltsame Idee, in einer winzigen Stadt anzuhalten, die man in einem Analogon auch Dorf nennen könnte. Das Meer lag in unmittelbarer Nähe. Dieses Dorf trug keinen Namen; wahrscheinlich hatte man keine Zeit gehabt, ihm einen zu geben – es war offensichtlich, dass kein Haus vor 1980 gebaut worden war. Es war ungefähr siebzehn Uhr. Als ich durch die ausgestorbenen Straßen ging, beobachtete ich zunächst ein seltsames Phänomen: Die Schilder der Geschäfte und Cafés, die Speisekarten der Restaurants, alles war auf Deutsch verfasst. Ich kaufte einige Sachen ein und stellte fest, dass der Ort sich zu beleben begann. Eine immer dichtere Menschenmenge drängte sich durch die Straßen, über die Plätze, über den Strand … Sie schien angetrieben von einem lebhaften Hunger nach Konsum. Hausfrauen traten aus ihren Häusern. Männer mit Bärten begrüßten sich warmherzig und schienen die Einzelheiten des Abends zu besprechen. Die zunächst verblüffende Homogenität dieser Bevölkerung wurde allmählich beklemmend, und gegen neunzehn Uhr musste ich mir eingestehen: Die Stadt war ausschließlich von deutschen Rentnern bewohnt.

Strukturell gesehen, evoziert das Leben des Deutschen also fast das Leben eines Gastarbeiters. Das heißt, es gibt ein Land A und ein Land B. Das Land A wird als Arbeitsland angesehen. In ihm ist alles funktional, langweilig und unzweideutig. Im Land B verbringt man seine Freizeit, seinen Urlaub, seinen Ruhestand. Man bedauert, es zu verlassen, man wünscht sich sehnlichst, in es zurückzukehren. Im Land B schließt man die wirklichen, die engen Freundschaften. Im Land B kauft man eine Wohnung, die man seinen Kindern vermachen möchte. Das Land B liegt in der Regel weiter im Süden.

Kann man daraus schließen, dass Deutschland eine Gegend in der Welt geworden ist, in der der Deutsche nicht mehr wohnen möchte und der er entflieht, sobald er kann? Ich glaube, man kann. Seine Meinung über sein Geburtsland gleicht folglich der des Türken. Es gibt keinen wirklichen Unterschied. Nur wenige Details müssen noch angeglichen werden.

Im Allgemeinen ist der Deutsche mit einer *Familie* ausgestattet, die sich aus ein oder zwei Kindern zusammensetzt. Diese Kinder *arbeiten* wie ihre Eltern, als diese im gleichen Alter waren. Hier bietet sich dem Rentner die Gelegenheit zu einer winzigen, sehr saisonbedingten – da in den Feiertagen zwischen Weihnachten und Neujahr stattfindenden – Völkerwanderung *(ACHTUNG: Das nachstehend beschriebene Phänomen lässt sich beim wirklichen Gastarbeiter nicht beobachten. Die Details stammen von Bertrand, Kellner in der Brasserie* Le Méditerrannée *in Narbonne).*

Die Strecke ist lang zwischen Cartagena und Wuppertal, selbst in einem motorstarken Wagen. Bricht die Nacht herein, verspürt der Deutsche folglich nicht selten die Notwendigkeit einer Rast. Die mit modernen Hotelkomplexen ausgestattete Region Languedoc-Roussillon bietet eine zufriedenstellende Lösung. An dieser Stelle ist das Schlimmste getan – das französische Autobahnnetz bleibt, was immer man behaupten mag, dem spanischen überlegen. Nach der Mahlzeit (Austern aus Bouzigues, kleine Tintenfische auf provenzalische Art, kleine Bouillabaisse für zwei Personen in der Saison) schüttet der Deutsche sein Herz aus. Er spricht dann von seiner Tochter, die in einer Kunstgalerie in Düsseldorf arbeitet, von seinem Schwiegersohn, der Informatiker ist, von Beziehungsproblemen und möglichen Lösungen. Er spricht.

»Wer reitet so spät durch Nacht und Wind?
Es ist der Vater mit seinem Kind.«

Was der Deutsche zu dieser Stunde und an dieser Stelle sagt, hat keine große Bedeutung mehr. Er befindet sich nur auf der Durchreise und kann seinen scharfsinnigen Gedanken freien Lauf lassen. Und scharfsinnige Gedanken hat er.

Später schläft er – wahrscheinlich das Beste, was er tun kann.

Das war unsere Rubrik: »Die Währungsparität Franc-Mark, das deutsche Wirtschaftsmodell«. Ich wünsche allen eine gute Nacht.

Die Herabsetzung des Rentenalters

Früher waren wir Betreuer in Urlaubsdörfern. Wir wurden dafür bezahlt, die Leute zu unterhalten, beziehungsweise für den Versuch, sie zu unterhalten. Später, als wir geheiratet hatten (meist, nachdem wir uns hatten scheiden lassen), kehrten wir – diesmal als Kunden – in die Urlaubsdörfer zurück. Nun versuchten andere junge Leute, uns zu unterhalten. Was uns betraf, so versuchten wir, sexuelle Beziehungen zu bestimmten Mitgliedern des Urlaubsdorfes (manchmal Exbetreuern, manchmal nicht) aufzunehmen. Manchmal gelang uns das, meist aber scheiterten wir. Wir haben uns nicht sehr amüsiert. Heutzutage, schlussfolgert der Exbetreuer eines Urlaubsdorfes, hat unser Leben wirklich keinen Sinn mehr.

Das 1995 erbaute *Holiday Inn Resort* in Safaga am Ufer des Roten Meeres bietet 327 Zimmer und 6 geräumige, angenehme Suiten. Zur Ausstattung zählen unter anderem der Empfangsraum, der *Coffeeshop,* das Restaurant, das Strandrestaurant, die Disco und die Veranstaltungsterrasse. Das Einkaufszentrum umfasst verschiedene Geschäfte, eine Bank, einen Friseur. Ein sympathisches französisch-italienisches Team stellt die Betreuung sicher (Tanzabende, diverse Spiele). Kurz – und um den Ausdruck des Reiseveranstalters zu verwenden –, man hat es mit einem »sehr schönen Komplex« zu tun.

Die Herabsetzung des Rentenalters auf fünfundfünfzig Jahre, setzte der Exbetreuer von Urlaubsdörfern fort, ist eine von der Tourismusbranche wohlwollend aufgenommene Maßnahme. Es ist schwierig, einen Komplex dieser Größe auf der Grundlage einer kurzen und unzusammenhängenden Saison, die sich im Wesentlichen auf die Sommermonate –

und in geringerem Umfang auf die Winterferien – begrenzt, rentabel zu machen. Die Lösung besteht selbstverständlich in der Bereitstellung von Charterflügen für junge, von Sondertarifen profitierende Rentner, die es ermöglichen, das Auf und Ab der Menschenströme miteinander in Einklang zu bringen. Nach dem Tod seines Partners befindet sich der Rentner ein wenig in der Situation des Kindes: Er reist in der Gruppe, er muss Gefährten finden. Während die Jungen jedoch mit Jungen spielen und die Mädchen mit Mädchen schwatzen, finden die Rentner gern ohne Rücksicht auf ihr Geschlecht zusammen. Man stellt fest, dass ihre Anspielungen und Hintergedanken mit sexuellem Charakter in Wirklichkeit sogar zunehmen. Ihre verbale Schlüpfrigkeit ist streng genommen verblüffend. Wie schmerzlich die Sexualität für den Moment auch sein mag, man kommt nicht um die Feststellung herum, dass sie etwas zu sein scheint, was man später bedauert, ein Thema, zu dem man gern nostalgische Variationen erfindet. So schließt man Freundschaften, zu zweit oder zu dritt. Zusammen entdeckt man die Wechselkurse, plant einen Ausflug im Jeep. Die ein wenig in sich zusammengefallenen, kurzhaarigen Rentner ähneln je nach eigener Persönlichkeit griesgrämigen oder netten Gnomen. Ihre Robustheit ist oft erstaunlich, schlussfolgert der Exbetreuer.

»Ich sage jedem, welcher Religion er angehört, und alle Religionen sind zu respektieren«, mischte sich ohne wirklichen Zusammenhang der Verantwortliche für das Muskeltraining ein. Der von dieser Unterbrechung beleidigte Exbetreuer flüchtete sich in ein bekümmertes Schweigen. Mit zweiundfünfzig Jahren war er am Ende dieses Monats Januar einer der jüngsten Kunden. Außerdem war er nicht im Ruhestand, sondern im vorzeitigen Ruhestand oder in der Umschulung, irgendetwas in der Art. Nachdem er allen von seiner beruflichen Vergangenheit in der Tourismusbranche erzählt hatte, war es ihm gelungen, sich beim Betreuerteam Ansehen zu verschaffen. »Ich habe die Eröffnung des ersten Club Med in Senegal mitgemacht«, pflegte er in Erinnerung zu rufen. Dann summte er vor sich hin, einen Tanzschritt andeutend: »Ich geh mich amüsieren in See-nee-ga-l/mit Freundin und Riva-l.« Kurz, der Kerl war schwer in Ordnung. Ich war jedoch überhaupt nicht überrascht, als man am folgenden Morgen seinen Leichnam fand, der im lagunenförmigen Swimmingpool auf und ab trieb.

Calais, Pas-de-Calais

Wie ich sehe, ist jeder erwacht[3], so nutze ich den Augenblick, um auf eine kleine Petition hinzuweisen, die meiner Meinung nach von den Medien nicht ausreichend verbreitet wurde: die Petition von Robert Hue und Jean-Pierre Chevènement, in der sie die Durchführung eines Referendums über die Einheitswährung verlangen. Es stimmt zwar, dass die kommunistische Partei nicht mehr das ist, was sie einmal war, und dass Jean-Pierre Chevènement, wenn überhaupt, nur sich selbst vertritt. Das tut der Tatsache jedoch keinen Abbruch, dass sie sich einem Wunsch der Mehrheit anschließen und dass Jacques Chirac dieses Referendum versprochen hatte. Was ihn zum gegenwärtigen Zeitpunkt technisch gesehen zu einem Lügner macht.

Ich habe nicht den Eindruck, eine außergewöhnliche analytische Finesse an den Tag zu legen, wenn ich diagnostiziere, dass wir in einem Land leben, dessen Bevölkerung verarmt, und dass diese das Gefühl hat, dass sie immer mehr verarmt, und darüber hinaus davon überzeugt ist, dass alles Unheil vom internationalen ökonomischen Wettbewerb herrührt (einzig deswegen, weil sie den »internationalen ökonomischen Wettbewerb« gerade verliert). Noch vor wenigen Jahren war Europa den meisten egal. Es handelte sich um ein Projekt, das weder den geringsten Widerspruch noch die geringste Begeisterung auslöste. Heute ist offenbar geworden, dass es, sagen wir, bestimmte Nachteile hat, und man hat eher das Gefühl, dass es auf zunehmende Ablehnung stößt. Ich erinnere daran, dass das 1992 abgehaltene Referendum über Maastricht beinahe nicht stattgefunden hätte (die historische Siegespalme der Verachtung gebührt zweifellos Valéry Giscard d'Estaing, der der Meinung war, das Vorhaben sei »zu komplex, um einer Abstimmung unterzogen zu werden«) und dass es, nachdem man sich seine Durchführung abgerungen hatte, beinahe mit einem NEIN geendet hätte, während die gesamte politische Klasse und die verantwortlichen Medien dazu aufgerufen hatten, mit JA zu stimmen.

Diese tief verankerte und beinahe unglaubliche Hartnäckigkeit der politischen »Regierungsparteien«, mit einem Projekt fortzufahren, das niemanden interessiert und das die meisten sogar anzuekeln beginnt, kann an sich schon zahlreiche Dinge erklären. Ich persönlich habe Mühe, die erwünschte Emotion zu empfinden, wenn man mir von unseren »demokratischen Werten« erzählt. Meine erste Reaktion besteht eher darin, laut aufzulachen. Wenn man mich auffordert, zwischen Chirac und Jospin (!) zu wählen, und sich weigert, mich in Sachen

Einheitswährung nach meiner Meinung zu fragen, dann bin ich mir einer Sache sicher, nämlich der, dass wir uns *nicht* in einer Demokratie befinden. Nun gut, die Demokratie ist vielleicht nicht die beste der Regierungsformen, sie öffnet, wie man so schön sagt, »gefährlichen populistischen Verirrungen« Tür und Tor. Wenn dem so ist, würde ich es allerdings vorziehen, dass man uns klipp und klar sagt: Über die wichtigen Kursrichtungen wurde seit Langem entschieden, sie sind weise und richtig, Sie können sie gar nicht richtig verstehen. Es besteht jedoch für Sie die Möglichkeit, der zukünftigen Regierung in der Zusammensetzung – je nach Sensibilität – diese oder jene politische Färbung zu geben.

Dem *Figaro* vom 25. Februar entnehme ich interessante Statistiken, die das Département Pas-de-Calais betreffen. 40% der Bevölkerung lebt unter der Armutsschwelle (Zahlen des statistischen Nationalamts). Sechs von zehn Haushalten entrichten keine Einkommenssteuer. Wider Erwarten erzielt der Front National nur mittelmäßige Ergebnisse, die ausländische Bevölkerung nimmt allerdings ständig ab (während die Geburtenzahlen deutlich über dem Landesdurchschnitt liegen). Der Abgeordnete und Bürgermeister von Calais ist ein Kommunist, der die interessante Besonderheit aufweist, als Einziger gegen den Verzicht auf die Diktatur des Proletariats gestimmt zu haben.

Calais ist eine beeindruckende Stadt. Gewöhnlich gibt es in einer Provinzstadt dieser Größe ein historisches Zentrum, Fußgängerzonen, die sich am Samstagnachmittag beleben, usw. In Calais findet man nichts von alldem. Die Stadt wurde während des Zweiten Weltkriegs zu 95 % zerstört. Und in den Straßen ist am Samstagnachmittag niemand zu sehen.

Man läuft an verlassenen Gebäuden, an riesigen leeren Parkplätzen entlang (es handelt sich mit Sicherheit um die Stadt in Frankreich, in der das Parken am leichtesten ist). Der Samstagabend ist etwas fröhlicher, diese Fröhlichkeit jedoch speziell. Fast jeder ist betrunken. Im Kneipenviertel befindet sich ein Kasino mit Reihen von Geldmaschinen, an denen die Bewohner von Calais ihr Mindestgehalt verjubeln. Der Ort, an dem man am Sonntagnachmittag spazieren geht, ist der Eingang zum Tunnel unter dem Ärmelkanal. Hinter den Zäunen sehen die Leute – meist mit Familie, mitunter mit Kinderwagen – den Eurostar vorbeifahren. Mit der Hand geben sie dem Zugführer ein Zeichen, der ihnen hupend antwortet, bevor das Meer ihn verschluckt.

Großstadtkomödie

Die Frau sprach davon, sich zu erhängen; der Mann trug bequeme Kleidung. In Wirklichkeit erhängen sich Frauen nur selten. Sie halten Schlafmitteln die Treue. »Topniveau«: Es war Topniveau. »Man muss sich verändern«: warum? Zwischen uns verloren die Kissen der Sitzbank ihre Eingeweide. Das Paar stieg in Maisons-Alfort aus. Neben mich setzte sich ein ungefähr siebenundzwanzig Jahre alter »Künstler«. Er war mir von vornherein unsympathisch (vielleicht sein Kadogan oder sein kleiner schräger Bart; vielleicht auch eine vage Ähnlichkeit mit Maupassant). Er faltete einen Brief von mehreren Seiten auseinander und begann mit seiner Lektüre. Der Zug näherte sich der Station Liberté. Der Brief war auf Englisch geschrieben. Wahrscheinlich war er von einer

Schwedin an ihn gerichtet worden. (Ich überprüfte es noch am selben Abend in meinem illustrierten Larousse. Uppsala befindet sich in der Tat in Schweden, die Stadt zählt einhundertdreiundfünfzigtausend Einwohner und eine alteingesessene Universität. Viel mehr scheint es zu ihr nicht zu sagen zu geben.) Der Künstler las langsam, sein Englisch war mittelmäßig, ich hatte keine Mühe, die Einzelheiten der Geschichte zu rekonstruieren (mir wurde flüchtig klar, dass mein Anstandsgefühl daran Anstoß nahm, aber schließlich ist die Metro ein öffentlicher Raum, oder etwa nicht?). Offensichtlich hatten sie sich im letzten Winter in Chamrousse kennengelernt (was für eine Idee auch, eine Schwedin, die in den Alpen Ski fährt!?). Diese Begegnung habe ihr Leben verändert. Sie denke nur noch an ihn und versuche übrigens gar nicht, etwas anderes zu tun (an dieser Stelle grinste er unerträglich eitel, machte es sich auf dem Sitz noch bequemer, strich sich über den Bart). Man spürte in ihren Worten, dass sie Angst zu haben begann. Sie wäre zu allem bereit, um ihn wiederzusehen, sie ziehe in Betracht, eine Arbeit in Frankreich zu suchen, jemand könne sie vielleicht beherbergen, es gebe Möglichkeiten als Au-pair-Mädchen. Mein Nachbar zog verärgert die Augenbrauen hoch. Er sah sie in der Tat jeden Tag auftauchen, man spürte, dass sie zu so etwas durchaus in der Lage war. Sie wisse, dass er sehr beschäftigt sei, dass er viel Arbeit habe (was mir zweifelhaft erschien – es war immerhin drei Uhr nachmittags, und der Kerl schien es nicht gerade eilig zu haben). In diesem Moment warf er einen etwas trüben Blick um sich, aber wir befanden uns erst an der Station Daumesnil. Der Brief schloss mit folgendem Satz: »*I love you and I don't want to lose you.*« Ich fand das ausgesprochen schön. Es gibt Tage, an denen ich gern so schreiben würde. Sie hatte mit »*Yours Ann-Katrin*« unterschrieben und um ihre Unterschrift Herzchen gemalt. Es war Freitag, der 14. Februar, Sankt-Valentins-Tag (es heißt, dass dieser ursprünglich angelsächsische Handelsbrauch in den nordischen Ländern großen Anklang gefunden hat). Ich sagte mir, dass die Frauen manchmal wirklich mutig sind.

Der Kerl stieg an der Bastille aus, ich auch. Einen Augenblick hatte ich Lust, ihm zu folgen (ging er in eine Tapasbar oder was?), aber ich hatte einen Termin mit Bertrand Leclair von *La Quinzaine littéraire.* Ich hatte in Erwägung gezogen, für meine Chronik mit Bertrand Leclair eine Polemik über Balzac zu entfachen. Zunächst, weil ich das »Balzacsche«, ein Adjektiv, mit dem er sich von Zeit zu Zeit über diesen oder jenen Romancier lustig macht, nicht im Geringsten abschätzig finde; dann, weil ich die Polemiken über Céline, einen überbewerteten Autor, ein wenig satthabe. Letztlich hat Bertrand aber keine große Lust mehr, Balzac zu kritisieren. Im Gegenteil, er ist von dessen großer Freiheit erstaunt. Er denkt anscheinend, dass es nicht unbedingt einer Katastrophe gleichkäme, wenn wir heute Balzacsche Romanciers hätten. Wir stimmen darin überein, dass ein Romancier solchen Schlages zwangsläufig viele Klischees produziert; dass es eine andere Frage ist, ob diese Klischees heute noch Gültigkeit haben; dass es angebracht ist, dies in jedem einzelnen Fall zu untersuchen. Ende der Polemik. Ich denke an diese arme Ann-Katrin, von der ich mir vorstelle, dass sie die pathetischen Züge Eugénie Grandets hat (es ist der Eindruck der außergewöhnlichen Vitalität, die alle Romangestalten Balzacs ausstrahlen, seien sie erschütternd oder abscheulich). Da sind zum einen jene, die nicht totzukriegen sind, die in jedem Buch wieder auftauchen (schade, dass er Bernard Tapie nicht gekannt hat). Da sind zum andern jene erhabenen Gestalten, die man sofort im Gedächtnis behält – eben gerade, weil sie erhaben sind und dennoch real. Balzac, ein Realist? Man könnte genauso gut »Romantiker« sagen. Wie dem auch sei, ich glaube nicht, dass er sich heute fehl am Platze fühlen würde. Schließlich gibt es im Leben noch immer Elemente eines wirklichen Melodramas. Übrigens vor allem im Leben der anderen.

Nur eine Gewohnheitsfrage

Am Samstagnachmittag organisierte das Festival für Romandebüts in Chambéry aus Anlass der Buchmesse eine Debatte zum Thema »Ist das Romandebüt ein Handelsprodukt geworden?« Für die Sache waren anderthalb Stunden vorgesehen, leider gab Bernard Simeone sofort die richtige Antwort, sie lautete JA. Er erklärte sogar klar die Gründe dafür: Die Öffentlichkeit brauche in der Literatur wie anderswo auch neue Gesichter (ich glaube übrigens, er benutzte den brutaleren Ausdruck »frisches Fleisch«). Es sei kein Verdienst, die Dinge klar zu sehen, entschuldigte er sich. Er verbringe die Hälfte seines Lebens in Italien, einem Land, das ihm in vielerlei Hinsicht wie die *Avantgarde des Schlimmsten* erscheine. Danach schweifte die Debatte ab, man sprach über die Rolle der Literaturkritik, ein verworreneres Thema.

Konkret geht die Sache Ende August los, mit Slogans wie »Der neue Romancier ist da« (Gruppenfoto auf dem Pont des Arts oder in einer Autowerkstatt in Maisons-Alfort) und endet im November mit der Übergabe der Preise. Danach gibt es den neuen Beaujolais, das Weihnachtsbier, all das ermöglicht es, bis zu den Festtagen durchzuhalten. Das Leben ist nicht so schwer, es ist nur eine Gewohnheitsfrage. Nebenbei sei die Hommage betont, die die Industrie der Literatur erweist, denn sie assoziiert die literarischen Wonnen mit der dunkelsten Periode, mit dem Beginn des Winters, mit dem Beginn des Tunnels. Roland-Garros dagegen wird eher im Juni organisiert. Ich bin jedenfalls der Letzte, der meine Kollegen kritisieren würde, die alles Mögliche tun, ohne jemals genau zu verstehen, was man von ihnen verlangt. Ich persönlich hatte viel Glück. Nur mit *Capital,* der Zeitschrift der Gruppe Ganz (die ich übrigens mit der Sendung gleichen Namens auf M6 verwechselte), gab es einen kleinen Ausrutscher. Das Mädel hatte keine Kamera dabei, was mich hätte stutzig machen müssen. Ich war immerhin überrascht, als sie mir gestand, dass sie keine einzige Zeile gelesen hatte. Erst als ich später das Sonderheft »Kader am Tag, Schriftsteller in der Nacht: nicht leicht, es mit Proust oder Sulitzer aufzunehmen« las (in dem meine Kommentare, ganz nebenbei, nicht abgedruckt worden waren), begriff ich. In Wirklichkeit wollte sie, dass ich ihr meine *wunderbare Geschichte* erzählte. Das hätte sie mir vorher sagen sollen, dann hätte ich etwas vorbereiten können, mit Maurice Nadeau als altem besoffenen König und Valérie Taillefer in der Rolle der kleinen Glöckchenfee. »Geh zu Nadd-hô, mein Sohn. Er ist der Talisman, das Gedächtnis, der Hüter unserer heiligsten Traditionen.« Oder mehr in Richtung *Rocky,* in Richtung Gehirnversion: »Mit seiner Tabellenkalkulation gerüstet, kämpft er am Tage mit den *tightflows;* in der Nacht dagegen klopft er mit seinem Textverarbeitungsprogramm die Periphrasen ab. Seine einzige Stärke: der Glaube an sich selbst.« Stattdessen war ich unbedacht offen, ja aggressiv. Man kann keine Wunder erwarten, wenn man uns nicht das Konzept erklärt. Es stimmt zwar, dass ich mir die Zeitschrift hätte besorgen müssen, aber ich hatte keine Zeit (bemerkenswert ist, dass *Capital* vor allem von Arbeitslosen gelesen wird, eine Tatsache, die mich nicht wirklich zum Lachen bringt).

Ein anderes, beunruhigenderes Missverständnis, später, in einer der Stadtbibliotheken von Grenoble. Wider Erwarten hat die Politik zur Förderung der Lektüre bei den Jugendlichen vor Ort Erfolg. Viele Wortmeldungen in der Art von »He, Monsieur Schriftsteller, du gibst mir 'ne Botschaft, du gibst mir Hoffnung!« Erstaunen der am Tisch sitzenden Schriftsteller. Übrigens keine prinzipielle Ablehnung. Nach und nach erinnern sie sich, dass eine der möglichen Aufgaben des Schriftstellers in längst vergangenen Zeiten in der Tat ... aber so, mündlich, in zwei Minuten?

»Da steht nicht Bruel geschrieben«, murmelt jemand, dessen Namen ich vergessen habe. Wenigstens sie haben anscheinend Bücher gelesen.

Zum Abschluss gab es glücklicherweise die präzise, leuchtende, ehrliche Rede von Jacques Charmetz, der das Festival von Chambéry (vor gar nicht langer Zeit, als das Romandebüt noch mehr war als ein Konzept) ins Leben gerufen hat: »Dafür sind sie nicht zuständig. Fragt sie, ob ihr eine bestimmte Form von Wahrheit wollt, sei sie allegorisch oder real. Fragt sie, ob ihr an die Wunden rühren und wenn möglich Salz hineinstreuen wollt.« Ich zitiere aus dem Gedächtnis, aber dennoch: Danke.

»Er existiert nicht. Verstehst du? Er existiert nicht.«

»Ja, ich verstehe.«

»Ich existiere. Du existierst. Aber er existiert nicht.«

Nachdem sie die Nicht-Existenz von Bruno nachgewiesen hatte, streichelte die vierzigjährige Frau zärtlich die Hand ihrer weit jüngeren Gefährtin. Sie ähnelte einer Feministin, sie trug im Übrigen auch den Pullover einer Feministin. Die andere schien Varietésängerin zu sein, an einer Stelle sprach sie von Galavorstellungen (oder vielleicht von Jammervorstellungen, ich habe sie nicht sehr gut verstanden). Während sie vor sich hin nuschelte, gewöhnte sie sich langsam an Brunos Verschwinden. Leider versuchte sie gegen Ende der Mahlzeit, die Existenz von Serge nachzuweisen. Pullover regte sich heftig darüber auf.

»Kann ich dir weiter davon erzählen?«, fragte die andere schüchtern.

»Ja, aber mach's kurz.«

Nachdem sie gegangen waren, holte ich eine umfangreiche Mappe mit Zeitungsausschnitten hervor. Seit vierzehn Tagen versuchte ich zum zwanzigsten Mal, mich von den Aussichten des menschlichen Klonens terrorisieren zu lassen. Man muss sagen, dass sich die Sache schlecht anlässt, mit diesem braven schottischen Schaf (das zudem, wie man in den Nachrichten auf TF1 hat feststellen können, verblüffend normal blökt). Wenn das Ziel darin bestand, uns Angst zu machen, wäre es sinnvoller gewesen, Spinnen zu klonen. Ich versuche, mir zwanzig über den Planeten verstreute Wesen vorzustellen, die den gleichen genetischen Code tragen wie ich.

Ich bin verwirrt, das stimmt (sogar Bill Clinton ist verwirrt, das will was heißen), aber terrorisiert, nein, nicht gerade. Ist es so weit gekommen, dass mir mein genetischer Code egal geworden ist? Auch das nicht. »Verwirrt« ist ganz entschieden das richtige Wort. Nach der Lektüre einiger Artikel wird mir klar, dass das Problem woanders liegt. Im Gegensatz zu dem, was die Leute gedankenlos wiederholen, ist die Behauptung falsch, derzufolge »sich die beiden Geschlechter unabhängig voneinander fortpflanzen können«. Zum gegenwärtigen Zeitpunkt kommt man um die Frau »nicht herum«, wie *Le Figaro* zutreffend unterstreicht. Dagegen ist wahr, dass der Mann zu so gut wie nichts mehr gut ist (eine Beleidigung bei der Sache ist übrigens, dass das Spermatozoon durch einen »leichten elektrischen Schlag« ersetzt wird; das wirkt ein wenig cheap). Wozu sind Männer im Grunde gut? Vorstellbar ist, dass in vergangenen Zeiten, als es zahlreiche Bären gab, die Männlichkeit eine spezifische und unersetzliche Rolle spielte. Und heute, fragt man sich?

Das letzte Mal hörte ich von Valérie Solanas in *Flowers;* einem Buch von Michel Bulteau, der sie 1976 in New York getroffen hatte. Das Buch ist dreizehn Jahre später geschrieben worden. Die Begegnung hat ihn sichtlich erschüttert. Er beschreibt ein Mädchen »mit grünlicher Haut, verdreckten Haaren, bekleidet mit einer Blue Jeans und einer vor Dreck starrenden Drillichjacke«. Sie bedauerte es überhaupt nicht, auf Andy Warhol, den Vater des künstlerischen Klonens, geschossen zu haben: »Wenn ich diesen Schuft wiedersehen sollte, bin ich imstande, von vorn zu beginnen.« Noch weniger bedauerte sie, die SCUM-Bewegung *(Society for Cutting Up Men)* ins Leben gerufen zu haben, und bereitete sich darauf vor, auf ihr Manifest Taten folgen zu lassen. Seitdem herrscht Schweigen im Lande. Ist sie etwa tot? Noch seltsamer ist, dass das berühmte Manifest aus den Buchhandlungen verschwunden ist. Will man sich eine fragmentarische Vorstellung von ihm machen, ist man gezwungen, bis spätabends Arte anzuschauen und Delphine Seyrigs Stimme zu ertragen. Es lohnt sich, trotz all dieser Unannehmlichkeiten: Die Auszüge, die ich hören konnte, sind wirklich beeindruckend. Heute sind dank Dolly, dem Schaf der Zukunft, die technischen Bedingungen dafür gegeben, Valérie Solanas' Traum zu verwirklichen: eine Welt, die sich ausschließlich aus Frauen zusammensetzt. (Übrigens entwickelte die spritzige Valérie Ideen zu ganz verschiedenen Themen: »Wir fordern die sofortige Abschaffung des Währungssystems«, schrieb ich mir nebenbei auf. Wirklich, es ist Zeit, diesen Text neu zu verlegen.)

(Indessen schläft der verschlagene Andy in flüssigem Stickstoff, in Erwartung einer äußerst hypothetischen Wiederauferstehung.)

Für die, die es interessiert: Es ist möglich, dass das Experiment demnächst in Angriff genommen wird, vielleicht in kleinerem Maßstab. Ich hoffe, die Männer werden es verstehen, in aller Ruhe zu verschwinden. Trotzdem ein letzter Ratschlag, um auf einer soliden Grundlage zu beginnen: Vermeiden Sie, Valérie Solanas zu klonen.

Die Bärenhaut

Letzten Sommer, ungefähr Mitte Juli, verkündete Bruno Masure in den 20-Uhr-Nachrichten, dass eine amerikanische Sonde gerade Spuren fossilen Lebens auf dem Planeten Mars entdeckt hätte. Es bestünden keine Zweifel: Die Millionen von Jahren alten Moleküle, deren Gegenwart man gerade entdeckt hatte, seien biologische Moleküle, denen man außerhalb lebender Organismen nie begegnet sei. Im vorliegenden Fall handle es sich bei den Organismen um Bakterien, wahrscheinlich um Methanbakterien. Nachdem er dies ausgeführt hatte, ging er zum nächsten Thema über. Der Fund interessierte ihn sichtlich weniger als Bosnien. Diese geringe Beachtung durch die Medien scheint gerechtfertigt durch den unspektakulären Charakter des bakteriellen Lebens. Die Bakterie führt in der Tat ein friedliches Leben. Sie wächst, indem sie der Umgebung eine einfache und wenig abwechslungsreiche Nahrung entnimmt. Dann pflanzt sie sich recht eintönig fort, nämlich durch fortwährende Teilung. Die Qualen und Wonnen der Sexualität bleiben ihr für immer unbekannt. Solange die Bedingungen günstig sind, fährt sie mit der Fortpflanzung fort *(Jahve zieht sie vor in seinem Angesicht, und ihre Nachkommen sind zahlreich)*. Dann stirbt sie. Kein unbedachter Ehrgeiz besudelt ihre begrenzte und vollkommene Wegstrecke. Die Bakterie ist schließlich keine Balzacsche Figur. Sicher, es kann passieren, dass sie in einem Gastorganismus ein ruhiges Leben führt (zum Beispiel in dem des Teckels) und dass der betroffene Organismus darunter leidet, ja, völlig von ihr zerstört wird. Der Bakterie ist das jedoch überhaupt nicht bewusst, und die Krankheit, deren aktiver Träger sie ist, gedeiht, ohne dass dies ihren inneren Frieden beeinträchtigen würde. Die Bakterie ist als solche fehlerlos; sie ist ebenfalls völlig uninteressant.

Das Ereignis blieb als solches bestehen. Auf einem Planeten nahe der Erde konnten sich biologische Makromoleküle zusammenschließen, vage, sich ungeschlechtlich fortpflanzende Strukturen herausbilden, die sich aus einem primitiven Kern und einer unbekannten Membran zusammensetzten. Dann hörte alles auf, wahrscheinlich unter dem Einfluss eines Klimawechsels. Die Fortpflanzung wurde immer schwieriger, bevor sie völlig zum Stillstand kam. Die Geschichte des Lebens auf dem Mars stellte sich als eine bescheidene Geschichte heraus. Dieser winzige Bericht über einen ein wenig kraftlosen Misserfolg widersprach heftig sämtlichen mythischen oder religiösen Konstrukten, an denen sich die Menschheit gewöhnlich ergötzt. Es gab keinen einzigartigen, grandiosen Akt der Schöpfung, es gab kein auserwähltes Volk, nicht einmal eine auserwählte Gattung oder einen auserwählten Planeten. Es gab im Universum lediglich überall unsichere und im Allgemeinen wenig überzeugende Versuche. All das war zudem unerträglich monoton. Die DNS der auf dem Mars gefundenen Bakterien entsprach genau der DNS der irdischen Bakterien. Diese Feststellung vor allem war es, die mich irgendwie traurig stimmte, in solchem Maße schien diese radikale genetische Identität ermüdende historische Übereinstimmungen zu versprechen. Hinter der Bakterie spürte man summa summarum bereits den Tutsi oder den Serben, mit einem Wort all jene Leute, die sich in genauso langwierigen wie endlosen Konflikten verzetteln.

Das Leben auf dem Mars hatte immerhin die extrem gute

Idee, aufzuhören, bevor es größeren Schaden angerichtet hatte. Vom Beispiel des Mars ermutigt, begann ich, ein schnelles Plädoyer für die Vernichtung der Bären abzufassen. Damals hatte man in den Pyrenäen erneut ein Bärenpärchen ausgesetzt, was die Unzufriedenheit der Schafzüchter hervorrief. Der Starrsinn, mit dem man diese Sohlengänger dem Nichts entreißen wollte, hatte in der Tat etwas Perverses, etwas Ungesundes. Natürlich wurde die Maßnahme von den Umweltschützern unterstützt. Man hatte erst das Weibchen, dann einige Kilometer davon entfernt das Männchen ausgesetzt. Diese Leute waren wirklich lächerlich. Keinerlei Würde.

Als ich mich mit meinem Projekt der Vernichtung der stellvertretenden Direktorin einer Kunstgalerie anvertraute, setzte sie mir ein originelles, vom Wesen her eher kulturgeschichtliches Argument entgegen. Ihr zufolge müsste der Bär geschützt werden, weil er im Gedächtnis der Menschheit zur ältesten Kultur gehöre. Die beiden ältesten bekannten Darstellungen seien in der Tat ein Bär und ein weibliches Geschlecht. Die jüngsten Datierungen gäben dem Bären sogar einen leichten Vorsprung. Das Mammut, der Phallus? Sie seien viel, viel jüngeren Datums. Das käme gar nicht in Betracht. Diesem glaubwürdigen Argument beugte ich mich. So sei es, legen wir uns ins Zeug für die Bären. Für die Sommerferien empfehle ich Lanzarote, das dem Planeten Mars sehr ähnlich sieht.

ANMERKUNGEN

Jacques Prévert ist ein Arschloch

1 *Der Klassenkampf in Frankreich*

Ansätze für wirre Zeiten

2 Stilmittel, bei dem eine in die Haupthandlung eingeschobene Nebenhandlung ein Bild oder ein Motiv der Haupthandlung aufgreift, in miniatura identisch reproduziert und damit die Haupthandlung widerspiegelt.

Tote Zeiten

3 Anspielung an das »Erwachen der Bürger«, Titelseite der vorhergehenden Ausgabe der *Inrockuptibles* (in Bezug auf die Affäre der »sans-papiers«, der illegalen Einwanderer, die die Legalisierung ihres Aufenthalts in Frankreich forderten).

ICH HABE EINEN TRAUM.

NEUE INTERVENTIONEN

DIE FRAGE DER PÄDOPHILIE

Dieser Text erschien im Zuge der Dutroux-Affäre in der Zeitschrift L'Infini *(Nr. 59/1997) als Teil eines Dossiers, das sich mit Fragen von Kinderschutz und Pädophilie auseinandersetzt. Der Autor antwortete darin auf folgenden Fragebogen:*

I – Wie erklären Sie sich das große Aufsehen, das die Affäre Dutroux erregt hat? Was versteht man Ihrer Ansicht nach heutzutage unter einem Kind? Was versteht man unter einem Pädophilen?

II – Hatten Sie als Minderjähriger eine Liebesbeziehung zu einem Erwachsenen? Welche Erinnerung haben Sie daran? Haben Sie persönlich Erinnerungen an eine Form kindlicher Sexualität?

III – Sind Sie der Meinung, dass die Fachleute und Interessenvertreter von Kindern uns alles sagen? Haben Sie etwas hinzuzufügen?

Die Formulierung Ihrer Fragen empfinde ich als eine subtile Einladung zu einem politisch unkorrekten Diskurs, der vermutlich die Sexualtriebe herauskehren soll, von denen die Kindheit angeblich begleitet wird. Darauf werde ich mich nicht einlassen. In Wirklichkeit gibt es in der Kindheit keine Sexualtriebe. Es handelt sich dabei ganz schlicht um eine Erfindung. In allen von den Medien so selbstgefällig geschilderten Affären ist das Kind uneingeschränkt und vollends ein Opfer. Es ist aber auch eine Tatsache, dass die Hartnäckigkeit, mit der immer wieder auf Pädophilie und Inzest zurückgegriffen wird, für ein gewisses Wohlbefinden sorgt. Mir scheint, als sei der Pädophile der ideale Sündenbock einer Gesellschaft, die alles dafür tut, die Begierde zu wecken, ohne die Mittel zu ihrer Befriedigung bereitzustellen. In gewisser Hinsicht ist das normal (die Werbung wie die Wirtschaft allgemein beruhen auf dem Wecken von Begierde und nicht auf ihrer Befriedigung). Dennoch halte ich es für hilfreich, an folgende, offensichtliche Wahrheit zu erinnern: So wie die Sexualökonomie derzeit beschaffen ist, hat ein reifer Mann zwar Lust auf Sex, doch er hat weder mehr die Möglichkeit, Sex zu haben, noch das Recht. So gesehen ist es nicht besonders erstaunlich, wenn er sich an dem einzigen Wesen vergreift, das ihm keinen Widerstand entgegenzusetzen vermag: dem Kind.

Der ideale Pädophile ist zweiundfünfzig Jahre alt. Er hat eine Glatze und einen Bauch. Er ist kaufmännischer Angestellter in einem Unternehmen, das nicht gut läuft. Häufig ist er in einem halb besiedelten Vorort mit trostloser Umgebung zu Hause. Er hat nicht das geringste Bedürfnis nach Veränderung. Er ist seit siebenundzwanzig Jahren mit einer Frau seines Alters verheiratet, ist praktizierender Katholik und unter seinen Nachbarn als anständiger Mensch bekannt. Sein Sexualleben ist alles andere als ein Feuerwerk.

Der Pädophile entdeckt zunächst die Pornographie, zu deren eifrigem Konsumenten er wird. Seine Qualen verschlimmern sich auf diese Weise beträchtlich, die Kaufkraft seines Haushalts dagegen schwindet. Die Prostitution verschafft ihm nur bedingt Erleichterung. Seine Erektionen sind unzureichend und von kurzer Dauer – sie werden ihm ein Stein des Anstoßes: Er hat zwar bezahlt, doch die Verachtung der Prostituierten macht ihm ein wenig Angst. Meist ist seine Angst vor den Frauen ja auch begründet. Dagegen weiß er, dass er von einem Kind nichts zu befürchten hat. Er wäre selbst gern ein Kind.

Das Kind ist unschuldig, im wahrsten Sinne des Wortes. Es lebt in einer idealen Welt, nämlich jener, die der Entdeckung der Sexualität (und im Übrigen auch der des Geldes) vorausgeht. Nicht mehr lange (nur wenige Jahre noch), aber das weiß es noch nicht. Von seinen Eltern geliebt, ist es in der Tat ein liebenswertes Geschöpf. Es hält die Erwachsenen für weise und gutmütige Wesen. Es täuscht sich.

Die Begegnung zwischen diesen beiden Wesen, dem Pädophilen und dem Kind (dieses das glücklichste Wesen der Welt, da es noch keine Begierde kennt; jener das unglücklichste, da es die Begierde zwar kennt, sie aber nicht ausleben kann), hat alle Voraussetzungen für ein perfektes Melodram. Am Ende dieser Konfrontation ist das Kind definitiv besudelt. Die wenigen Jahre der Unschuld, die Jahre in einer Welt ohne Sexualität, sind ihm gestohlen worden. Den Pädophilen dagegen hat der Sog des Selbstekels ein beträchtliches Stück weiter nach unten gezogen. Seine Festnahme nimmt er mit Erleichterung auf, da sie ihm bestätigt, was er bereits ahnte: Er ist das abscheulichste und zugleich lächerlichste Wesen der Welt. Er ist alt, widerwärtig, sein Gewissen ist belastet –

und er ist nicht einmal Schriftsteller! Er ist der Erste, der nach seiner Kastration verlangt. Er hat endlich begriffen, was alle um ihn herum seit langem wussten: Wird man selbst nicht mehr begehrt, hat man auch kein Recht mehr auf Begierde. Dieser von ihm begangene Fehler wird ihn teuer zu stehen kommen. Jahrelang wird er von den anderen Gefangenen sodomisiert, geschlagen und gedemütigt werden. Selbst in der Gefängnishierarchie steht er ganz unten. (Der Mörder, ein gefährliches Raubtier, wird als solches respektiert. Doch um sich an einem Kind zu vergreifen, denken seine Mitgefangenen zu Recht, braucht es eine gehörige Dosis an Elend und Feigheit.)

Da ich weder pädophil noch Opfer eines Pädophilen bin, fühle ich mich von Ihren Fragen im Grunde nicht direkt angesprochen. Ich persönlich habe das sexuelle Verlangen in einem normalen Alter entdeckt (wenn ich mich richtig erinnere, um meinen dreizehnten Geburtstag herum). Ich schätze mich glücklich, nicht früher initiiert und daher von dem Phänomen gewissermaßen wie von einer Naturkatastrophe überfallen worden zu sein – das macht es mir unmöglich, jemandem die Schuld in die Schuhe zu schieben. Natürlich hätte ich es vorgezogen, wenn man mir noch ein paar Jahre Aufschub gewährt hätte. Das hält mich nicht davon ab, es lächerlich zu finden, wenn bei Affären mit sechzehn- oder siebzehnjährigen Mädchen von Pädophilie die Rede ist (ein Sprachmissbrauch, den ich mehrmals in den TF1-Nachrichten habe beobachten können). Auch der Fragebogen, in dem abwechselnd die Begriffe »Minderjähriger« und »Kind« benutzt werden, fördert diese Zweideutigkeit. Zwischen der Kindheit und dem Erwachsenenalter liegt eine wichtige Etappe, die *Adoleszenz*. Die Adoleszenz ist in unseren heutigen Gesellschaften kein nebensächliches Übergangsstadium. Sie ist im Gegenteil das Stadium, in dem wir heute und praktisch bis zu unserem Tod zu leben verdammt sind, auch wenn unsere körperliche Hülle allmählich altert.

DIE MENSCHHEIT, PHASE 2

Dieser Text erschien als Nachwort zu Valerie Solanas' Werk SCUM Manifesto *(Editions Mille et une nuits, 1998).*

Ich für meinen Teil habe Feministinnen immer für liebenswerte und prinzipiell harmlose Idiotinnen gehalten, die ihr entwaffnender Mangel an Hellsichtigkeit leider gefährlich gemacht hat. So kämpften sie in den siebziger Jahren für Verhütungsmittel, Abtreibung, sexuelle Freiheit und so weiter, ganz so, als sei das »patriarchalische System« eine boshafte Erfindung der Männerwelt gewesen. In Wahrheit bestand das historische Ziel der Männer ganz offensichtlich darin, ein Höchstmaß an Perlen zu bumsen, ohne sich eine Familie aufzuhalsen. Die Naivität der armen Mädels ging so weit, dass sie glaubten, die Lesbenliebe – eine von praktisch allen aktiven Heterosexuellen geschätzte erotische Würze – sei eine gefährliche Infragestellung der Männermacht. Das Traurigste an der Sache aber ist, dass sie einen unverständlichen Appetit für Berufsleben und Unternehmenskultur an den Tag legten. Die Männer, die seit langem wussten, was es mit der von der Arbeit offerierten »Freiheit« und »Selbstverwirklichung« auf sich hat, grinsten nur milde.

Die Ergebnisse sind erschütternd. Dreißig Jahre nach den Anfängen des Massenfeminismus sind die Frauen nicht nur massiv in die Unternehmen eingezogen, sie vollbringen dort auch alle wesentlichen Aufgaben. (Jeder, der einmal gearbeitet hat, weiß, wie es um diese Dinge bestellt ist: Männliche Angestellte sind dumm, faul, streitsüchtig, undiszipliniert und in der Regel unfähig, sich in den Dienst einer kollektiven Aufgabe zu stellen.) Da der Markt der Begierde sein Imperium beträchtlich ausgeweitet hat, müssen sie gleichzeitig – und das mitunter jahrzehntelang – ihr »Verführungskapital« pflegen. Für ein Ergebnis, das insgesamt wenig überzeugt (der Alterungsprozess lässt sich im Großen und Ganzen nicht aufhalten), wenden sie wahnsinnige Mengen von Kraft und Geld auf. Da sie zudem nicht im Geringsten auf ihre Mutterrolle verzichtet haben, müssen sie das Kind oder die Kinder, die sie den Männern, welche ihren Weg gekreuzt haben, zu entlocken vermochten, zum Schluss allein erziehen. Besagte Männer haben sie unterdessen für eine Jüngere verlassen; und die, denen es gelungen ist, eine Unterhaltszahlung zu erlangen, dürfen sich noch glücklich schätzen. Zusammenfassend lässt sich sagen: Die unendliche Arbeit der Domestizierung, welche die Frauen in den vergangenen Jahrtausenden geleistet haben, um den primitiven Hang des Mannes zu Gewalttätigkeit, Fickerei, Sauferei und Glücksspiel zu unterdrücken und aus ihm eine des Soziallebens halbwegs fähige Kreatur zu machen, wurde innerhalb einer Generation zunichte gemacht.

Das Ziel der Feministinnen (als »freie und gleichwertige« Mitglieder in die Männergesellschaft einzuziehen, auch auf die Gefahr hin, dafür einen Teil ihrer Weiblichkeit opfern zu müssen) ist zumindest im Westen erreicht worden. Das Ziel der Valerie Solanas (die Vernichtung der Männergesellschaft und ihre Ersetzung durch eine Gesellschaft, die auf gegenteiligen Werten beruht), war gelinde gesagt ein gänzlich anderes. Schon auf den ersten Seiten von *SCUM Manifesto* spürt man, dass man es mit dem Text eines ganz anderen Kalibers zu tun hat. Auf das liebenswerte Geplapper einer Simone de Beauvoir (ihr berühmter Ausspruch »Man wird nicht als Frau geboren, man wird es« zeugt vor allem von der krassen Ignoranz biologischer Grundsätze) folgt eine realistische und vom gesunden Menschenverstand eingegebene Position: Die Unterschiede zwischen Mann und Frau sind im Wesentlichen genetischen und erst dann kulturellen Ursprungs. Diese Frage interessiert Valerie Solanas im Grunde aber nur mäßig: Für sie ist die Frau nicht nur anders als der Mann, sie ist ihm *überlegen*. Der Mann – ein biologischer Unfall, eine verfehlte Frau – ist ein gefühlsmäßiger Krüppel, er ist unfähig, Mitleid oder Liebe zu empfinden oder sich für andere zu interessieren. Zutiefst egozentrisch und auf immer Gefangener seiner selbst, steht er »irgendwo im Niemandsland zwischen Mensch und Affe«. Als unglücklicher, sich seines unangenehmen Äußeren bewusster Affe ist für ihn im Leben nur eins von Interesse, nämlich das frenetische Herauskehren des starken Geschlechts (indem er ein Höchstmaß an Frauen fickt und indem er mit anderen Männern, seinen Leidensgefährten, an sterilen und unheilvollen Wettkämpfen teilnimmt). Kurz gesagt: Der Mann ist ein mit einem Maschinengewehr bewaffneter Affe. Und so ist es ihm seiner egoistischen und gewaltsamen Natur gemäß auch gelungen, die Welt in einen – so die bissige Valerie – »Scheißhaufen« zu verwandeln.

Man ist versucht, diese rasante Geschichtsdeutung als Wahnvorstellung abzutun. Doch im Vergleich zu weit gewichtigeren Theorien (wie etwa dem Marxismus) behauptet sie mühelos das Feld. Ein amüsanter Beleg dafür findet sich in dem »falschen Freund« des englischen Titels *SCUM* (*Society for cutting up men*): Wenn sie *cutting up* lesen, verstehen die meisten Männer zunächst, dass sie kastriert werden sollen. Wenn sie dann erfahren, dass *to cut up* eher »zerstückeln, in Stücke schneiden« bedeutet, sind sie eigenartig beruhigt. Man bekommt eine Vorstellung davon, wie tief die jämmerliche Angst der Männer um ihre berühmte Potenz sitzt. Bemerkenswert ist ebenfalls, dass diejenigen, die ihre ganze Kraft in idiotische Kämpfe stecken (seien es Sportwettkämpfe, ethnische Konflikte, Banden-, Bürger- oder Religionskriege) und dabei die Aufmerksamkeit der Medien ungerechtfertigt und auf Kosten weit wichtigerer Themen auf sich konzentrieren, sich in jeglicher Hinsicht – ihren religiösen Überzeugungen, ihrer Rassenzugehörigkeit, ihren politischen Überzeugungen – voneinander unterscheiden. Das Einzige, was sie nachweisbar gemeinsam haben, wurde von Valerie Solanas treffend hervorgehoben: ihr Geschlecht. Unter den obskuren Idioten, die mit Buschmessern, Panzerfäusten oder Kalaschnikows ihre Spielchen treiben, findet sich keine einzige Frau. Zugleich erscheint eine Frau – und das trotz einer dreißig Jahre währenden ununterbrochenen feministischen Propaganda – in einer Geschäftssitzung oder einem Ministerrat noch immer etwas fehl am Platz. Dieses Missverhältnis, so Valerie Solanas, sei der Beweis für ihre grundsätzliche Überlegenheit. Die Frau hat weder den Machtkampf noch den Wettbewerb noch den Krieg erfunden. Das merkt man ihr an.

Man muss zugeben, dass *SCUM Manifesto* nach den ersten, hinreißenden Seiten leider in einen Schwachsinn umkippt, der an Max Stirner oder Schlimmeres erinnert. In Wahrheit stellt sich gleich von Anfang an eine gewisse Unruhe ein, ausgelöst von Valerie Solanas' *außergewöhnlichem* Verständnis der männlichen Psyche. Diese Unruhe nimmt zunehmend Gestalt an, nämlich in Form der typisch männlichen Züge, die sich bei der waghalsigen Pamphletistin bedauerlicherweise beobachten lassen. Da wären zunächst der Größenwahn, die unsägliche Eitelkeit, die irre Selbstüberschätzung (Züge, die sie letztlich fast genauso lächerlich erscheinen lassen wie den späten Nietzsche). Dann die krankhafte Anziehungskraft, die Gewalt, Mord, Verschwörung und »revolutionäres« Treiben auf sie ausüben. Tatsächlich sind diese Züge im Keim von Anfang an vorhanden, so etwa, wenn sie zu dem Schluss kommt, dass die Männer, deren natürliche Unterlegenheit sie für erwiesen hält, ein bedürftiger Teil der Menschheit sind, der vernichtet werden muss. Der Text endet recht übel mit ausgesprochen nazistischen Phantasmen (das beginnt mit der Erwähnung einer »entarteten Kunst« und reicht über den Vorschlag des Einsatzes von Gaskammern bis hin zum Bild der »Nacht der langen Messer«). Und nicht zuletzt scheint Valerie Solanas – darin ganz Kind ihrer Zeit und ihres Landes – verfangen in einem maßlosen Respekt vor dem »Individuum« und der »Freiheit«, für die man vergebens eine überzeugende Definition sucht. Ihre etwas unappetitliche Beschreibung der »freien Frau« – d. h. der *SCUM*-Frau – führt uns zurück in die finstersten Stunden der sechziger Jahre. Das ist umso bedauerlicher, als Valerie mehrmals kurz davorsteht, ein glaubwürdiges Konzept vom Nichtvorhandensein eines individuellen Daseins zu entwickeln; umso bedauerlicher, als sie – wenig beeinflusst von dem in ihrer Zeit so gängigen reaktionären Geschwafel um das »Recht auf Differenz« – energisch für eine wissenschaftliche Verbesserung des Menschen plädiert; umso bedauerlicher, als sie im Gegensatz zu dem kulturalistischen Unsinn über die Ambivalenz und die »Ungewissheit von Identitäten« davon überzeugt bleibt, dass die Lösung der von ihr aufgeworfenen Problemstellungen in der Gentechnik zu suchen ist.

SCUM Manifesto ist mit Sicherheit nicht, wie 1977 von Solanas behauptet, der »beste Text der Geschichte«. Doch muss man einräumen, dass es geradezu verblüffend ist, wie weit seine biologischen Intuitionen reichen. Zum einen hat die Embryonalgenforschung die fakultative und sekundäre Rolle des männlichen Geschlechts bei der Vermehrung von Tieren deutlich bestätigt. Zum anderen lassen die von der Klontechnik erzielten Fortschritte auf den Durchbruch einer verlässlichen Reproduktion hoffen, mit der sich auch neue Möglichkeiten zwischenmenschlicher Beziehungen auftun werden, seltsamer Beziehungen, die sowohl auf Andersartigkeit als auch auf Gleichartigkeit beruhen werden (eineiige Zwillinge liefern uns schon heute ein Beispiel dafür). Längerfristig gesehen dürfte der direkte Eingriff in den genetischen Code es möglich machen, bestimmte Grenzen, von denen man gegenwärtig glaubt, sie seien untrennbar mit dem menschlichen Dasein verbunden (und von denen das Altern und der Tod natürlich die spektakulärsten sind), zu überwinden.

Während verständlich ist, dass solche Vorstellungen bei den Betbrüdern der Offenbarungsreligionen Schrecken auslösen (denen die Schöpfung von Leben als exklusive Domäne des Göttlichen gilt), ist die offensichtliche Zurückhaltung von Denkern, die sich *a priori* als »progressiv« betrachten, nur schwer nachzuvollziehen. Handelt es sich dabei um eine Grenze des westlichen politischen Denkens, das von Hobbes bis Rousseau nie in der Lage gewesen ist, sich eine Gesellschaft anders vorzustellen denn als Ansammlung von Individuen, und das mit der klassischen Konzeption von »Menschenrechten« und »Demokratie« seinen Höhepunkt erreicht hat? Um eine obskure und kindische Sehnsucht nach dem Stadium der Tragik, der Philosophie des »Absurden«, ja dem Zufall als regressiver Göttlichkeit? Um einen neuen Typ von Eifersucht, der vorauseilenden Eifersucht hinsichtlich der Möglichkeiten, die sich künftigen Generationen bieten werden? Wie dem auch sei – sicher ist, dass Valerie Solanas (ein wie alle Propheten unreifes, gemartertes, widersprüchliches, faszinierendes, enervierendes Wesen) ins Lager der Progressisten gehört. Ihre Verachtung für die Natur ist unendlich, absolut, grenzenlos. Als Beispiel sei hier der Absatz zitiert, in dem sie das Ideal des Hippielebens auf wunderbare Weise analysiert: »Er will zurück zur Natur, in die Wildnis, wo die wilden Tiere – wie seinesgleichen – hausen; er will weg von der Stadt, wo es wenigstens eine Spur, einen blassen Schimmer von Zivilisation gibt, er will auf dem Niveau der Spezies leben und seine Zeit mit simplen, ungeistigen Tätigkeiten verbringen, wie Ackerbau, ficken und Perlenketten auffädeln.«

Mitten in den Siebzigern, mitten in einem bis dato unbekannten ideologischen Chaos war Valerie Solanas trotz einiger nazistischer Ausrutscher im Grunde die Einzige ihrer Generation, die den Mut hatte, eine fortschrittliche und durchdachte Haltung zu wahren, die dem edelsten Vorhaben des Westens entsprach, nämlich der Errichtung und Weiterentwicklung einer absoluten technologischen Kontrolle des

Menschen über die Natur (seine eigene biologische Natur inbegriffen). Und das mit dem langfristigen Ziel, auf einer mit dem moralischen Gesetz übereinstimmenden Basis eine neue Natur zu erschaffen, das heißt, in letzter Konsequenz eine Universalherrschaft der Liebe zu etablieren.

NEIL YOUNG

Dieser Text erschien im Dictionnaire du rock, *herausgegeben von Michka Assayas (Editions Robert Laffont, 2000).*

In den mittlerweile dreißig Jahren einer durchweg chaotischen Karriere hat der Zufall wiederholt dafür gesorgt, dass Neil Young und bestimmte Modeerscheinungen zusammenfielen. *Harvest* etwa konnte man Mitte der Siebziger bei allen Aussteigern finden. Dieser Erfolg kam ihn in den Achtzigern teuer zu stehen, bis die Grunge-Generation merkte, dass er auch harte, gemarterte Alben produziert hatte, die vom seltsamen Seufzen einer elektrischen Gitarre durchdrungen waren. Ein paar Jahre lang war Neil Young wieder angesagt und wurde als Wegbereiter gefeiert. Es ist seltsam, dass nichts ihn von seinem Kurs hat abbringen können; wobei man natürlich, um vom Kurs abkommen zu können, erst einmal eine Richtung eingeschlagen haben muss. »Einen Zustand, eine innere Spannung von Pathos durch Zeichen, eingerechnet das Tempo dieser Zeichen, mitzuteilen«, schreibt Nietzsche am Ende von *Ecce homo*, »das ist der Sinn jedes Stils; und in Anbetracht, dass die Vielheit innerer Zustände bei mir außerordentlich ist, gibt es bei mir viele Möglichkeiten des Stils.« Die musikalische Laufbahn Neil Youngs (zusammenhanglos, unkontrollierbar, aber stets von niederschmetternder Aufrichtigkeit) lässt sich mit der Biographie eines Manisch-Depressiven vergleichen oder mit dem Kurs eines Hochdruckgebiets, das abwechselnd über Berge und Täler hinwegzieht. Man hat wirklich den Eindruck, als würde er lediglich nach dem nächsten Musikinstrument greifen und die Gefühle, die seine Seele durchdringen, einfach und unmittelbar zum Ausdruck bringen. Dieses Instrument ist meist eine Gitarre. Doch während es großartige Gitarristen auch woanders gibt, sind nur sehr wenige Künstler in jeder ihrer Noten, in jedem Zittern ihrer Stimme so unmittelbar präsent und lebendig. »Soldier«, mit wenigen Fingern unbeholfen auf dem Klavier komponiert, ist eines seiner geheimnisvollsten und schönsten Lieder. Die Mundharmonika in »Little Wing« erreicht eine traurige Heftigkeit, wird zum verzweifelten Atem, der die Zeiten durchdringt. Und »Twilight«, eine seiner herzergreifendsten Abweichungen, taucht in völlig unerwartetem jazzigem Kontext auf. Bei Neil Young ist die Perfektion zerbrechlich, sie wird aus dem Chaos geboren. Kein einziges seiner Alben ist gänzlich gelungen. Ich kenne aber auch keins, das nicht wenigstens einen wunderbaren Song enthält.

Seine schönsten Platten sind zweifellos jene, die zwischen Traurigkeit, Einsamkeit, Wachtraum und friedlichem Glück oszillieren. Es ist durchaus möglich, sich seinen idealen Zuhörer, sein unsichtbares Pendant, vorzustellen: Neil Youngs Songs sind für die oft Unglücklichen und Einsamen, für jene, die haarscharf an den Toren der Verzweiflung vorbeischlittern; für jene, die dennoch weiter daran glauben, dass Glück möglich ist. Für jene, die nicht immer glücklich verliebt sind, doch die sich immer wieder neu verlieben. Diejenigen, denen die Versuchung des Zynismus nicht fremd ist, ohne dass sie aber in der Lage wären, ihr lange nachzugeben. Diejenigen, die beim Tod eines Freundes imstande sind, vor Wut zu weinen (»Tonight's the Night«). Diejenigen, die sich ernsthaft fragen, ob Jesus Christus kommen wird, um sie zu retten. Diejenigen, die voller Vertrauen denken, dass ein glückliches Leben auf dieser Erde möglich ist. Es braucht einen wirklich großen Künstler, um den Mut aufzubringen, sentimental zu sein, um die Gefahr in Kauf zu nehmen, seicht zu wirken. Doch manchmal tut es einfach gut zu hören, wie ein Mann demutsvoll und mit leiser, trauriger Stimme bedauert, von seiner Frau verlassen worden zu sein: Songs wie »A Man Needs a Maid« oder »What Did You Do to My Life« können aus diesem Grund nicht gleichgültig lassen. Ebenso tut es gut, in die regelrecht funkelnden und zauberhaften Hymnen auf die Liebe einzutauchen, die Neil Young im Laufe der Jahre in Zusammenarbeit mit Jack Nitzsche produziert hat: »Such a Woman« und vor allem das außergewöhnliche »We Never Danced«. Doch ähnlich wie Schubert ist Neil Young vielleicht noch erschütternder, wenn er versucht, das Glück zu beschreiben. »Sugar Mountain« und »I Am a Child« sind von einer Reinheit, einer Naivität, die einem das Herz bluten lassen. Solch ein Glück ist nicht möglich, nicht hier, nicht bei uns. Dazu hätte es bedurft, sich seine Kindheit zu bewahren. Ich kenne nicht nur keinen anderen Song, sondern überhaupt keine andere künstlerische Arbeit, die wie »My Boy« versucht, dieses obskure und herzergreifende Gefühl des reifen Mannes auszudrücken, den es traurig stimmt, dass sein Sohn die Gefilde der Kindheit bereits verlässt. Du hattest so wenig Zeit, mein Sohn; wir hatten so wenig Zeit zusammen. *»Oh, you'd better take your time / My boy / I thought we had just begun.«* Einige seiner Texte beschwören die Adoleszenz über das heftige Gefühl des Verliebtseins. Doch das ist dem Rock gemein, und ich glaube, dass Neil Youngs originellste und schönste Songs jene sind, in denen es ihm möglich wurde, wieder zum Kind zu werden. Dieser Mann hat am Himmel oder auf der Wellenlinie eines Teichs mitunter seltsame Dinge erblickt. »After the Gold Rush« versetzt uns unmittelbar in einen Traum. »Here We Are in the Years«, so vertraut und verstörend, beschwört die schillernden Nachmittage der Romane von Clifford Simak herauf.

Wie wird man zu Neil Young? Das erzählt er uns im stark autobiographischen Text von »Don't Be Denied«: die zerrüttete Kindheit, die Prügel in der Schule, die Begegnung mit Stephen Stills, der Wunsch, ein Star zu sein. Und vor allem der Wille durchzuhalten. Lass dich nicht unterkriegen von der Welt. *»Oh friend of mine, don't be denied.«* Für wen singt er das? Für sich, für die ganze Welt? Ich gebe zu, dass ich oft das Gefühl hatte, er singt es für mich. Wenn ich diese ungeheuren, destrukturierten, völlig unglaublichen Querschläger höre, die in seinem Œuvre immer wieder auftauchen (»The Last Trip to Tulsa«, »Twilight«, »Inca Queen«, »Cortez the Killer«), dann kommt mir stets das gleiche Bild in den Sinn: ein Mann, der sich auf einem schwierigen und holprigen Weg vorankämpft. Der oft hinfällt, dessen Knie aufgeschlagen sind; der wieder aufsteht und weitergeht. (Es ist fast das gleiche Bild wie in der *Winterreise*. Nur ist es bei Schubert kalt, der Weg ist schneebedeckt, und der Mann wird heimgesucht von der schrecklichen Versuchung, sich in das Samtene von Tod und Schnee zu schmiegen.) Die elektrische Gitarre führt durch seltsame Landschaften, schreckenerregend und sublim. Mitunter kommt alles zur Ruhe, und der Puls der Welt schlägt in warmen Schwingungen. Mitunter überfallen Gewalt und Terror die Welt. Die Stimme singt weiter, eigensinnig und zerbrechlich. Die Stimme leitet uns. Sie kommt von weit her, aus den Tiefen der Seele. Sie gibt nicht auf. Es ist keine sehr männliche Stimme. Sie klingt ein wenig wie die einer Frau, eines Greises oder eines Kindes. Es ist die Stimme eines Menschen, der uns außerdem noch etwas Naives und Wichtiges zu sagen hat: Die Welt kann sein, wie sie will, das ist ihre Angelegenheit. Für uns ist das kein Grund, darauf zu verzichten, sie besser machen zu wollen. Das ist die einfache Botschaft von »Lotta Love«: *»It's gonna take a lotta love / To change the way things are.«* Das ist auch die von »Heart of Gold«, seinem unsterblichsten Song: *»Keeps me searching for a heart of gold / And I'm getting old.«* Mittlerweile höre ich Neil Young seit fast zwanzig Jahren. In Leid und Zweifel hat er mich oft begleitet. Ich weiß jetzt, dass die Zeit uns nichts anhaben kann.

GESPRÄCH MIT CHRISTIAN AUTHIER

Dieses Gespräch erschien im Januar 2002 in der Zeitschrift L'Opinion indépendante.

Opinion indépendante: Wie haben Sie die Polemik erlebt, die Ihre Äußerungen zum Islam ausgelöst haben?

Michel Houellebecq: Auf dieses Ausmaß war ich nicht gefasst. Ich weiß, das mag überraschend klingen, aber als ich sagte, der Islam sei »nun wirklich die dümmste aller Religionen«, tat ich das im Tonfall einer Feststellung. Ich dachte nicht, dass das kritisiert, und noch weniger, dass es angefochten werden würde. Die meisten guten Autoren der Vergangenheit – von Spinoza bis hin zu Lévi-Strauss – sind zu dem gleichen Schluss gekommen. Ich dachte daher, eine kurze Zusammenfassung würde ausreichen. Ich hatte nicht begriffen, dass der Respekt vor Identitäten derartige Ausmaße angenommen hat. Der Respekt vor Kulturen ist zur Pflicht geworden, und seien es die unmoralischsten und lächerlichsten. Selbst die katholische Kirche führt sich seit einigen Jahren wie eine Minderheit auf, die Respekt einfordert, auch wenn sie bei weitem nicht so scharf vorgeht wie der Islam. Merkwürdig ist, dass niemand diese Reaktion vorausgesehen hat. Sicher ist, dass Pierre Assouline[1] mich hasst und viel dafür getan hat, das Feuer zu schüren. Ich war von alldem ein wenig überrascht und erschrocken.

Haben Sie das Gefühl, dass wir bestimmten äußeren Erscheinungen zum Trotz in einer puritanischen Zeit leben?

Ja, ich habe den Eindruck, dass in den vergangenen Jahrhunderten und selbst noch zu Beginn des 20. Jahrhunderts freier über Religionen gesprochen wurde. Die Fronten haben sich zu einem bestimmten Zeitpunkt verhärtet. In meinem Fall aber habe ich den Eindruck, dass es der Erfolg war, der die Polemik ausgelöst hat, und nicht die Polemik, die den Erfolg verursacht hat. Wenn sich das Buch weniger gut verkauft hätte, hätten meine Chancen besser gestanden, unbeachtet davonzukommen. In seinem recht niederträchtigen Leitwort gibt Assouline übrigens zu, dass die Verbissenheit mir gegenüber mit dem voraussehbaren Erfolg meines Buches zu tun hatte.

Was haben Sie gedacht, als Guillaume Durand Sie in der Kultursendung Campus[2] *fragte, ob das Vichy-Hemd, das Sie an diesem Tag trugen, ein Verweis auf den Marschall Pétain sei?*

Ich mag Guillaume Durand, aber das war nicht sehr lustig. Es war der etwas missratene Versuch, Humor in die Sendung zu bringen. Ich glaube, er war von den Ereignissen überfordert.

Einmal abgesehen von den Passagen und Ihren späteren Äußerungen über den Islam mussten Sie doch davon ausgehen, dass Plattform *heftige Reaktionen auslösen würde. Das Buch enthält scharfe Angriffe auf den Westen. Und auf etwas belanglosere Art machen Sie sich über Journalisten lustig, indem Sie deren Namen zitieren …*

Es ist natürlich nie sehr geschickt, sich über die Presse lustig zu machen. Im Allgemeinen sind es aber nicht die Journalisten, die am schärfsten reagieren – sie sind Kritik gewohnt. Mehr Angst hatte ich vor den Marken: Eldorador, die Accor/Aurore-Gruppe … Mit dem Reiseführer *Guide du routard* hatte ich weniger gerechnet, aber ich kann nicht behaupten, dass ich erstaunt gewesen wäre. Im Grunde hatte ich mit gar nichts gerechnet. Ich hielt dieses Buch für weniger subversiv als *Elementarteilchen.* Ich glaube, dass sich die Zustände in den drei Jahren verschlimmert haben. Die Forderungen nach Normalität haben zugenommen. Wir haben uns alle geirrt: ich, der Verleger, die Presseabteilung … Keiner hat gesehen, aus welcher Ecke die Probleme kommen würden. An den Islam, der im Buch nicht das Hauptthema, sondern nur ein Hintergrundelement ist, hat wirklich kein Mensch gedacht.

Nur wenige Tage nach Beginn der Polemik rückte dieses »Hintergrundelement« lautstark in den Vordergrund des Tagesgeschehens …[3]

Mich hat das Profil der Terroristen überrascht. Ich hatte gehört, dass muslimische Extremisten weitreichende naturwissenschaftliche Studiengänge absolviert hatten, aber ich glaubte eigentlich nicht daran. Das Profil dieser Terroristen kommt in Wirklichkeit dem der Mitglieder einer Sekte näher als dem gewöhnlicher Terroristen. Das ist ziemlich erschreckend. Bestimmte Zeitungen fingen an zu sagen, was ich seit langem dachte, nämlich, dass der islamische Fundamentalismus im Vergleich zum Islam des Korans kein spezieller Ausrutscher ist. Es ist eine mögliche Interpretation des Korans, die mühelos das Feld behauptet. Was mich fasziniert, ist, zu sehen, dass in den Medien eine große Anzahl von Leuten unausgesetzt wiederholt, dass die Grundbotschaft des Islam eine Botschaft der Toleranz sei, die den Mord verbiete und voller Respekt für Andersgläubige sei ... Ich habe im Hinblick auf Geschichte eine allgemeine Theorie: Es bringt nichts, auf ferne Epochen zurückzugreifen, um Zeitgeschichte zu erklären. Um einen Zustand global zusammenzufassen, reicht es aus, sich ein oder zwei Generationen zurückzuversetzen. Mich regt es jedes Mal auf, wenn man den Glanz des andalusischen Mittelalters oder etwas in der Art heraufbeschwört, denn auf die Praxis hat das keinerlei Einfluss mehr.

In Plattform *denkt eine Romanfigur, dass der Islam langfristig gesehen keine Chance hat, ihn die liberale globalisierte Welt einholen wird und dass die Massen ausschließlich vom westlichen Modell träumen ...*

Ja, ich glaube, das stimmt, wobei sich herausstellen mag, dass die lange Frist sehr lang sein kann. Ich glaube in der Tat, dass die Massen vom westlichen Modell träumen. Es scheint mir im vorliegenden Fall das geringere Übel. Offensichtlich findet ein Kampf zwischen zwei Übeln statt, von denen eins schlimmer als das andere ist.

Die Romanfigur Michel macht den Narzissmus, das schwindende Bedürfnis nach Austausch und Geben sowie die Unfähigkeit, Sex als etwas Natürliches zu empfinden, für den Niedergang der Sexualität im Westen verantwortlich. Scheint Ihnen diese Kultur des Narzissmus der wahre Kern des Problems zu sein?

Ja, das ist ein wesentlicher Punkt. Wir verbringen viel zu viel Zeit damit, uns und andere zu bewerten. Man muss seinen eigenen Wert aber vergessen können, wenn man mit jemandem schlafen will. In dem Moment, in dem die Verführung das eigentliche Ziel ist, wird Sexualität unmöglich. Eine weitere Ursache für den Niedergang der Sexualität ist der Niedergang der Sentimentalität. Die Welle des Sadomasochismus ist mehr als eine reine Modeerscheinung. Auch wenn dahinter der Wille steht, neue »Looks« zu verkaufen, entspricht er tiefer gesehen einer bestimmten Lesart zwischenmenschlicher Beziehungen. *SM* ist nicht sehr sinnlich, man benutzt Accessoires, es kommt nicht zu Hautkontakt. Ich glaube, es gibt einen wirklichen Ekel vor dem Körper in unseren Gesellschaften, der nicht leicht zu interpretieren ist. Michel sagt an einer Stelle, dass das Verkümmern der Sexualität im Westen womöglich psychologische Ursachen hat, dass es aber vor allem ein soziologisches Phänomen ist. Die Idee, derzufolge es keinen Sinn hat, soziologische Tatsachen psychologisch zu erklären, gefällt mir, das ist vom Standpunkt her sehr positivistisch. Wenn ich mir die Frage vom psychologischen Standpunkt aus stelle, dann kann ich in der Tat Gründe finden – wie etwa pornographische Bilder, im Vergleich zu denen die Realität ein wenig fade wirkt, die Pornographie, die der wirklichen Sexualität schadet, oder die Darstellung, die das Reale tötet … Das alles leuchtet ein, doch mir fällt vor allem der soziologische Aspekt auf. Global gesehen haben die zwischenmenschlichen Beziehungen abgenommen.

Michel und Valérie haben ein natürliches und instinktives Geschlechtsleben.

Bei mir ist Sexualität unschuldig. Sie ist nie transgressiv. Darin fühle ich mich Catherine Millet nahe. Aber die Darstellung von Pornographie in der Gegenwartskunst geht eher in Richtung Trash. Ich glaube, dass das Phantasma die Sexualität tötet und dass es nicht besonders interessant ist. Was von einem literarischen Standpunkt aus interessant – und schwierig – ist, sind die Empfindungen. Die Sprache ist nicht gemacht für den Ausdruck von Empfindungen, seien sie angenehm oder schmerzhaft. Auguste Comte hat eine sehr richtige Bemerkung über die Schwierigkeit gemacht, die darin besteht, einem Arzt seine Schmerzsymptome zu beschreiben. Man kann den Schmerz lokalisieren, man kann seine Intensität bestimmen, aber es ist schwierig, noch genauer zu sein. Das Gleiche gilt für das Lustgefühl. Und die Schwierigkeit erhöht sich noch, wenn man nicht zur Metapher greifen will. Michel und Valérie aus *Plattform* lieben sich, und je mehr sie sich lieben, desto sexueller geht es zwischen ihnen zu. Es handelt sich folglich um eine Mischung aus Empfindungen und Gefühlen. Ich versuche, der Wirklichkeit nahezukommen. Das ist bei weitem nicht das Einfachste.

Man hat oft vergessen, dass Plattform *vielleicht zuallererst ein Liebesroman ist ...*

Ja, das wurde oft vergessen. Das ist schade, denn es ist das erste Mal, dass ich eine Frauenfigur so umfassend ausgeführt habe. Und der schockierendste Aspekt des Buches – die Liebe im Westen – wurde so gut wie gar nicht besprochen. Er ist zu gefährlich, zu kompliziert ... Die Zeitschrift *Elle* hat immerhin hervorgehoben, wie dramatisch das ist – was stimmt –, allerdings nur, um dann zu schreiben, dass sie nicht daran glaubt.

Die Liebesgeschichte endet beinahe mit einem Happy End ...

Ich würde gern ein komplettes Idyll entwerfen. In diesem Fall jedoch wollte ich ein einsames Ende in Pattaya. Mir war dort aufgefallen, dass die Begierde nachlässt, sobald man festgestellt hat, dass hinsichtlich der Prostitution alles möglich ist. Wenn man davon ausgeht, dass Begierde etwas Schlechtes ist, was in meinem Fall zutrifft, dann ist das eine Lösung. Um die Begierde zu unterdrücken, muss man sie befriedigen, das ist am einfachsten. Meinerseits handelt es sich dabei nicht um eine Haltung höchstmöglichen Konsums.

Michel hat den Glauben sowohl an kollektive Vorhaben als auch an die Politik verloren. Für ihn und Valérie besteht die Lösung in einer Art individualistischer Flucht.

In dieser Geschichte hat Valérie das Kommando. Sie ist es, die versucht, der Gesellschaft das Geld zu entreißen, das sie für ihr Zusammenleben brauchen. Sie sieht sich als ein kleines Raubtier, das beschränkte Bedürfnisse hat. Ich mag sie sehr. Wie Dostojewski glaube ich, dass man von jedem, der allgemeingültige und großzügige Ideen verbreitet, verlangen sollte, eine Person im Besonderen glücklich zu machen. Es stimmt, dass meine Romanfiguren politisch gesehen allesamt Nihilisten sind. Ich komme einfach nicht um die Feststellung herum, dass die Gesellschaft, in der ich lebe, Ziele verfolgt, die meinen nicht entsprechen. Der Westen ist für ein menschenwürdiges Leben ungeeignet. Es gibt eigentlich nur eine Sache, die man hier tun kann, nämlich Geld verdienen. Valéries Haltung ist daher bei jungen Leuten weit verbreitet: nämlich so schnell wie möglich Geld verdienen zu wollen, um dann woanders hinzuziehen. Das ist vernünftig.

Michel sagt, dass seine Vorfahren im Leben etwas vorhatten, dass sie an den Fortschritt und die Zivilisation glaubten und dass sie dem Gedanken verbunden waren, ihren Nachkommen etwas zu hinterlassen. Ihre Figuren vermitteln deutlich, dass diese Ideen aufgegeben wurden …

Es wird alles dafür getan, dass es im Westen so weit kommt. Nehmen wir ein Beispiel: Berlusconi macht eine Bemerkung. Sofort heißt es, es sei idiotisch, die verschiedenen Zivilisationen ihren Werten gemäß einzuteilen … Nein, das ist nicht idiotisch. Man will uns von der Vorstellung abbringen, dass die westliche Zivilisation in bestimmten Aspekten ihre Überlegenheit erwiesen hat. Nun löst sie sich in Zynismus auf. Lange Zeit herrschte die Vorstellung, dass das Wohl der künftigen Generationen etwas Wichtiges sei. Heute kann man davon ausgehen, dass sich die Leute weniger in die Zukunft projizieren. Das Leben reduziert sich mehr und mehr auf Nutzwerte. Die Euthanasie gibt Aufschluss über jene Vorstellung, derzufolge es im Leben nichts anderes gibt als persönliche Vorteile und den damit verbundenen Fun.

In Plattform *gibt es sehr rohe Szenen urbaner Gewalt. Wenn man nicht mehr die Möglichkeit hat, sich mit dem anderen zu identifizieren, schreiben Sie, dann bleiben als einzige Form das Leiden und die Brutalität …*

Ich glaube, das liegt größtenteils an der Anziehungskraft, die der Konsum ausübt. Und natürlich auch an der Kultur der Linken, die in großem Umfang dazu beigetragen hat, das Böse aufzuwerten, ihm eine Aura zu verleihen, insbesondere in der Figur des »Ganoven« wie etwa Genet, den Sartre auf den Heiligensockel gehoben hat. Es ist offensichtlich, dass Sartres Absicht dabei die Verbreitung des Unmoralischen war, denn ihm war natürlich klar, dass Genet ein durchschnittlicher Schriftsteller war. Das alles hat zur allgemeinen Abwertung des Moralkonzepts beigetragen. Noch schlimmer ist die Situation in den Vereinigten Staaten, auch wenn die Kultur der Linken dort bei weitem nicht so verbreitet ist. Dem allem liegt aber etwas noch Merkwürdigeres zugrunde: Die Leute wollen sich schlagen, sie wollen Gewalt. Mein Eindruck ist, dass die Kompromissbereitschaft abnimmt, selbst in harmlosen Angelegenheiten. Ich weiß z. B., dass meine

Gegner immer meine Gegner bleiben werden. Der hedonistische Individualismus in seiner Reinform bringt das Gesetz des Dschungels hervor. Nur dass sich im Dschungel die Tiere so wenig wie möglich selbst gefährden. Dazu kommt, dass der westliche moderne Mann eine klare Vorliebe für Gewalt hat. Die jüngst erschienene Sonderausgabe der Zeitschrift *Technikart* zum Thema »Das Fight-Club-Dasein« ist in dieser Hinsicht ziemlich eloquent. Es ist möglich, dass diese Gewalt mit der Schwierigkeit zu tun hat, beim Sex noch etwas zu empfinden. Der Sinn für an sich angenehme Dinge ist verloren gegangen. Und die skandalträchtigen Medien helfen diesem Prozess deutlich voran.

Der Roman Plattform *enthält vor allem im ersten Drittel eine ausgesprochen starke Dosis Humor. Entsprach dies dem Wunsch, den Leser gleich zu Beginn zu packen, um ihn dann nicht mehr loszulassen?*

Ja, ich glaube schon. Die Figuren von Robert und Josyane gefallen mir. Ich mag Robert. Ich mag Figuren, die auf die Nerven gehen. Es gibt sie in allen Reisegruppen. In den humorvollen Episoden – außer der über den *Guide du routard* – wollte ich diese amerikanischen Bestseller persiflieren. Ich wollte insgesamt ein Buch schreiben, das sich wie ein Schmöker liest. So habe ich dem Lesefluss der Erzählung und ihrer Geschwindigkeit einiges geopfert. Auch von den Zeitformen mache ich einen klassischeren Gebrauch, er basiert auf dem erprobten Imperfekt und dem Passé simple, was das Buch flüssiger macht und ihm eine klassischere Seite gibt.

Warum tauchen im Hintergrund Gestalten wie die von Jacques Chirac, Lionel Jospin[4], Jérôme Jaffré[5] oder Julien Lepers[6] auf?

Eine der größten Freuden bei der Lektüre von Romanen aus der Vergangenheit besteht für mich darin, dass sie ihre Epoche wiederauferstehen lassen, und sei es nur in winzigen Details. Und so nehme ich mir das Recht heraus, das auch in meinen eigenen Büchern zu tun. Es ist doch auch so, dass jeder in seinem Leben mal an Chirac denkt. Man kommt nicht umhin, an ihn zu denken. Jeder, der in Frankreich lebt, kennt Chirac. Wenn ich Marken zitiere, dann aus dem gleichen Grund. Romane müssen sich einordnen. Das liegt in der Logik des Romans. Er braucht Gegenwärtigkeit.

Ein Satz scheint Plattform *zu charakterisieren, sowohl im Hinblick auf Michel als auch auf den Westen: »Das Herz ist nicht mehr bei der Sache.«*

Ich glaube nicht, dass der Westen wirklich leben will. Dieses Gefühl kennzeichnet schon die erste Szene von *Ausweitung der Kampfzone*. Die Fähigkeiten der Menschen zu emotionaler Bindung sind begrenzt. Man kann sein Leben nicht völlig umstülpen. Nur die Amerikaner glauben das.

Michels letzte Worte lauten: »Man wird mich vergessen. Man wird mich schnell vergessen.« Denken Sie, dass man Sie schnell vergessen wird?

Ich habe den ganzen letzten Teil in einem großen Anfall von Masochismus geschrieben. Also vielleicht nicht. Aber ich war sehr zufrieden mit mir, denn das gab mir den Eindruck, dass es sich um mein letztes Buch handle, um eine Art Testament. Eitelkeit ist bei mir nicht sonderlich ausgeprägt. Man wird mich nicht unbedingt schnell vergessen, aber vergessen wird man mich.

Unabhängig von den jüngsten Kontroversen lösen Sie bei Ihren Lesern leidenschaftliche Reaktionen aus. Nachdem ich bei einigen Auftritten dabei gewesen war, kam bei mir das Gefühl auf, dass manche von ihnen wirklich bereit wären, sich mit Ihnen zu schlagen ... Wie erklären Sie sich das?

Ich weiß es nicht ... Vielleicht jage ich ihnen Angst ein. Letzten Endes erwartet man von mir, dass ich beruhigende Sätze sage wie etwa: »Das alles war doch nur ein Witz. In Wirklichkeit ist alles in Ordnung. Alles wird immer besser.« Ich glaube, man verlangt von mir Statements wie: »Es wird schon alles gut werden. Es gibt keinen Zivilisationskonflikt. Jacques Chirac ist am Ruder. Es sieht nur so aus, als stünden die Dinge schlecht, in Wirklichkeit ist alles in Ordnung ...« Etwas fehlt meinen Romanen, und dieses Etwas möchte man von mir in der Realität hören: nämlich das beruhigende Schlusswort. Dahinter verbirgt sich ein Typ allgemeiner Kommunikation, wie etwa: »Die Situation ist bedenklich, aber Maßnahmen wurden eingeleitet.«, »Ja, sie ist tot, aber ich habe mit der Trauerarbeit begonnen.« Eine rein negative Aussage wird nicht mehr akzeptiert.

In einer Sendung des Fernsehkanals Canal + sagten Sie vor mehr als einem Jahr, dass Sie Angst hätten, eines Tages gelyncht zu werden. Befürchten Sie heute immer noch, dass man Ihnen das, was Sie schreiben oder von sich geben, nicht verzeihen wird?

Ja, in Frankreich werden die Probleme zunehmen. Ich glaube nicht, dass sich die Lage beruhigen wird. Ja, doch, ich habe etwas Angst. Aber man kann ja auch schreiben, ohne zu veröffentlichen.

Zu den von den jüngsten Kontroversen angerichteten »Kollateralschäden« gehört, dass Sie von der Liste des Prix Goncourt verschwanden, von dem viele meinten, Sie würden ihn gewinnen. Hat Ihnen das wehgetan?

Nein, überhaupt nicht. Was zählte, war, dass François Nourissier mich bis zum Schluss unterstützte. Und das hat er getan. Von der Liste des Prix de l'Académie française zu verschwinden, hat mir mehr zugesetzt. Ich hatte von den Mitgliedern der Akademie mehr Unterstützung erwartet. Beim Prix Goncourt wusste ich im Grunde, dass nur Nourissier für mich war. Deshalb glaubte ich nicht daran. Es waren vor allem die Reaktionen einzelner Leute, die mir wehgetan haben. Manche haben mich ein bisschen fallengelassen. Dafür hat mich Alain Finkielkraut leidenschaftlich verteidigt. Es ist schrecklich, was man alles nicht mehr sagen kann … Nietzsche, Schopenhauer und Spinoza würden heute nicht mehr durchgehen. Das politisch Korrekte, so wie es heute Gestalt angenommen hat, macht fast die ganze westliche Philosophie inakzeptabel. Immer mehr Dinge können einfach nicht mehr durchdacht werden. Es ist erschreckend.

Wohnen wir nicht einfach der Geburt einer »geglätteten« Gesellschaft bei, die die von Ihnen erwähnte Negativität nicht mehr erträgt und die das Böse ausmerzen will?

Ich akzeptiere die Idee, dass die Menschheit unverdorben zur Welt kommen soll. Ich kann das Vorhaben in seiner Gesamtheit diskutieren. Das Problem ist aber nun einmal, dass die Menschheit verdorben zur Welt kommt. Ein einfaches Beispiel: Angenommen, ich käme mit modifizierten Genen zur Welt, die bewirkten, dass ich keine Lust mehr aufs Rauchen hätte. Das ist ein Vorhaben, das sich verteidigen ließe: eine undifferenzierte, geglättete Menschheit. Aber heute versucht man, dieses Vorhaben durch Kastration, durch Zwang zu verwirklichen. Das kann so nicht funktionieren. Ich weiß nicht, wozu die Menschheit fähig ist, im Moment jedenfalls hat man ihr exzessive Normen auferlegt, ohne dafür wirkliche Ausgleiche zu schaffen. Was bringt es mir, wenn ich politisch korrekt bin? Man verspricht mir nicht einmal zweiundsiebzig Jungfrauen. Man verspricht mir lediglich, dass ich mich weiter abrackern und Ralph-Lauren-Hemden kaufen darf … Deshalb glaube ich, dass der einzige Inhalt des Vorhabens der Wille ist, zu verschwinden. Im Grunde genommen ist mir die Zukunft des Westens gleichgültig; aber es kann sich als schwierig herausstellen, gegen die Selbstzensur anzukämpfen. Man muss dafür immer mehr Kraft aufbringen. Das alles nervt.

Was sind Ihre Vorhaben?

Ich werde einen Band für die Taschenbuchreihe Librio schreiben: *Lanzarote und andere Texte.* Philippe Harel und ich werden *Elementarteilchen* verfilmen. Es ist aber noch nicht alles geregelt. Es fehlt der Produzent.

TECHNISCHER TROST

Dieser Text erschien in dem Band Lanzarote et autres textes *(Librio, 2002).*

Ich mag mich nicht. Ich empfinde nur wenig Sympathie, geschweige denn Wertschätzung für mich. Obendrein interessiere ich mich nicht besonders für mich. Meine wichtigsten Charaktereigenschaften kenne ich seit langem, und zuletzt bin ich sie leid geworden. Als Jugendlicher, selbst noch als junger Mann sprach ich über mich, dachte ich an mich, war ich von meiner Person gewissermaßen erfüllt. Das ist heute nicht mehr der Fall. In meinen Gedanken komme ich nicht mehr vor, und schon die Aussicht darauf, eine Anekdote zu meiner Person erzählen zu müssen, versetzt mich in krampfartige Langeweile. Bin ich wirklich dazu gezwungen, lüge ich.

Dennoch, und das ist ein Paradox, habe ich es nie bedauert, mich fortgepflanzt zu haben. Man kann sogar sagen, dass ich meinen Sohn liebe und dass meine Liebe zu ihm jedes Mal wächst, wenn ich in ihm Spuren meiner eigenen Fehler wiedererkenne. Ich sehe, wie diese im Laufe der Zeit mit einem unerbittlichen Determinismus zum Vorschein kommen, und ich freue mich darüber. Ich freue mich ohne jede Scham darüber, dass sich Charaktereigenschaften wiederholen (und dadurch verewigen), die an sich nichts Ehrenwertes haben, ja die oft sogar verachtenswert sind, die in Wirklichkeit keinen anderen Verdienst haben als den, dass es meine sind. Im Übrigen sind es nicht einmal wirklich meine. Mir ist klar, dass manche das perfekte Abbild der Persönlichkeit meines Vaters, dieses vollendeten Arschlochs, sind. Seltsam aber ist, dass das meine Freude nicht schmälert. Diese Freude ist mehr als nur Egoismus; sie geht tiefer, ist unumstößlicher. Wie auch ein Gefäß mehr ist als nur seine Projektion auf eine glatte Oberfläche und ein lebender Körper mehr als sein Schatten.

Was mich bei meinem Sohn indes traurig stimmt, sind die Züge, die auf eine autonome Persönlichkeit schließen lassen (Einfluss der Mutter? Unterschiedliche Epochen? Reine Individualität?), Züge, in denen ich mich überhaupt nicht wiedererkenne und die mir fremd bleiben. Das entzückt mich ganz und gar nicht, im Gegenteil, mir wird bewusst, dass ich ein nur unvollkommenes und schwaches Abbild meiner selbst hinterlassen habe. Ein paar Sekunden lang spüre ich deutlich den Geruch des Todes. Und ich kann bestätigen: Der Tod riecht übel.

Die westliche Philosophie fördert den Ausdruck solcher Gefühle kaum. Diese Gefühle lassen keinen Raum für Fortschritt, Freiheit, Individuation, Zukunft. Sie haben nichts zum Ziel als die ewige, schwachsinnige Wiederholung ein und derselben Sache. Dazu kommt noch, dass sie nichts Originelles an sich haben. Sie werden fast von der gesamten Menschheit, ja sogar von einem Großteil des Tierreichs geteilt. Sie sind nichts anderes als die nach wie vor aktive Erinnerung an einen erdrückenden biologischen Instinkt. Die westliche Philosophie ist eine lange, geduldige und grausame Dressurvorrichtung, deren Ziel darin besteht, uns von einigen falschen Vorstellungen zu überzeugen. Die erste besteht darin, dass wir den anderen respektieren müssen, weil er sich von uns unterscheidet; die zweite besteht darin, uns glauben zu machen, dass der Tod uns etwas bringt.

Die westliche Technologie hat bewirkt, dass dieser Lack aus Ermessensfragen heute mit großer Geschwindigkeit abplatzt. Natürlich werde ich mich klonen lassen, sobald das möglich ist. Natürlich werden sich alle klonen lassen, sobald das möglich ist. Ich werde auf die Bahamas, nach Neuseeland oder auf die Kaiman-Inseln fahren. Wenn nötig, werde ich jeden Preis bezahlen (im Vergleich zum Gebot der Fortpflanzung haben moralische und finanzielle Gebote noch nie schwer gewogen). Wahrscheinlich werde ich zwei oder drei Klone haben, so wie man zwei oder drei Kinder hat. Zwischen ihren Geburten werde ich einen passenden (nicht zu großen, aber auch nicht zu kleinen) Abstand einhalten. Als ein Mann schon reifen Alters werde ich mich wie ein verantwortungsvoller Vater benehmen und meinen Klonen eine gute Ausbildung zukommen lassen. Danach werde ich sterben. Am Sterben werde ich keine Freude finden, denn es ist nicht mein Wunsch zu sterben. Mir wird jedoch nichts anderes übrig bleiben, zumindest so lange nicht, bis etwas Gegenteiliges erreicht ist. Durch meine Klone werde ich eine Form des Überlebens erreicht haben, die nicht wirklich zufriedenstellend ist, die aber höher steht als jene, die mir Kinder geboten hätten. Mehr kann mir die westliche Technologie bis dato nicht bieten.

Zum Zeitpunkt der Niederschrift dieser Zeilen bin ich nicht in der Lage, vorauszusehen, ob meine Klone einem weiblichen Bauch entwachsen werden. Es hat sich nämlich erwiesen, dass das, was dem Laien technisch gesehen einfach erschien (nämlich der Nahrungsaustausch über die Plazenta, der ein *a priori* geringeres Mysterium in sich birgt als der Akt der Befruchtung), am schwersten nachzugestalten ist. Für den Fall, dass die Technik ausreichend fortgeschritten ist, werden meine zukünftigen Kinder, meine Klone, ihr Leben in einem Reagenzglas beginnen. Das macht mich ein wenig traurig. Ich mag die Muschi der Frauen, ich bin gern in ihrem Bauch, in der elastischen Geschmeidigkeit ihrer Scheide. Ich habe Verständnis für die Sicherheitsgründe, für die technischen Notwendigkeiten. Ich habe Verständnis für die Gründe, die dazu führen, dass mehr und mehr Schwangerschaften in vitro ausgetragen werden. Ich erlaube mir diesbezüglich nur einen leichten Anflug von Nostalgie. Werden meine so weit von ihr zur Welt gekommenen Schätzchen noch *auf Muschis stehen*? Ich hoffe es für sie, ich hoffe es von ganzem Herzen. Es gibt viele Freuden auf dieser Welt, doch nur wenige Genüsse – und noch weniger, die kein Übel anrichten. Doch nun Schluss mit dieser humanistischen Abschweifung.

Wenn sich meine Klone in einem Reagenzglas entwickeln sollten, werden sie, das ist offensichtlich, ohne Bauchnabel zur Welt kommen. Ich weiß nicht, wer den Begriff »Bauchnabelliteratur« zum ersten Mal in abfälligem Sinn benutzt hat. Ich weiß jedenfalls, dass mir dieses billige Klischee immer missfallen hat. Worin bestünde das Interesse einer Literatur, die vorgibt, über die Menschheit zu sprechen, und dabei jede persönliche Erwägung ausschließt? Die Menschen gleichen einander viel mehr, als sie es sich in ihrer komischen Überheblichkeit ausmalen. Es ist viel einfacher, als man glaubt,

Allgemeingültigkeit zu erzielen, indem man über sich selbst redet. Wir haben es da mit einem weiteren Paradox zu tun: Über sich selbst zu reden ist mühsam und sogar widerlich. Doch in der Literatur ist es die einzige Sache, die sich lohnt. Das geht sogar so weit, dass man den Wert eines Buches – herkömmlich und richtigerweise – an der Fähigkeit des Autors misst, sich persönlich einzubringen. Das ist grotesk, wenn man so will, es ist sogar von extremer Taktlosigkeit, aber es ist so.

Während ich diese Zeilen schreibe, betrachte ich meinen Bauchnabel, im übertragenen wie im eigentlichen Sinn. In der Regel denke ich nur wenig an ihn, und das ist auch gut so. Diese Hautfalte ist ganz offensichtlich das Zeichen einer Trennung, eines hastig geknüpften Knotens. Sie ist die Erinnerung an einen Scherenschnitt, der mich umstandslos in die Welt geschleudert und mich verdonnert hat, auf mich allein gestellt in ihr zurechtzukommen. Dieses Souvenir werdet ihr genauso wenig los wie ich. Noch als Greise, selbst noch als hochbetagte Greise, werdet ihr die Spur dieser Trennung intakt auf eurem Bauch sehen können. Eure inneren Organe könnten durch dieses schlecht verheilte Loch nach außen treten und an der Luft vermodern. Es ist jederzeit möglich, dass ihr am helllichten Tag eure Gedärme verliert. Und dass ihr verreckt wie Fische, denen man mit einem Stiefeltritt ins Rückgrat den Gnadenstoß versetzt. Ihr werdet weder die Ersten noch die Berühmtesten sein. Erinnert euch an die Worte des Dichters:

Gottes Leichnam
Windet sich vor unseren Augen
Wie ein verreckender Fisch
Den man mit Tritten erledigt.

Folgenlose Kinder, auch ihr seid bald dort angelangt. Ihr gleicht Göttern – und es wird nicht reichen. Eure Klone bekommen keinen Bauchnabel, stattdessen bekommen sie eine BauchΩnabelliteratur. Auch ihr werdet euch für den Nabel der Welt halten – und sterblich sein. Schmutz wird euren Bauchnabel füllen, und das war's dann. Eure Gesichter wird man mit Erde bewerfen.

HIMMEL, ERDE, SONNE

Dieser Text erschien zuerst in dem Sammelband Contes de campagne *(Editions Mille et une nuits, 2002) und später in der Aufsatzsammlung* Lanzarote et autres textes *(Librio, 2002).*

Als erfolgreicher Autor kommt man in den Genuss bestimmter Luxusgüter, die die Gesellschaft normalerweise bedeutenderen oder wohlhabenderen Mitgliedern vorbehält. Aber für einen Mann besteht das wertvollste Geschenk des Ruhms in den – um den angelsächsischen Begriff zu verwenden – *Groupies.* Dabei handelt es sich um junge, sinnliche und hübsche Mädchen, die sich Ihnen in einem Akt der Liebe hingeben möchten, nur weil Sie etwas geschrieben haben, das ihr Innerstes angerührt hat. Mittlerweile scheint es mir möglich, dass ich die Groupies und den Ruhm eines Tages satt haben werde. Das wäre wirklich traurig, aber möglich. Doch selbst für den Fall, dass es so weit kommen wird, glaube ich, dass ich weiter schreiben werde.

Muss man daraus schließen, dass mir das Schreiben zur Notwendigkeit geworden ist? Diesen Gedanken zum Ausdruck zu bringen, fällt mir schwer: Ich finde ihn kitschig, bieder, vulgär. Doch auf die Wirklichkeit trifft das noch mehr zu. Und dennoch, sage ich mir, muss es Momente gegeben haben, in denen mir das Leben, ein erfülltes und heiles Leben, ausgereicht hat. Normalerweise sollte den Lebenden das Leben ausreichen. Ich weiß nicht, was passiert ist. Vermutlich irgendeine Enttäuschung, ich hab's vergessen. Doch finde ich nicht normal, dass man das *Bedürfnis* hat zu schreiben. Genauso wenig wie das Bedürfnis zu lesen. Und dennoch.

Von dem Ort, an dem ich mich derzeit befinde, in Irland, hat man einen Blick aufs Meer. Es ist eine mobile, etwas ungewisse, dafür aber materielle Welt. Ich hasse das Leben auf dem Lande, seine erdrückende Präsenz. Sie macht mir Angst. Zum ersten Mal lebe ich heute in einem Haus, von dessen Fenstern aus ich das Meer betrachten kann. Und ich frage mich, wie ich bisher ohne es auskommen konnte.

Wenn ich die Welt beschreibe, wenn ich lebendige und unbestreitbare, der Realität entnommene Abschnitte notiere und festhalte, dann relativiere ich sie. Sobald sie sich in einen geschriebenen Text verwandelt haben, färben sie sich, bekommen sie eine gewisse schillernde Schönheit, die darauf beruht, dass sie eine Option darstellen. Das Land ist nie eine Option, das Meer dagegen schon, gelegentlich.

Der Nebel reicht nicht. Nicht heutzutage. Er ist nicht materiell genug – darin lässt er sich mit der Poesie vergleichen. Vielleicht würden die Wolken ausreichen, wenn wir in ihnen leben würden. Der Nebel reicht nicht. Doch es gibt nichts Schöneres auf der Welt als den Nebel, der sich über dem Meer erhebt.

DEM 20. JAHRHUNDERT ENTWACHSEN

Dieser Text erschien ursprünglich in der Ausgabe Nr. 561 der Zeitschrift La Nouvelle Revue française *(April 2002) und später in dem Band* Lanzarote et autres textes *(Librio, 2002).*

Die Literatur führt zu nichts. Wenn sie zu etwas führen würde, hätte das linke Pack, das die intellektuelle Debatte das ganze 20. Jahrhundert lang an sich gerissen hat, gar nicht existieren können. Gott sei Dank ist dieses Jahrhundert nun zu Ende gegangen. Ein guter Zeitpunkt, um ein letztes Mal (das hoffe ich zumindest) auf die Vergehen der »Linksintellektuellen« zu sprechen zu kommen. Dazu sei am besten an *Die Dämonen* erinnert. Das 1872 veröffentlichte Buch ist eine bereits umfassende Vorführung ihrer Ideologie, die Episode von Schatows Mord eine klare Ankündigung ihrer Vergehen und Verbrechen. Hatten Dostojewskis Intuitionen deswegen irgendeinen Einfluss auf den Lauf der Geschichte? Nicht den geringsten. Marxisten, Existenzialisten, Anarchisten und Linksradikale jeglicher Art konnten sich breitmachen und die bis dato erforschte Welt infizieren, ganz als ob Dostojewski nie eine Zeile geschrieben hätte. Haben sie im Vergleich zu ihren Vorgängern, den Romanschriftstellern des 19. Jahrhunderts, auch nur eine Idee, auch nur einen neuen Gedanken eingebracht? Nicht im Geringsten. Das 20. Jahrhundert ist ein ödes Jahrhundert, das nichts erfunden hat. Und dazu extrem hochtrabend ist. Ein Jahrhundert, das mit ernster Miene die dümmsten Fragen stellt, wie etwa: »Kann man nach Auschwitz noch Gedichte schreiben?«. Ein Jahrhundert, das sich bis zum letzten Atemzug in »unüberschreitbare Horizonte« projiziert (nach dem Marxismus nun die Marktwirtschaft), obwohl Comte und nach ihm Popper nicht nur die Dummheit der Historismen, sondern ihre grundlegende Immoralität hervorgehoben hatten.

Berücksichtigt man die außergewöhnliche, ja beschämende Durchschnittlichkeit der »Humanwissenschaften« des 20. Jahrhunderts sowie die im selben Zeitraum von Naturwissenschaften und Technologie erzielten Fortschritte, lässt sich vermuten, dass die brillanteste und erfindungsreichste Literatur jener Zeit die Science-Fiction ist. Und dem ist in der Tat so, bis auf eine Ausnahme, die es zu erklären gilt. Erinnern wir zunächst daran, dass es selbstverständlich möglich ist, nach Auschwitz Gedichte zu schreiben, genau wie zuvor und unter den gleichen Bedingungen. Stellen wir uns jetzt eine etwas ernsthaftere Frage: Kann man nach Hiroshima noch Science-Fiction schreiben? Wenn man sich die Erscheinungsdaten von *SF*-Romanen anschaut, dann lautet die Antwort offensichtlich: ja, aber nicht die gleiche. Die Texte waren jetzt offen gesagt weit besser. Ein grundlegender Optimismus, der sich mit der Romanliteratur vermutlich nicht verträgt, hatte sich innerhalb weniger Wochen in Luft aufgelöst. Hiroshima war offensichtlich die Voraussetzung dafür, dass die Science-Fiction in den Rang der wirklichen Literatur aufsteigen konnte.

Es ist die Pflicht der Autoren »schöngeistiger Literatur«, ihre Landsleute auf talentierte und unbeholfene Kollegen aufmerksam zu machen, die so unvorsichtig gewesen sind, »Genreliteratur« zu produzieren, und sich dadurch im Hinblick auf die Literaturkritik zu einem radikalen Schattendasein verdammt haben. Vor etwa zehn Jahren habe ich mich H. P. Lovecraft gewidmet. Unlängst übernahm Emmanuel Carrère den Schriftsteller Philip K. Dick. Das Problem ist, dass es noch andere gibt, viele andere, und selbst dann, wenn man sich lediglich auf die Klassiker beschränkt (jene, die um den Zweiten Weltkrieg herum begonnen haben zu veröffentlichen und deren Werk im Wesentlichen abgeschlossen ist). Clifford Simak etwa verdient allein für *Als es noch Menschen gab* einen Platz in der Literaturgeschichte. Zur Erinnerung: Dieser Roman besteht aus einer Folge kurzer Geschichten, die neben Hunden und anderen Tieren Roboter, Mutanten und Menschen in Szene setzen. Jeder Geschichte geht eine Streitschrift voraus, in der Philologen und Historiker, die unterschiedlichen Hundeuniversitäten angehören, zitiert werden. Ihre Debatten kreisen meist um folgende Frage: Hat es den Menschen wirklich gegeben, oder ist er, wie die meisten Spezialisten glauben, eine mythische Gottheit, von Urhunden erfunden, um das Geheimnis ihrer Herkunft zu erklären? Der intellektuelle Reichtum von Simaks Buch (*City* in der amerikanischen Ausgabe) beschränkt sich jedoch nicht nur auf die faszinierenden Überlegungen zur historischen Bedeutung der menschlichen Gattung. Er drückt sich auch in einer Reflexion über die Stadt aus, über ihre Rolle bei der Entwicklung sozialer Beziehungen, über die Frage, ob sie diese Rolle noch innehat oder nicht. Für die meisten Hunde hat die Stadt, ebenso wie der Mensch, nicht wirklich existiert. Einer dieser Expertenhunde hat sogar folgendes Theorem aufgestellt: Ein

Wesen, dessen Nervensystem komplex genug gewesen wäre, eine Entität wie z. B. eine Stadt zu errichten, wäre unfähig gewesen, sie zu bewohnen.

In ihrem goldenen Zeitalter konnte sich die Science-Fiction solche Dinge erlauben: eine wirklich perspektivische Sicht auf die Menschheit, auf ihre Traditionen, ihr Wissen, ihre Werte, ja auf ihr gesamtes Dasein. Sie war im eigentlichsten Sinne des Wortes eine philosophische Literatur. Sie war auch eine zutiefst poetische Literatur. Auch wenn Simak etwas ganz anderes mit ihnen beabsichtigte, reichen seine Beschreibungen der amerikanischen Landschaften und des amerikanischen Landlebens fast an Buchan heran, der das schottische Heideland benutzt, um den von ihm geschilderten Auseinandersetzungen zwischen der Zivilisation und der Barbarei, zwischen dem Guten und dem Bösen eine kosmische Dimension zu geben. Stilistisch gesehen stimmt es allerdings, dass die Science-Fiction nur selten an die Raffinesse und Eleganz der fantastischen – insbesondere englischen – Literatur des frühen 20. Jahrhunderts heranreicht. Obwohl sie ihre Blütezeit bereits Ende der fünfziger Jahre erreicht hat, zeigt sie erst seit kurzem Anzeichen von Ermüdung – so wie die fantastische Literatur kurz vor dem Auftreten Lovecrafts. Das ist vermutlich der Grund, weshalb kein einziger Autor bisher wirklich das Bedürfnis verspürt hat, die – ohnehin recht biegsamen – Grenzen des Genres auszudehnen. Die einzige Ausnahme ist vermutlich der seltsame, wirklich sehr seltsame Schriftsteller R. A. Lafferty. Lafferty vermittelt mitunter den Eindruck, mehr noch als Science-Fiction eine Art *Philosophy Fiction* zu schreiben. Sie ist insofern einzigartig, als der ontologischen Spekulation darin ein wichtigerer Stellenwert zukommt als soziologischen, psychologischen oder moralischen Fragestellungen. In »Die Welt als Wille und Tapete« (der englische Titel »The World as Will and Wallpaper« enthält obendrein noch eine Alliteration) bemerkt der Erzähler, der die Grenzen des Universums erkunden will, nach einer gewissen Zeit Wiederholungen. Er findet sich in ähnlichen Situationen wieder, bis ihm klar wird, dass sich die Welt aus kleinen Entitäten zusammensetzt, die alle ein- und demselben Willensakt entstammen und die sich endlos wiederholen. Die Welt ist derart sowohl grenzen- als auch hoffnungslos. Ich kenne nur wenige Texte, die so packend sind. In *Arrive at Easterwine: The Autobiography of a Ktistec Machine* geht Lafferty bei der Veränderung gewöhnlicher Darstellungskategorien noch weiter. Der Text wird dadurch aber leider fast unlesbar.

Erwähnen muss man auch noch J. G. Ballard, Thomas M. Disch, Cyril M. Kornbluth, Norman Spinrad, Theodore Sturgeon, Kurt Vonnegut und all die anderen, die manchmal mit einem einzigen Roman oder sogar nur einer Kurzgeschichte mehr zur Literatur beigetragen haben als sämtliche Autoren des Nouveau Roman und die erdrückende Mehrheit der Krimiautoren. Wissenschaftlich und technisch gesehen war das 20. Jahrhundert auf dem Niveau des 19. Jahrhunderts. Literarisch und geistig gesehen aber war der Einbruch unglaublich, vor allem nach 1945. Die Bilanz ist ernüchternd: Wenn man sich nur die krasse naturwissenschaftliche Ignoranz eines Jean-Paul Sartre und einer Simone de Beauvoir vor Augen führt, die angeblich Philosophen waren, wenn man die fast unglaubliche Tatsache bedenkt, dass man Malraux – und sei es auch nur für einen kurzen Moment – für einen

»großen Schriftsteller« gehalten hat, lässt sich das Ausmaß an Verblödung ermessen, zu dem uns der Begriff des politischen Engagements verleitet hat, und man staunt darüber, dass Intellektuelle heute überhaupt noch ernst genommen werden. Man staunt z. B., dass sich immer noch Zeitungen finden, die bereit sind, die Albernheiten eines Bourdieu oder eines Baudrillard abzudrucken. Ich glaube, die Behauptung ist kaum übertrieben, dass von der zweiten Hälfte des 20. Jahrhunderts geistig kaum etwas übrig bliebe, hätte es nicht die Science-Fiction gegeben. Will man eines Tages eine Literaturgeschichte jenes Jahrhunderts schreiben, will man sich darauf einlassen, es rückblickend zu betrachten – damit voraussetzend, dass wir ihm entwachsen sind –, so ist das etwas, das berücksichtigt werden muss. Ich schreibe diese Zeilen im Dezember 2001. Ich glaube, es ist bald so weit.

PHILIPPE MURAY IM JAHRE 2002

Dieser Text erschien unter einem anderen Titel am 6. Januar 2003 in Le Figaro.

»Der Fortschritt ist nichts anderes
als die Entwicklung von Ordnung.«
Auguste Comte

Das Jahr 2002 wird davon geprägt sein, dass Philippe Murays[1] Gedankenwelt endlich einem breiteren Publikum zugänglich gemacht wurde. Nicht, dass die graublauen und umfangreichen Bände mit ihren abschreckenden Titeln die Massen angezogen hätten. Aber immerhin wurde er von zahlreichen auflagenstarken Wochenzeitschriften erwähnt und mitunter auch interviewt. Es ist jetzt im Großen und Ganzen möglich, Philippe Murays Positionen zu verfolgen, ohne dafür den Zeitungskiosk verlassen zu müssen. Das ist ein erheblicher Fortschritt. Und wenn wir wirklich über die Moderne sprechen müssen (ich hege da gelegentlich Zweifel), dann können wir genauso gut von seinen Büchern ausgehen. Im Vergleich zu der Epoche, in der man sich Bourdieu und Baudrillard zu Gemüte führen musste (ich gebe zu, diese Beispiele sind ein wenig karikaturistisch), ist das angenehmer und lehrreicher.

Nehmen wir an, Philippe Muray sei eine Maschine, die man mit (manchmal realen, von den Medien oft hochgespielten) Fakten speist und aus der dann Deutungen treten. Diese Deutungen leiten sich aus einer kohärenten Theorie her, die besagt, dass ein neuartiger, sanfter Terror starken Aufwind hat. Die Quintessenz dieses Terrors hat Muray in einigen brillanten und definitiven Bildern auf den Punkt gebracht (der »Homo festivus«, der »Appetit auf Strafrechtliches« und vor allem die Toleranz, »die neben sich nichts mehr toleriert«). Diese mittlerweile klassische Theorie sollte meines Erachtens zur Allgemeinbildung jedes kultivierten Menschen gehören.

Das Jahr 2002 bleibt auch das Jahr, in dem die Maschine »Muray« zum ersten Mal einige Fehler gemacht hat. Das will nicht heißen, dass sie nicht funktioniert, im Gegenteil. Man kann sogar sagen, dass sie noch nie so brillant gewesen ist. Seine wunderbare Beschreibung der Anti-Le-Pen-Demonstrationen, die Frankreich während der Präsidentschaftswahlen im April/Mai 2002 erheiterten, ist wahrscheinlich einer seiner schönsten Texte. Seine Qualitäten kommen darin voll zur Geltung: sein Weitblick, sein historisches Verständnis, seine Detailgenauigkeit und vor allem jener wunderbare Blick, der es ihm ermöglicht, unter allen Details jenes herauszufischen, das am bedeutungsschwersten ist, jenes, mit dem man einer Sache sofort auf den Grund gehen kann (in diesem Fall war es das Schild, das ein kleines Mädchen schwenkte und das die Aufschrift »Nein zu Bösewichten« trug).

In Wirklichkeit lautet meine These, dass es nicht Philippe Muray ist, der ins Schlingern gerät, sondern die Welt. Dass die Welt, die ihn umgibt, damit beginnt, abwegige Phänomene hervorzubringen, bei denen nicht sicher ist, dass sie durch Muray interpretierbar sind, die aber aus Murayscher Sicht zumindest ambivalent sind. Kurz gesagt, meine These lautet, dass das Einheitsdenken und der sich daraus ableitende sanfte Terror anfangen, Risse zu zeigen.

Beginnen wir mit der trostlosen Affäre *Rose Bonbon*[2]. Für Philippe Muray (vom *Le Figaro Magazine* auf dem Höhepunkt der Aufregung befragt) war sie eine Wiederholung des langweiligen Gebarens zwischen Zensor und Zensiertem (die in der Regel mit der ihn lächerlich machenden Niederlage des Zensors endet). Auch wenn die Ereignisse ihm in diesem Falle recht zu geben scheinen, erinnere ich daran, dass die Affäre lange auf der Kippe stand und dass erst das Eingreifen Nicolas Sarkozys ihr ein Ende setzte. Sarkozy war klar geworden, was es im Hinblick auf eine künftige Präsidentschaft bedeuten würde, dauerhaft mit einer »Rückkehr zur moralischen Ordnung« assoziiert zu werden. Der Verein *L'Enfant Bleu* verlor, doch unter Umständen, die auf einen baldigen Sieg hindeuteten. Die Wahrheit in dieser Affäre besteht darin, dass die erfolgstrunkenen Ritter des Kreuzzugs gegen die Pädophilen keine Grenzen mehr kennen; nicht einmal den Respekt der Unschuldsvermutung und erst recht nicht den der »Redefreiheit des Schriftstellers«. So konnte man atemraubende Argumente hören, wie dass sich Jones-Gorlin in seiner Eigenschaft als Schriftsteller gleich doppelt schuldig gemacht habe, da man ihm nicht einmal die *Authentizität des Augenzeugenberichts* zugute halten könne. Ich übertreibe nicht, das ist gesagt und geschrieben worden von Leuten, die Vereine verantworten.

Die Verfechter des »richtigen« Einheitsdenkens befinden

sich hier in einer schmerzlichen Situation. Denn ebenso sehr, wie sie Künstler als Störenfriede lieben, lieben sie kleine Kinder. Mit anderen Worten haben wir es hier mit einem Widerspruch zu tun, der sich innerhalb des »richtigen« Einheitsdenkens (das ich der Einfachheit halber in der Folge »die Linke« nennen werde) auftut.

Mein eigenes Gerichtsverfahren scheint auf den ersten Blick weniger spannend, denn ich bin ein Mann aus Westeuropa, sprich: eine Art Banause. Insofern sind meine Positionen nur logisch. Der einfallsreiche Kritiker Pierre Assouline hat sogar herausgefunden, dass mich von jeher ein zwanghafter Hass auf die Araber belebt, ja dass er – allem Anschein zum Trotz – das wahre Thema von *Plattform* und womöglich von all meinen Büchern ist. Ich frage mich wirklich, was mich davon abgehalten hat, diesen ärmlichen Kerl zu verklagen. Ich muss meinen *Appetit auf Strafrechtliches* offenbar noch ausbauen. Doch unabhängig von meinem Fall dürfte jedem aufmerksamen Beobachter klar sein, dass es demnächst Probleme geben wird. Dass die Linke, ohne ihre Jagd auf die Feinde des Islam zu beenden, Taslima Nasreen weiter wird unterstützen müssen (die ihrerseits schwungvoll wiederholt, dass Dummheit und Grausamkeit nicht monströse Ausrutscher des Islam sind, sondern ein ihm immanenter Bestandteil). Wenn ich zudem in Betracht ziehe, dass sich solche Beispiele in nächster Zeit wahrscheinlich häufen werden (ganz zu schweigen von dem Gesindel aus den Vororten, das in den Antisemitismus abdriftet, sowie allen möglichen anderen Sorgen), kommen mir jene Laborratten in den Sinn, die von gefühllosen Verhaltensforschern unaufhörlich widersprüchlichen Stimuli unterworfen werden. Ich kann mich nicht mehr genau daran erinnern, was mit ihnen passiert. Es ist auf jeden Fall nichts Erfreuliches. Mit einem Wort: Um die Linke ist es schlecht bestellt.

Die bislang bedeutungsvollste Episode dieser sich vor uns ausbreitenden neuen Ära ist zweifellos die Affäre der »Neuen Reaktionären«[3], über die in den Zeitungen bereits ausführlich berichtet wurde. Das Buch hat gelinde gesagt nur wenig Zuspruch gefunden. In seiner Funktion als Chefbulle konnte Edwy Plenel[4] nicht anders, als seinen Untergebenen zu decken. Dieser Aufgabe ist er gewissenhaft, wenn auch ohne Begeisterung nachgekommen. Vielleicht spürte er bereits, dass die Sache schlecht angelaufen war. Die meisten Journalisten scheinen sich dieses langweilige Namedropping nur widerstrebend vorgenommen zu haben. Verglichen mit dem spürbaren Genuss, mit dem sie aus einem von Philippe Murays Wälzern zitieren, und sei es das winzigste Zitat, erschien es ihnen offensichtlich zu lang, trotz der nur sechsundneunzig Seiten.

Doch das alles war noch kein wirklicher Grund zur Beunruhigung. Dass ein Linker ein langweiliges Buch schreibt, lag eher in der Ordnung der Dinge. Unerwartet dagegen war die Reaktion der Angeklagten. Der unglückliche Lindenberg war wahrscheinlich davon ausgegangen, dass sie wie kleine Mäuse auseinanderstreben und sich voneinander distanzieren würden. Das Gegenteil trat ein. Alain Finkielkraut bekam geradezu einen Wutanfall und bezeichnete das Buch als »dumm« und »scheußlich«. Pierre-André Taguieff, der etwas mehr Humor bewies, begrüßte das Hervorbringen des ersten »Softpamphlets« durch die »Zentrumsextremen«. Zusammen mit ein paar anderen verfassten die beiden unverzüglich ein »Manifest für freies Denken«. Es war also weder die Scham noch die Angst davor, entlarvt zu werden, die sich in ihren schuldvollen Blicken spiegelte, sondern eher ein leichtes Funkeln der Befriedigung bei der Ankündigung der Wiederaufnahme der Kampfhandlungen.

Von noch größerer Bedeutung war etwas anderes: Es waren vor allem die Gegner der im Buch Angeklagten, die sich gegen die Wortschöpfung der »Neuen Reaktionären« wehrten. Die Betroffenen selbst schienen sich eher darüber zu freuen. (Was mich betrifft, bestätige ich: Einer Liste anzugehören, auf der Alain Finkielkraut, Pierre-André Taguieff, Christopher Lasch, Philippe Muray und Maurice Dantec stehen, kann mich nur erfreuen. Die anderen kenne ich weniger, das macht mir aber eher Lust, sie zu lesen.) So weit ist es also gekommen: In der Befürchtung, die Angeklagten könnten die widerliche Bezeichnung für sich in Anspruch nehmen, sprachen ihre Gegner sie davon frei.

Doch das Übel war angerichtet, der Wurm im Apfel. Unglücklicher Lindenberg – entscheidende Veränderungen haben mitunter belanglose Vorfälle zur Ursache. Erinnern wir daran, dass die »Neuen Reaktionären« noch wenige Monate zuvor so schwach, schattenhaft und unorganisiert waren, dass sie es nicht einmal vermocht hatten, Jean-Pierre Chevènements[5] Präsidentschaftskandidatur angemessen zu unterstützen. Dieses schmale Bändchen bewirkte, dass ihre Reihen zusammenrückten, dass ihnen klar wurde, dass Geistesgrößen und Talente unter ihnen waren, und dass sie unfreiwillig zur führenden intellektuellen Kraft des Landes aufstiegen. Genosse Rosanvallon[6], Ihr Streich war genial: Auf dem nächsten Gipfel in Davos erhalten Sie dafür alle unsere Glückwünsche.

Nachdem feststeht, dass wir die Besten sind, können wir einem Publikum, das den qualitätvollen Schlagabtausch schätzt, endlich vorführen, wie weit unsere innere Zerstrittenheit reicht. Ich persönlich habe bereits eine Debatte mit Philippe Muray über die Vorzüge des Massentourismus in meinem Terminkalender notiert; eine andere mit Maurice Dantec über die Aussichten der menschlichen Fortpflanzung durch das Klonen; eine Art Generalkolloquium über den Monotheismus und unter Umständen ein weiteres über die Prostitution (die beiden Themen haben insofern etwas gemeinsam, als jeder etwas zu ihnen zu sagen hat). Ich sage es Ihnen lieber gleich: 2003 verspricht ein geiles Jahr zu werden. Machen Sie sich auf etwas anderes gefasst als auf die Stiftung Saint-Simon[7]!

Jetzt müssen wir nur noch einen Sponsor finden, und somit wende ich mich, ein wenig aufgewühlt, an euch, liebenswerte, klassische, reaktionäre, edle Hüter der Welt von gestern, Freude sei euch in dieser Weihnachtszeit beschert, denn der Ewige hat euch eine zahlreiche Nachkommenschaft beschieden. Wahrscheinlich habt ihr den massiven Ansturm auf eure ehemals so friedlichen Gestade mit ein wenig Sorge verfolgt; umso mehr, als alle vorausgegangenen Erscheinungsformen des »Neuen« (der Neue Roman, die Neuen Philosophen) einen berechtigten Verdacht auf die Qualität dieser Immigration geworfen hatten. Seid unbesorgt: Wir sind intelligent, wir sind fleißig und mit euren Traditionen vertraut. Wir verstehen es, uns anzupassen. Wir sind imstande, das Beste aus eurer Tradition zu bewahren. Wir halten sie aufrecht. Außerdem verstehen wir es, jene Anpassungen vorzunehmen, die für den Eintritt ins dritte Jahrtausend unumgänglich sind. Entspannt euch, Kids, wir nehmen die Dinge in die Hand. Das Ende des Tunnels ist sichtbar. Ich brauche euch unsere Intellektuellen nicht anzupreisen, ihr kennt sie bereits. Ihr wisst, dass sie mit Finkielkraut und Taguieff über bemerkenswerte Rekruten verfügen, die jedes Argument einer »neuen Linken«, falls sie sich denn präsentieren sollte, zu entkräften imstande wären. Der Fall der Schriftsteller ist zugegeben etwas heikler. Ihr seid hoffentlich damit einverstanden, dass wir die Frage der Sitten (Drogen, Sexorgien) schnell zu den Akten legen. Ihr habt schon ganz andere verdaut, die kaum mehr taugten. Wer aber kann voraussagen, was ein Maurice Dantec in fünf Jahren denken wird? Es hat den Anschein, als ob er sich im Moment von guten Autoren inspirieren lässt (Revel, de Maistre). Doch sein eigentliches Projekt ist weiterhin eine Synthese von Katholizismus und Nietzsche. Ein unmögliches und daher unheimliches Vorhaben. Denn selbst wenn es interessante Nebeneffekte haben kann (die Produktion von Meisterwerken), bietet es keine Garantie wirklicher ideologischer Zuverlässigkeit. Zugegeben, mein eigener Fall ist in Anbetracht der Autoren, die ich gern zitiere (Schopenhauer, Auguste Comte und wenn ich gut gelaunt bin Wittgenstein), kaum weniger problematisch. Tja, wie soll ich es sagen? Ihr werdet es auf euch nehmen müssen, ideologische Verirrungen mit einem mitfühlenden oder spöttischen Schleier zu verhüllen, ihr werdet euch die Mühe machen müssen, euch einzig und allein auf die literarischen Qualitäten der Texte zu konzentrieren. Das könnt ihr. Das habt ihr schon getan, davon legt eure glorreiche Vergangenheit Zeugnis ab. Habt keine Angst. Ich spüre, dass ihr auf einem guten Weg seid.

AUF DEM WEG ZUR TEILREHABILITIERUNG DES BANAUSEN

Dieser Text wurde im Internet publiziert.

In einem unlängst veröffentlichten Artikel des *Nouvel Observateur*, der sich mit den Leiden der Linken beschäftigt, begeht der ausgezeichnete Laurent Joffrin meiner Meinung nach einen Fehler, indem er erklärt, dass mich meine Aussage, der Islam sei »die dümmste aller Religionen«, in die Nähe des durchschnittlichen oder auch »Lambda«-Banausen rückte. In Frankreich, einem Land mit stark antikirchlicher Tradition, wäre die Einstellung des Lambda-Banausen etwa die: »Für mich sind alle Religionen gleich, das ist doch gehüpft wie gesprungen.« Der Bitte folgend, das näher zu erklären, würde er wahrscheinlich ausführen: »Das ist ein einziger Schwachsinn, der die Leute nur unterdrückt, der sie daran hindert, sich zu verwirklichen, und sie dazu verleitet, sich gegenseitig umzubringen; der sich mit goldgewirkter Bekleidung ausstaffiert, während das arme Volk vor Hunger verreckt.« Diese Meinung klingt – wie alle Haltungen des Lambda-Banausen – zunächst einmal einleuchtend.

Da der Banause aber nur schwer auszumachen und demzufolge schwer zu befragen ist, seien zu seiner Illustration einige berühmte Banausen herangezogen: Guy Bedos[1], Siné[2] (erinnert sei hier an die Eleganz, mit der er sich zu Catherine

Millet geäußert hat) oder besser noch Cabu[3], der den Begriff des »Banausen«[4] geprägt hat. Stellen wir zunächst fest, worin ihr Banausentum besteht: Der Kategorie des Lambda-Banausen gehören sie natürlich nicht an, und ein Begriff wie der des »Alpha-Banausen« sollte charismatischeren Persönlichkeiten wie Jean-Marie Le Pen vorbehalten bleiben. Mir scheint, der Begriff »Beta-Banause« passt ganz gut zu ihnen, doch trifft der Begriff »verkrüppelter Banause« meiner Meinung nach noch besser auf sie zu. Denn obwohl sie eine natürliche Veranlagung zum Banausentum haben, haben sie es nicht verstanden, Gewinn daraus zu schlagen (ein traumatisches Ereignis hat sich zugetragen, etwas, das sie vom Weg abgebracht hat). Die ungetrübte Gelassenheit des Banausen ist ihnen so verwehrt geblieben. Daher rührt das etwas Verkrampfte, Boshafte in ihnen, das sich u. a. darin äußert, dass es ihnen an Humor fehlt. Der Zen-Buddhist ist mitunter ziemlich lustig, der Prollbanause ebenfalls, Cabu dagegen nie.

Und wie denkt nun Cabu über Religionen? Ungefähr so, wie ich es oben beschrieben habe. Wenn für Cabu alle Religionen gleich sind, dann deswegen, weil er nicht in der Lage ist, sie voneinander zu unterscheiden. Mit Ausnahme vielleicht ihrer Kleidung.

Dem verkrüppelten Banausen fehlt es nicht nur an Verstand und an Humor, ihm gebricht es mehr noch an moralischem Empfinden. Erinnern wir daran, dass ein Großteil von Cabus grafischem Werk darin bestanden hat, sich über Behinderte lustig zu machen und hinterfotzig für ihre Vernichtung zu plädieren (vgl. die bestialische Hartnäckigkeit, mit der er die Kategorie »Nun lasst sie doch leben« konsequent mit Bildern von Mongoloiden und Querschnittsgelähmten speist, die nur grob ein unterschwelliges »Bringt sie doch um« verdecken). Unfähig, die Religionen klar voneinander zu unterscheiden, ist er zu einem Werturteil erst recht nicht in der Lage. Z. B. ist er unfähig zu sagen, diese Religion ist nobel und ausgezeichnet, jene andere ist Mittelmaß und von nur geringem Nutzen. Diese dritte indes ist wirklich unerträglich. Dabei sind gerade eine intellektuelle Prüfung der Religionen und eine Beurteilung ihrer Moral eine Aufgabe, der sich jeder Mensch stellen muss. Der gewöhnliche Banause, der eine Art tierische Unschuld für sich in Anspruch nimmt, spricht sich davon frei. Seine Lossagung, mit der er sich über seinesgleichen erheben will, zwingt zu einem strengen Urteil und dem Schluss, dass er darin wie auch in anderen Belangen leicht unter dem Durchschnittsniveau der Menschheit steht.

PRÄLIMINARIEN ZUM POSITIVISMUS

Dieser Text erschien als Vorwort zu Michael Bourdeaus Werk Auguste Comte aujourd'hui *(Kimé, 2003).*

Das Ende der Metaphysik

Alles im politischen und moralischen Denken des Auguste Comte scheint wie geschaffen dafür, den modernen Leser zu verärgern. Genau darum geht es in diesem Band. Doch bevor wir zum eigentlichen Thema kommen, sollte ein Problem wenn nicht aus dem Weg geräumt, so doch zumindest berücksichtigt werden. Ihm, Comte, schien das Ende der Metaphysik unmittelbar bevorzustehen. Doch mehr als ein Jahrhundert später sind wir ihr noch immer nicht entwachsen. Mehr noch, wir haben weniger denn je die Absicht, ihr zu entwachsen. Angesichts der vielen Zeitschriften, die die »Rückkehr Gottes« regelmäßig als Titel bringen, könnte sich ein Satiriker sogar die Frage stellen, ob wir nicht in Gefahr schweben, ihr *durch die Hintertür* zu entwachsen.

Etwas ernsthafter könnten wir uns fragen, ob das metaphysische Denken – das Comte zum Trotz alles andere als eine Übergangsphase inmitten des Auflösungsprozesses der ihm vorangegangenen Theologien ist – nicht zur Folge hat, dass diese Theologien künstlich am Leben erhalten werden, und zwar durch die Ungewissheit, die jede Metaphysik in sich birgt.

Das Zeitalter der modernen Metaphysik beginnt mit René Descartes. Die erstaunlichen wissenschaftlichen und technischen Fortschritte der Renaissance waren von einer Art philosophischer Unschuld begleitet worden. Ein Denken, das sie zu strukturieren vermocht hätte, hatte es nicht gegeben. Wahrscheinlich war das der Grund, weshalb die katholische Kirche die Gefahr nicht gleich erkannte und zu spät reagierte, zu einem Zeitpunkt, an dem die geistigen Fundamente ihrer Autorität bereits unterhöhlt waren. Descartes, der auf diesem Trümmerfeld weit und breit allein stand, vollbrachte etwas wirklich Neues, als er das Physische zum ersten Mal in dieser Deutlichkeit vom Metaphysischen trennte. Indem er die unnützen Denkkategorien »Materie« und »Geist« einander gegenüberstellte, schuf er im selben Zug die Voraussetzungen für die meisten der philosophischen Irrtümer, die in der Folge begangen wurden.

Die Denkkategorie des Geistes, die ausdrücklich dafür konzipiert worden war, gegenstandslose Probleme (wie Gott oder die menschliche Seele) in ihr einzuschließen, sollte einen stürmischen Niedergang erfahren, auch wenn dieser gekennzeichnet war von diversen Versuchen, ihr neues Leben einzuhauchen. Einige dieser Versuche, wie jener der Kantianer, waren grandios. Andere, wie die unterschiedlichen Strömungen der Psychologie, jämmerlich.

Die Erfolgsserie der Materie scheint indes nicht abzureißen. Noch heute ist der Kartesianismus in seiner Demagogie und Vereinfachung (einerseits ein maschinenartiges Universum, bestehend aus materiellen Verzahnungen; andererseits der Geist, wie vorsichtshalber dort hingestellt, um von empfindsamen Seelen oder für heikle Fälle benutzt werden zu können) die gängige Denkweise. Mitunter wird er sogar mit der wissenschaftlichen Methode oder dem Positivismus verwechselt. Ein grausamer Irrtum, hat er doch dessen Verbreitung nur im Weg gestanden. Von Anfang an hat der Kartesianismus versucht, sich Newtons Physik zu widersetzen, mit der Begründung, dass ein Vorgang, der sich in einem Vakuum ausbreitet, für einen Materialisten unvorstellbar sei. Erst die experimentelle Evidenz brachte ihn schließlich zur Vernunft. Die Debatten, in denen es Jahre später und das gesamte 20. Jahrhundert lang um die Auslegung der Quantenmechanik ging, lassen sich nur als der Versuch erklären, die Material- und Kausalontologie um jeden Preis zu retten. Denn für den Positivisten stellen weder die Newtonsche Mechanik noch die Quantenmechanik ein besonderes Problem dar. Naturgesetze werden aufgestellt, die es ermöglichen, Phänomene modellhaft abzubilden und experimentelle Ergebnisse vorauszusagen. Entitäten werden nicht über das Notwendige hinaus vervielfacht: Was sonst?

Bereits Blaise Pascal (der sich mit den Naturwissenschaften befasst hatte, bevor er seiner mystischen Nacht verfiel) hatte uns vor dem Kartesianismus gewarnt: »Man muss im Großen und Ganzen sagen: Das geschieht durch Gestalt und Bewegung. Denn das ist wahr, doch zu sagen, welche Gestalt und welche Bewegung, und die Maschine zusammenzusetzen, ist lächerlich. Denn das ist nutzlos und unsicher und mühselig.« Diese Sätze, scharf wie ein Ockham-Rasiermesser, sind in ihrer charakteristischen Überheblichkeit schon positivistisch inspiriert. In den Augen des Positivisten findet die Materie genauso wenig Gnade wie Gott. Ontologische Bescheidenheit, die Unterordnung unter eine experimentelle Vorgehensweise, der Wille, zunächst vorauszusagen und wenn möglich zu erklären: Ein Stil war geboren, der zwar alle wissenschaftlichen Entdeckungen der letzten fünf Jahrhunderte möglich gemacht hat, dem es aber bisher nicht gelungen ist, das breite Publikum zu überzeugen.

Denn wenn es sogar den Physikern nicht gelungen ist, die Geister der Metaphysik endgültig in die Flucht zu schlagen, was soll man dann von den anderen sagen? Erinnern wir daran, dass Auguste Comte die Absonderung einer Wissenschaft namens »Psychologie« für unnötig hielt (für ihn handelte es sich um einen Zweig der Tierphysiologie) und dass sich nach seinem Tod Theorien entwickelten, die die Existenz des Individuums einfach voraussetzten, ein nicht wiedergutzumachendes Noumenon, dessen Erscheinungsform wahrscheinlich so etwas wäre wie das »Ich«. Und im Hinblick auf die Politik reicht der Verweis auf einen Zug, den Comte für eins der Grundübel der Metaphysik hielt, nämlich die Neigung, zu argumentieren statt zu beobachten. Es genügt zu betrachten, wie weit es damit bei uns gekommen ist. Und es genügt ebenfalls, sich die anhaltende Beliebtheit der »Sozialvertrags«-Theorien ins Gedächtnis zu rufen, die sich zum einen auf die Fiktion freier Individuen stützen, deren Existenz jener des Kollektivs vorausginge, und zum anderen auf den – sich daraus ableitenden – Begriff der von jeder Pflicht entkoppelten »Menschenrechte«.

Comte, der es als gegeben ansah, dass die Wissenschaften der Materie und des Lebenden zum Positivismus übergegangen waren, schlug vor, diesen auch auf die Sozialwissenschaften zu übertragen. Seine ganze Philosophie ist im Grunde nur durch einen riesigen Fehler bei der Einschätzung von Geschichte möglich gemacht worden. Da sich ihre Prämissen nicht verwirklicht haben und sich auch in nächster Zeit nicht verwirklichen werden, kann sie erst in unbestimmter Zukunft mögliche Auswirkungen zeigen.

Comtes seltsamer Geschichtsoptimismus ist typisch für seine Zeit. Heutzutage fällt es schwer, sich den unglaublichen Elan vorzustellen, der Europa nach der Französischen Revolution erfasste und der auch von den Herrschaftsjahren Napoleons kaum gebremst wurde. Das trifft natürlich auch auf den Bereich der Literatur zu. Beschränken wir uns ruhig auf Frankreich oder sogar auf Paris: Wenn man bedenkt, dass Autoren wie Honoré de Balzac, François-René de Châteaubriand oder Victor Hugo (und dabei handelt es sich nur um die wichtigsten Beispiele) um 1830 auf dem Gipfel ihres Schaffens angelangt waren, dann bekommt man eine Vorstellung von der mächtigen, unausgegorenen, überschäumenden Kreativität, die sich in alle Richtungen ausbreitete. Dass das auch für die Philosophie galt, ist von Deutschland bekannt, von Frankreich weit weniger. In Anbetracht der Gegensätzlichkeit ihrer Denksysteme mag es überraschen, wenn ich Auguste Comte in die Nähe von Charles Fourier rücke. Doch haben beide etwas gemeinsam: Ansichten, die an Größenwahn, ja an Irrsinn grenzen (vom Typ Delirium bei Fourier und vom Typ Manie bei Comte), und die Gewissheit, dass sich die Gesellschaft innerhalb weniger Generationen, ja innerhalb weniger Jahre – je nachdem, welche soziale Schicht betroffen ist – auf einen völlig neuen Sockel stellen und umorganisieren lässt.

Fouriers großes Thema ist etwas, das man die »Motivation der Erzeuger« nennen könnte. Dort ragt er heraus, dort prognostiziert er überwältigende, sich innerhalb eines Menschenlebens vollziehende Verbesserungen. Comte hat dazu nicht viel zu sagen (das trifft aber auch auf Proudhon, Marx und in Wahrheit – mit Ausnahme von Fourier – auf alle Gesellschaftsreformer zu). Die andere Neuerung, für deren Realisierung er mit einem längeren Zeitraum rechnete, betrifft die Familie, das Eheleben und die allgemeinen Sexualsitten. Auch da begnügt sich Comte (mit Ausnahme der seltsamen Vorwegnahme einer am Ende jungfräulichen Mutter) mit der Wiedergabe bereits bestehender Schemata.

Dafür sind Charles Fouriers Auslassungen auf anderen Gebieten beachtlich. Er setzt sich weder mit Besitz- und Erbschaftsverhältnissen noch wirklich mit politischen Gesellschaftsordnungen auseinander und vor allem fast gar nicht mit der Religion – zu einer Zeit, in der in Frankreich das religiöse Fundament der Gesellschaft zusammenbricht, begnügt er sich mit vagen Aufrufen gegen den Atheismus. Beide Autoren haben zudem gemeinsam, dass sie viel – und zu schnell – schreiben, während sie sich zugleich finanziell absichern müssen; und beide setzen sich über stilistische Konventionen, selbst über die verbreitetsten, hinweg. Außer für ein paar Eigenbrötler, die ihre merkwürdige Art vergöttern und in ihr ein Zeichen von Genie sehen – der Umweg über das Burleske bei Fourier, die zwanghafte Wiederholung bei Comte –, gelten sie heute als unlesbar.

Bisher ist es Fourier, der mehr kommentiert wurde, wahrscheinlich, weil die sexuelle Obsession im 20. Jahrhundert immer stärker geworden ist. Es heißt, das breite Publikum sei erneut auf der Suche nach Geistigem. Diese Auslegung scheint mir ein wenig übereilt. Die sexuellen Bedürfnisse erscheinen mir heute wesentlich dringlicher als die geistigen. Aber angenommen, sie würden befriedigt, und es träten in der Folge geistige Bedürfnisse zutage, täte man gut daran, sich erneut mit Comte zu beschäftigen. Denn sein wahres Thema, sein hauptsächliches Thema, ist die Religion; und dass er da neue Wege beschreitet, lässt sich nicht abstreiten.

Die Begründung der Religion

Der Mensch gehört einer sozialen Gattung an. Auf dieser Feststellung basiert das Comtesche Denken, und man darf sie nicht aus den Augen verlieren, will man auch nur die geringste Aussicht haben, Zugang zu seinen Ausführungen zu finden. Wenn Comte die Gesellschaftsformen, die unterschiedlichen Organisationsweisen und das Entstehen der menschlichen Gattung untersucht, dann tut er das sehr umfassend: Die Besitz- und Familienverhältnisse, die Produktionsweisen, das Schulwesen, die Wissenschaften, die Künste – nichts entgeht seinem herrlichen Systematismus. Doch unter allen von einer Gesellschaft hervorgebrachten Strukturen, die diese im Gegenzug zugleich begründen, scheint ihm die Religion die sowohl wichtigste als auch die charakteristischste und bedrohteste zu sein. Comte zufolge lässt sich der Mensch im Großen und Ganzen als ein Sozialtier mit religiösem Einschlag bezeichnen.

Vor ihm betrachtete man die Religion vor allem als ein Denksystem, das dazu diente, die Welt zu erklären. Alles andere leitete sich mehr oder weniger aus ihr ab. Comte war nicht nur einer der Ersten, die spürten, dass dieses Denksystem endgültig überholt war; er verstand auch als einer der Ersten, dass die Fundamente der sozialen Ordnung, einmal ihrer religiösen Basis beraubt, ihrerseits zusammenbrechen würden. Er war einer der Ersten, die verstanden, dass eine rationale Erklärung des Universums sich mit einem bescheideneren Diskurs würde zufriedengeben müssen, und er war der Allererste, der versuchte, der sozialen Ordnung eine neue religiöse Basis zu verschaffen.

Das ist ihm, um es gelinde zu sagen, nicht gelungen: Die positive Religion hatte zwar ein paar Anhänger, ist dann aber eingeschlafen. Ein solches Scheitern eines Philosophen, der nicht nur dem Bereich der Spekulation zugeordnet werden wollte, sondern auch dem einer kurzfristig in die Praxis umsetzbaren Effizienz, muss uns zu denken geben.

Comte hatte sehr wohl verstanden, dass die Aufgabe der Religion (die sich dabei weiterhin in ein für den Verstand annehmbares Weltbild einfügen muss) darin bestand, eine Verbindung zwischen den Menschen herzustellen und ihr Zusammenleben zu regeln (an dieser Stelle kann man nichts Besseres tun, als auf Comtes Text und dessen Terminologie zu verweisen): Er hatte sowohl die Sakramente als auch einen Kalender vorgesehen. Wie tief aber der Wunsch nach Unsterblichkeit im Menschen wurzelte, hatte er vielleicht nicht verstanden – die Abschnitte, in denen er, die Frage von sich aus anschneidend, das Gespräch auf das Gebet lenkt, sind packend. Da er sich wahrscheinlich nicht die Zeit genommen hatte, das von ihm Geschriebene noch einmal durchzulesen, hat in seiner Philosophie eine Art Zweifel im Urzustand überlebt. Wie dem auch sei, die Vorstellung einer abstrakten, dem menschlichen Gedächtnis eingebrannten Unsterblichkeit hat seine nach dem Versprechen eines konkreteren Überlebens süchtigen Zeitgenossen nicht überzeugt (von den unseren ganz zu schweigen). Aber nehmen wir an, die Voraussetzungen für das Comtesche Denken hätten sich verwirklicht – was womöglich noch mehrere Jahrhunderte in Anspruch nehmen wird. Nehmen wir an, die Theismen wären ausgestorben, der Materialismus aus der Mode und der Positivismus etabliert als das einzige wirksame Denken des wissenschaftlichen Zeitalters.

Nehmen wir weiterhin an, dass man sich darauf geeinigt hätte, dass der »unersetzliche und einzigartige« Charakter des menschlichen Individuums eine hochtrabende Fiktion ist; dass sein soziales Wesen in seinem ganzen Ausmaß anerkannt wurde und berücksichtigt wird. Nehmen wir an, dass all das nicht länger Gegenstand von Kontroversen und Auseinandersetzungen ist, sondern Gegenstand einer objektiven Einschätzung, die einen Konsens bildet wie gegenwärtig die Erkenntnisse der Gentechnik. Inwieweit hat uns das bei der Begründung einer gemeinsamen Religion auch nur im Geringsten weitergebracht? Wodurch wird der Gedanke an die Menschheit bzw. an das Große Wesen dem Einzelnen wünschenswerter erscheinen? Und was wird den Einzelnen, der sich des Verschwindens seiner Individualität bewusst ist, dazu bewegen, sich mit der Teilnahme an einem theoretischen Fetisch zufriedenzugeben? Und last but not least, wer interessiert sich für eine Religion, die keine Versicherung für den Tod darstellt? Comte antwortet auf diese Fragen nicht, und wahrscheinlich gibt es auch keine Antworten. Vermutlich wird die Begründung der körperlichen Unsterblichkeit durch technologische Mittel eine unumgängliche Etappe auf dem Weg zu einer neuen Religion sein. Doch was uns Comte zu verstehen gibt, ist, dass diese Religion, eine Religion für dic Unsterblichen, fast genauso notwendig sein wird.

Almeria, Oktober 2002

GESPRÄCH MIT GILLES MARTIN-CHAUFFIER UND JÉRÔME BÉGLÉ

Dieses Gespräch erschien im Oktober 2006 in der Ausgabe Nr. 3000 der Zeitschrift Paris-Match.

Wie schätzen Sie die französische Literatur der letzten Jahre ein?

1994 erschienen Vincent Ravalecs Erzählband *Cantique de la racaille* (»Loblied auf den Abschaum«) und mein Buch *Ausweitung der Kampfzone.* Im gleichen Jahr wurde der Literaturpreis Prix de Flore ins Leben gerufen und die Monatszeitschrift *Les Inrockuptibles* in eine Wochenzeitschrift umgewandelt. Etwas Neues war entstanden. Einige Unternehmen, wie z. B. der Fernsehkanal Canal+ oder der Taschenbuchverlag J'ai lu, griffen diese Tendenz sehr schnell auf. Der Slogan »Neue Generation« auf den Umschlägen von J'ai lu ärgerte damals alle Beteiligten – wir waren zu sehr Individualisten, um uns einer Generation zugehörig zu fühlen. Doch nachträglich betrachtet war das die Wahrheit. Die Verlage J'ai lu und Librio haben ausgezeichnete Arbeit geleistet. Es traten Leute an, die ihre Allgemeinbildung dem Taschenbuch verdankten – der »klassischen« Literatur, aber auch Genretiteln (Krimi, Fantasy, Science-Fiction). Dagegen hatten sie ihre unmittelbaren Vorgänger nur sporadisch gelesen.

Galt das nicht auch für Philippe Djian?

Ja, das ist richtig, er war unser Wegbereiter – aber er stand allein und hatte daher weniger Einfluss.

Hat die Krimireihe Série Noire[1] *eine große Rolle gespielt?*

Auch wenn Maurice G. Dantec[2] der Einzige war, der wirklich in ihr debütiert hat, kannten wir sie alle. Die Série Noire war lange Zeit die einzige Reihe, in der die literarische Tradition einer Auseinandersetzung mit der Welt aufrechterhalten wurde, ein Thema, das der schöngeistigen Literatur zu gewöhnlich geworden war. Leider verleitete das linksextreme Engagement vieler Krimiautoren diese zu stereotypen Ansichten (ein typisches Thema etwa sind Machenschaften um Immobilien in der Gegend von Nizza, in die ein konservativer Abgeordneter verwickelt ist). Zudem verboten ihnen die dem Genre eigenen Klischees, Intimes zu behandeln (so ist es z. B. schwierig, in Krimis eine echte Frauenfigur ausfindig zu machen). Dennoch hat diese Reihe, angeregt von ihrem Herausgeber Patrick Raynal, eine sowohl populäre als auch qualitätvolle Tradition aufrechterhalten – das hat es bisher in Frankreich im Bereich der Science-Fiction oder der phantastischen Literatur nicht gegeben.

Hat sich diese Tendenz, die Mitte der Neunziger sichtbar wurde, wieder gelegt?

Mein Gefühl ist, dass letztes Jahr etwas kaputtgegangen ist. Der Tod von Guillaume Dustan[3] hat mir sehr zugesetzt.

Er war ein außergewöhnliches, extremes Wesen, er war durch seine Präsenz genauso wichtig wie durch seine Bücher. Und dann starb Philippe Muray. Er war respektlos, er hatte vor niemandem Angst. Sie werden uns in den kommenden Jahren sehr fehlen.

Wodurch ist diese Tendenz abgelöst worden?

Durch versöhnlichere Texte – zur großen Erleichterung aller Beteiligten. Eine Literatur, die erbaut, Gefühlskitsch und voraussehbare Empörung erleben ein wirkliches Comeback. Philippe Claudel etwa könnte diese Strömung ganz gut symbolisieren.

Verstanden die großen Literaten – die des 19. Jahrhunderts, Flaubert – es nicht besser, dem Negativen einen Platz einzuräumen?

Wenn eine Gesellschaft stark und selbstsicher ist, wie das Frankreich des 19. Jahrhunderts, dann verkraftet sie eine negative Literatur. Das kann man vom heutigen Frankreich nun wirklich nicht behaupten. Die Leute brauchen Zuspruch. Sie ertragen nicht mehr die leiseste Spur von Negativität, ja nicht einmal von Realismus.

Warum ist diese literarische Schule verschwunden?

Wir waren letztlich weniger auf Karriere bedacht, als es zunächst den Anschein hatte. Das ist mir klar geworden, als im Verlagshaus Flammarion die Nachfolge von Raphaël

Sorin[4] anstand. Man fragte mich damals, ob ich jemanden wüsste, der ihn ersetzen könnte. Ich hätte sagen können: »Ja, mich«, aber für den Job des Lektors war ich zu faul. Ich habe dann Frédéric Beigbeder vorgeschlagen; ich dachte, das könnte ihm Spaß machen. Zwei Jahre später hat er gekündigt. Das zeigt einen bedauernswerten Mangel an Hartnäckigkeit, wenn es darum geht, Machtpositionen besetzt zu halten. Von all den Leuten, die Mitte der Neunziger in Erscheinung getreten sind, hat keiner ausreichend Macht gewollt. Leute wie André Gide, Roger Nimier oder Philippe Sollers haben es zu ihrer Zeit verstanden, wichtige Plätze in der Gesellschaft zu besetzen. Im Grunde sind wir Punks geblieben und werden auch deren Schicksal teilen.

Sie selbst sind ja nicht gerade mit gutem Beispiel vorangegangen …

Das stimmt. Es war falsch von mir. Machtpositionen bleiben nie lange frei. Und wir haben dadurch die Gelegenheit verpasst, unseren literarischen Geschmack durchzusetzen.

Aber es bleibt doch immer noch Zeit, diese Machtpositionen zu besetzen.

Nein, es ist zu spät. 1998 z. B. hatten wir alle Karten in der Hand. Der Zug ist abgefahren, jetzt sind andere, Jüngere, am Zug. Wir sind von denen besiegt worden, die Pascal die »Halbgewandten« nannte: Lehrer, Bibliothekare …

Diese Bewegung hat also nur zehn Jahre angehalten. Das ist wenig.

Der Pop hat letztlich auch nicht länger als zehn Jahre angehalten, die Glanzzeit der Romantik oder des Surrealismus ebenso wenig. Wobei ich uns nicht mit denen vergleichen will, unser Niveau lag schon eine Stufe unter ihrem.

Sehen Sie noch einen Platz für sich in einer Literatur, die zurückkehrt zu Gefühlskitsch und Rührseligkeit?

Ich weiß, was man tun muss, um als nett zu gelten, ich bin nicht blöd. Aber ich habe keine Lust darauf. Ich habe viel zur heutigen Gesellschaft gesagt, und im Grunde habe ich die Nase voll von ihr. Deshalb denke ich, dass ich zu meiner Jugendliebe, der Science-Fiction, zurückkehren werde. Schon *Die Möglichkeit einer Insel* war ein Schritt hin zu dieser Verwandlung. Die Science-Fiction ermöglicht es mir, auf eine Literatur umzusatteln, die poetischer und empfänglicher für das Träumen ist. In ihr ist es möglich, dass die Handlungsmotive der Romanfiguren weniger von einer allen bekannten, von der Balzacschen Dichotomie (Genuss und Geld) bereits gut zusammengefassten Realität diktiert werden.

Warum gibt es nur recht wenig gute Science-Fiction-Literatur?

Es ist eine zu intelligente Literatur, die Emotion, die sich aus der persönlichen Identifizierung herleitet, kommt nicht in Gang. Es gibt nur wenig wirkliche Science-Fiction-Romane mit bewegenden und unvergesslichen Helden. Das reizt mich. Das ist ein interessantes Ziel.

Sie sind viel angegriffen worden. Leidet man unter solchen Attacken?

Ich glaube, Guillaume Dustan war zerbrechlicher als der Durchschnitt. Ich bin da ein bisschen widerstandsfähiger. Von einem Idioten beschimpft zu werden bleibt eine kleine Freude. Und wahrscheinlich ist es angenehmer, beschimpft zu werden, als ignoriert. Bei der *Möglichkeit einer Insel* allerdings ging das zu weit.

Sind das Buch oder sein Autor schlecht aufgenommen worden?

Man verfolgte mich mit einer Art Gehässigkeit, als ob mein Erfolg oder meine Berühmtheit zu groß geworden seien und ich dafür bezahlen solle. Ich hatte gespürt, dass ich zu weit gegangen war, dass man mir nicht vergeben würde. Als ich das Manuskript abgab, sagte ich mir, jetzt gehen die Probleme los. Und als ich im Juni der Zeitschrift *Les Inrockuptibles* ein Interview gab, wusste ich, dass ich meine letzten ruhigen Momente erlebte. Dieses Land hat eine erschreckend rachsüchtige Seite. Trösten kann ich mich mit Lesereisen nach Argentinien und Kroatien.

Aber Frankreich widmet seinen Schriftstellern doch einen regelrechten Kult?

Das stimmt, dieses Land misst seiner Literatur eine große Bedeutung bei, im Unterschied zu anderen Nationen, für die es kein Problem darstellt, wenn sich im Handel nur noch amerikanische Bücher finden. Es ist das Land auf der Welt, in dem es für einen Schriftsteller am einfachsten ist, einen Fernsehauftritt zu bekommen. Doch wenn man zu viel Erfolg hat, gilt das als unanständig. Es gibt ein egalitaristisches Fieber, das den Erfolg nur schwer verkraftet.

Sind die französischen Verlage gut?

Sie sind ein bisschen konventionell: Sie mögen keine Kurzgeschichten, keine Poesie ... Einmal wollte ich ein Buch veröffentlichen lassen, das man mir zugeschickt hatte. Das ist mir nicht gelungen. Es waren Kurzgeschichten einer jungen Frau, ich fand sie gut und hatte sie einem Verleger gegeben, es hat nicht geklappt. Das hat mich aufgebracht. Vor allem wenn man bedenkt, dass die Lektüre unverlangt eingesandter Manuskripte x-beliebigen Personen anvertraut wird. Das wird in Verlagshäusern als minderwertige Arbeit angesehen, während sie der qualifiziertesten Person anvertraut werden sollte. Es ist gegenwärtig sehr gut möglich, dass große Texte ignoriert bleiben.

Was erwarten Sie von einem Verleger?

Dass mein Text nicht verändert wird. Das hört sich harmlos an, aber da ich fast jedes Mal verklagt werde, bedeutet es schon viel, das zugestanden zu bekommen. Abgesehen davon interessiert mich das Buch als Gegenstand. Ich finde die französischen Bücher hässlich. Ich erwarte von einem Buch, dass es schön und praktisch ist und angenehm in der Hand liegt. Dagegen habe ich die Verkaufsstrategien meiner Verleger nie in Frage gestellt – das ist ihr Job.

Welche Ihrer Verleger – von Maurice Nadeau, dem ersten, bis zu Claude Durand, dem letzten – waren die besten?

Der begabteste, den ich kennengelernt habe, war Joachim Vital, der Chef des Verlagshauses La Différence. Er hatte in allen Bereichen Flair und war erstaunlich offen. Aber er war völlig unseriös, er bezahlte seine Autoren nicht und seine Angestellten nur unter großen Schwierigkeiten. Im Grunde war er nicht in der Lage, ein Unternehmen zu leiten. Man kann nicht sagen, dass die französischen Verlage nichts taugen. *P.O.L.* oder Le Dilettante[5] haben wirklich eine Rolle gespielt. Strenger als mit den Verlegern wäre ich mit den Buchhändlern.

Warum?

Mir gehen ihre Empfehlungen auf die Nerven. Der Ausdruck »coup de cœur«[6] regt mich auf. Alles in allem sind sie schwer konformistisch. Konformistischer als die Verleger.

Und was halten Sie von der Literaturkritik?

Rein theoretisch könnte man die Vorliebe dieses Landes für Kontroversen als eine seiner Qualitäten ansehen, doch hat man in den letzten Jahren übertrieben, sich viel zu oft an die Gerichte gewandt. Nicolas Jones-Gorlin, Eric Bénier-Bürckel[7], Renaud Camus[8] – viele Autoren waren Gegenstand eines Skandals oder eines Prozesses, und keiner von ihnen wird das überwinden, sie sind für immer und ewig gebrandmarkt. Auch ich hatte Probleme, aber ich befand mich in einer stärkeren Ausgangsposition … Obendrein warf man den Autoren jedes Mal vor, sie würden »provozieren«, damit sich ihre Bücher verkaufen. Dabei hassen Verleger Kontroversen, sie lieben nichts mehr als den friedlichen Verkauf eines normierten Produkts, das spontan eine Empfehlung der Buchhändler auslösen wird …

Aber die Scherereien haben Sie sich doch selbst eingehandelt, als Sie nach dem Erscheinen von Plattform *die muslimische Religion als die dümmste der Welt bezeichneten.*

Das stimmt. Es war dumm von mir, denn ich wurde zum Helden einer Debatte, die mich gar nicht interessiert. Ich glaube, dass der Glaube an Gott, wenn nichts dazwischenkommt, weiter abnehmen wird, auch wenn die Ereignisse das Gegenteil zu beweisen scheinen. Mein Eindruck ist, dass man sich Religionen gegenüber heute so verhält wie gegenüber bretonischen Volkstänzen: Solange es ein wenig traditionell, ein wenig altmodisch zugeht, wird das Ganze respektabel und fast sympathisch.

Jonathan Littells Buch Die Wohlgesinnten *hat fast überhaupt keine Polemik verursacht. Beneiden Sie ihn?*

Ja, denn angefeindet zu werden ist auf die Dauer ermüdend. Als *Die Möglichkeit einer Insel* erschien, neigte ich zu einem Syndrom, das ich Jean-Jacques-Goldman-Syndrom nennen würde. Der Sänger hatte sich eine Werbeseite gekauft, um auf ihr alle Verrisse eines seiner Alben abzudrucken. Er wandte sich auf pathetische Weise an seine Zuhörer, an sein Publikum. So war es auch mir ergangen. Ich war zu Tränen gerührt, wenn mir jemand auf der Straße sagte, mein Buch habe ihm gefallen. Im Grunde stimmt es sicher, dass nur das Publikum zählt, doch schreibt man der Kritik maßgebende Urteile zu. Wenn es so weit kommt, dass man sich seiner Verrisse rühmt, ist das nicht ganz normal.

Man hat den Eindruck, in Ihnen ist etwas zerbrochen.

Das stimmt. Ich habe das Gefühl, ein paar innovative und glanzvolle Jahre mitbestimmt zu haben. Ravalec, Dantec und ich haben der Welt ins Gesicht geschaut. Das fehlte der Literaturlandschaft. Ich habe schöne Erinnerungen an diese Zeit. Doch es sind nur Erinnerungen. Es war meine Jugend, und sie liegt hinter mir. Als Guillaume starb, habe ich begriffen, dass es mit meiner Jugend vorbei war. Wir hatten viel Spaß, aber das Feiern ist vorbei. Die Literatur dagegen geht weiter. Sie durchquert ein Tief, danach geht's wieder bergauf.

ICH HABE MEIN LEBEN LANG GELESEN

Michel Houellebecq verfasste diesen Aufsatz anlässlich des fünfzigjährigen Bestehens des Taschenbuchverlags J'ai lu.

An die erste Erfahrung habe ich kaum eine Erinnerung, es will mir nicht recht gelingen, sie in Worte zu fassen. Da war eine schattige Veranda in der Nähe eines sonnigen Hofs (in meinen Kindheitserinnerungen scheint stets die Sonne); ein Sessel in der Mitte der Veranda und das Gefühl eines sich unendlich oft wiederholenden, köstlichen Tauchgangs. Auch das Gefühl von etwas, das mich mein ganzes Leben lang begleiten würde. Ein Eindruck von Wohlbefinden, weil »das ganze Leben lang« (vielleicht werde ich später darüber lächeln können, doch sage ich es heute mit einer gewissen Bitterkeit) mir damals sehr lang erschien.

Ich dachte, ich würde ein glückliches Leben haben. Das Unglück konnte ich mir nicht genau ausmalen, für mich war das Leben eine Wonne und ein Geschenk, und eine der Freuden dieses unendlich köstlichen Lebens war das Lesen.

Ich war ein Kind. Ich war glücklich, und Glück hinterlässt nur wenig Spuren.

Allmählich lernte ich, woraus das Leben der Menschen in Wirklichkeit bestand. Ich habe es auch aus ihren Büchern gelernt. Meine Großeltern haben wahrscheinlich nie darauf geachtet, dass sich die Bücher der *Rosa Bibliothek* und die der

Grünen Bibliothek[1] an unterschiedliche Altersgruppen richten. Wie sonst lässt sich erklären, dass ich im Alter von zehn Jahren *Graziella*[2] lesen durfte?

Man findet dort die gesamte Romantik, in ihrer Jugendlichkeit, in ihrer ursprünglichen Kraft. Das Gedicht »Das erste Bedauern«, das den Band abschließt, ist von unglaublicher Unschuld. Weder vor noch nach Lamartine (selbst bei Racine, selbst bei Victor Hugo nicht) sind Alexandriner mit dieser Natürlichkeit, mit dieser Spontaneität, mit diesem Gefühlsüberschwang geschrieben worden.

Wie konnte Lamartine, der mit achtzehn Jahren eine Graziella kennengelernt hatte, die sechzehn Jahre alt war, das vergessen? Wie konnte er danach weiterleben? Und wie kann der Leser von Lamartine sein Leben etwas anderem widmen als der Suche nach einer sechzehnjährigen Graziella? Was die Literatur doch für eine faszinierende Krankheit ist ... so heimtückisch, so mächtig. Unglaublich viel mächtiger als das Kino und heimtückischer gar als die Musik.

Aber es gab auch andere Lektüren. Den ekelerregenden Jack London, den Lenin hoch verehrte. (Und mit Sicherheit war es die Bewunderung, die Lenin für Jack London an den Tag legte, für dessen zynische Inkaufnahme des *Überlebenskampfs*, das ganze Gegenteil zur vermeintlichen Großzügigkeit, das sich mit dem Wort »Kommunismus« verbindet, die mir die Augen öffnete und mich früh und für immer daran gehindert hat, mit dem Marxismus zu liebäugeln.) Den wunderbaren Charles Dickens. (Nie wieder werde ich so lauthals, so unverhohlen lachen, nie wieder werde ich aus Leibeskräften lachen, bis mir die Tränen kommen, wie ich es im Alter von neun Jahren tat, als ich *Die Abenteuer des Mister Pickwick* entdeckte.) Es gab Jules Verne, es gab die Märchen von Hans Christian Andersen: *Das kleine Mädchen mit den Schwefelhölzern* hat mein Herz zerbrochen und bricht es bei jeder neuen Lektüre mit unerbittlicher Regelmäßigkeit wieder entzwei.

Ich erinnere mich ebenfalls an die Reihe *Rouge et Or* und ihre naiven Abbildungen (sie war wohl ein wenig teurer und wurde zu Geburtstagen oder Weihnachten verschenkt). Wirklich, ich habe nur gute Erinnerungen an diese Zeit. Trotzdem hätte man mir *Graziella* nicht im Alter von zehn Jahren zu lesen geben dürfen. Ich war damals bei den Mädchen gefragt, und einige von ihnen, das wird mir heute klar, hatten schon damals Hintergedanken. Aber alles in allem hatte es sich gut angelassen. Doch dann kam kurz danach die Pubertät, die mit der Mode der Miniröcke zusammenfiel. Ich hatte Mühe, das mit der Lektüre von Graziella in Einklang zu bringen. Ich begann, die Arme, die sich mir entgegenstreckten, von mir zu weisen – und das, obwohl ich unheimliche Lust auf sie hatte –, um im Leben nach Dingen zu suchen, die dort nicht zu finden waren. Kurz, die Dinge fingen an, für mich überhaupt nicht mehr zu stimmen, und ich denke bis heute, dass Lamartine bis zu einem gewissen Grad schuld daran ist. Ungefähr zur gleichen Zeit ersetzte ich auch die Kinderbuchreihen durch Taschenbuchreihen.

Für mich taugten zwei Reihen etwas: *Le livre de poche* und *J'ai lu*. *Folio* und *Présence du Futur* dagegen hasste ich: Sie waren zu teuer, sie hatten abstoßende Umschläge – in der Regel eine unaufdringliche Zeichnung auf weißem Untergrund. Vor allem aber war die Qualität ihrer Herstellung miserabel; es reichte aus, diese Bücher ein Dutzend Mal zu öffnen, und schon lösten sich die schlecht geklebten Seiten, das Buch fiel auseinander – während Bücher von *Livre de poche* und vor allem von *J'ai lu* unverwüstlich waren. Das mussten sie auch sein, denn diese Bücher schlug ich mehr als zehn Mal auf. Ich nahm sie überall mit hin, ins Café, in die Kantine des Gymnasiums, in den Zug – und bald nahm ich andere als Vorstadtzüge, ich nahm Züge, die Europa durchquerten. Es war die Epoche des Interrail-Tickets, ich schlief in verstaubten Zelten, in feuchten Kellern von Wohnblöcken. Doch meine *J'ai lu*-Bände gibt es immer noch, sie stehen im Moment, in dem ich diese Zeilen schreibe, neben mir. Ich bin jetzt reich, ich reise jetzt in der Business-Class, somit haben sie nichts mehr zu befürchten, das ist gut.

Später, nach dem Scheitern meiner Ehe und meiner beruflichen Karriere, habe ich angefangen zu schreiben. Genauer gesagt habe ich damit angefangen, Romane zu schreiben, die veröffentlicht wurden und mir relativ viel Ruhm und Reichtum eingebracht haben. Das hatte zur Folge, dass ich damit anfing, meine Zeitgenossen zu lesen, ich entdeckte *Originalausgaben*. Ich habe jedoch nie damit aufgehört, Bücher in Taschenbuchausgaben zu lesen oder noch einmal zu lesen, und es hat mir große Freude bereitet, bei *J'ai lu* veröffentlicht zu werden – natürlich hätte ich *Folio* oder *Presses-Pocket* nicht abgelehnt, wenn mein Verleger das gewollt hätte, aber dennoch: Der Augenblick, in dem ich mich zum ersten Mal auf einem *J'ai lu*-Umschlag gesehen habe, bleibt einer der schönsten Momente meines Lebens.

Heute lese ich weniger meine Zeitgenossen, dafür wieder mehr Klassiker. Das ist normal, ich werde älter. Ich weiß jetzt, dass ich bis an das Ende meines Lebens lesen werde –

vielleicht werde ich aufhören zu rauchen, selbstverständlich werde ich aufhören, Sex zu haben, und das Gespräch mit anderen Menschen wird mehr und mehr an Interesse für mich verlieren. Dagegen gelingt es mir nicht, mich mir ohne ein Buch vorzustellen.

Ich habe den Originalausgaben, dem Buch als Gegenstand, nie einen besonderen Kult gewidmet, ich interessiere mich vor allem für den Inhalt. Und ich ersetze die Original- oder Taschenbuchausgaben meiner Bücher allmählich durch jene wunderbaren, auf Reisen so praktischen Bände der Reihen *Pléiade*, *Bouquins* oder *Omnibus*. Es gibt dennoch ein paar – sentimentale – Ausnahmen, und selbst für den Fall, dass die Dinge erneut schieflaufen sollten, selbst für den Fall, dass ich mich in einem möblierten Zimmer mit ein oder zwei Kantinenmahlzeiten wiederfinden sollte, was schließlich immer möglich ist, halte ich es für wenig wahrscheinlich, dass ich mich von bestimmten Büchern trenne, insbesondere von bestimmten *J'ai lu*.

BODENPROFILE

Dieser Text erschien erstmals im September 2008 in Artforum.

Trotz der Tatsache, dass mich Alain Robbe-Grillets Werke von Anfang an zutiefst und radikal gelangweilt haben, habe ich mich stunden-, vielleicht sogar tagelang damit abgemüht, sie zu lesen. Ich verfuhr so, wie man es gewöhnlich in solchen Fällen tut: Ich übersprang fünfzig Seiten, um zu sehen, ob es danach besser würde, ich nahm ein anderes Buch zur Hand, ich sagte mir, dass ich es später am Tag, unter günstigeren Voraussetzungen, noch einmal versuchen würde. Nichts konnte jedoch meine Langeweile mindern, nichts meine Überzeugung, dass das alles uninteressant und sinnlos war. Ich kann mich nicht daran erinnern, dass ich mir mit einem anderen Autor eine solche Selbstgefälligkeit erlaubt hätte.

Das lässt sich, glaube ich, am besten durch etwas Außerliterarisches erklären: nämlich durch unser gemeinsames Studium. Wir beide haben – mit einem Abstand von dreißig Jahren – an derselben Hochschule für Landwirtschaft studiert. Ehemaliger Student einer *Grande Ecole* zu sein, führt im französischen Bildungssystem zu uneingestandenen Komplizenschaften. Und auf die Agrarhochschule mit ihrer so eigenen, von den anderen wissenschaftlichen Studiengängen abgetrennten Ausbildung – und das von den Vorbereitungsklassen an – trifft das ganz besonders zu. Wären wir uns danach je begegnet – wozu es Gott sei Dank nie kam –, hätten wir dem anderen wie einem »lieben Kameraden« auf die Schulter klopfen müssen; und ich glaube, wir hätten es getan (wir hätten dabei natürlich die ganze Palette des ironischen Lächelns zur Anwendung gebracht, aber wir hätten es getan). Während Robbe-Grillet Institutionen gegenüber sein ganzes Leben lang eine große Respektlosigkeit an den Tag gelegt hat (im Falle der Académie française ging das eindeutig bis zur Beleidigung), ließ er der ersten Institution seines Lebens, dem Institut National Agronomique in Paris-Grignon, bis ans Ende eine lückenlose Unterwerfung und Dankbarkeit zuteilwerden. Ich befinde mich in genau derselben Situation: Weder er noch ich haben je die *Agrarhochschule geleugnet.*

Ich glaube, er war böse auf mich, denn bevor ich in Erscheinung trat, war er stolz darauf gewesen, der Agraringenieur der französischen Literatur zu sein. Diesen Titel musste er nun mit mir teilen, und das machte ihn wütend. Es ist wahr, dass er noch andere Gründe hatte, wütend auf mich zu sein, und bestimmte Artikel, vor allem im Ausland, haben zu seiner Wut noch beigetragen. Sie verkündeten, ich sei die »einzige Sache, die seit dem Nouveau Roman in Frankreich in Erscheinung getreten« sei. Er wollte überhaupt nicht, dass nach dem Nouveau Roman in Frankreich noch etwas in Erscheinung tritt.

So lieferten wir uns ein paar Jahre lang einen dumpfen und kodifizierten Kampf. Behauptete er wiederholt und allen Tatsachen zum Trotz, dass Balzac einer unfruchtbaren Periode, einer Eiszeit in der französischen Literatur entsprach, hob ich Balzac sofort in den Himmel. Ich behauptete, dass Balzac der geistige Vater eines jeden Schriftstellers sei und dass diejenigen, die sich Balzac nicht verpflichtet fühlten, von der Kunst des Romans auch nicht das Geringste verstanden hätten. Behauptete ich in meinen eigenen Werken, dass die Soziologie vor der Psychologie den Vorrang habe? Dann jammerte er augenblicklich darüber, dass die zeitgenössische Literatur die formalen Ambitionen einer reinen Literatur aufgegeben und sich auf die Dimension einer soziologischen Studie reduziert habe. Das alles war bis zum Ende implizit, denn wir haben es immer unterlassen, in der Öffentlichkeit aufeinander anzuspielen.

Ich glaube, wir waren völlig aufrichtig: er in seiner Abneigung gegen Balzac, ich in meiner Liebe für ihn. Er in seiner Verachtung für meine Literatur, ich in meiner für seine.

Jetzt, wo mir Alain Robbe-Grillet gewissermaßen mechanisch ins Grab vorausgegangen ist, kann ich etwas freier von meinem *lieben Kameraden* sprechen, ohne ihn zu verletzen. Denn mir ist am Ende klar geworden, dass sich hinter der Hartnäckigkeit, mit der ich versucht habe, in seine schwerverdauliche Literatur hineinzukommen, mehr verbarg als simple Kameradschaft zwischen ehemaligen Kommilitonen. Alain Robbe-Grillet erinnerte mich nicht nur an die Agrarhochschule, er erinnerte mich an etwas Präziseres, etwas, was nur ehemalige Studenten der Agrarhochschule kennen: Alain Robbe-Grillet erinnerte mich an *Bodenprofile*.

Natürlich ist Bodenkunde für den Landwirt eine wichtige Disziplin, aber sie wäre noch wichtiger, wenn sie sich Ergebnisse auf ihre Fahnen schreiben könnte, die sich reproduzieren lassen, die zu sicheren Voraussagen führen und die dem Praktiker, welcher der Landwirt nun einmal ist, zu vernünftigen Diagnosen verhelfen würden. Das ist aber leider überhaupt nicht der Fall. In meiner Studienzeit (ganz zu schweigen von der Alain Robbe-Grillets) steckte die Bodenkunde noch in den Kinderschuhen. Allein sie als »Wissenschaft« zu bezeichnen hätte bedeutet, ihr zu viel Ehre zu erweisen. Sie war im besten Fall eine »Disziplin der Beobachtung«.

Seit der Entstehung der Bodenkunde ist die Untersuchung der Bodenprofile die in ihr vorherrschende Methode. Sie besteht darin, einen Graben mit senkrechten Innenwänden auszuheben. Je nach Bodenbeschaffenheit fällt seine Höhe unterschiedlich aus (im Allgemeinen gräbt man bis zur ersten Felsschicht). Und was tut man nun, wenn der Graben fertig ausgehoben ist? Man *beobachtet*. Das heißt, man zeichnet so genau wie möglich all das, was man sieht (die Ausbreitung der Wurzeln, das Vorhandensein von Steinen, Luftlöchern, Tieren etc.). In dem Maße, in dem man sich von der Oberfläche entfernt, verändert sich der Boden in der Regel schnell. Man kann seine Zeichnung unter Umständen mit Anmerkungen versehen. Für gewöhnlich – und das ist interessant – werden nur wenige Fotos gemacht (sie dienen später gerade mal als Vorlage für Zeichnungen, die unter einfacheren Voraussetzungen wenn möglich recht schnell angefertigt werden; der kluge Blick eines Beobachters vor Ort hat einen höheren Stellenwert als das fotografische Abbild). Die Untersuchung chemischer Reaktionen in situ bleibt bruchstückhaft (zu meiner Zeit beschränkten sie sich auf die Messung des pH-Werts in unterschiedlichen Tiefen). Natürlich ist es möglich, Bodenproben zu entnehmen, damit sie später untersucht werden. Doch damit begeben wir uns in den Bereich der *Bodenanalyse*, womit wir ein anderes Kapitel aufschlagen.

Selbst wenn der angehende Landwirt von der Hoffnung angetrieben wird, am Ende seiner Untersuchung einen ihm bekannten Bodentyp vorzufinden (und in der Tat ist der untersuchte Boden in Anbetracht des geologischen Untergrunds und des Klimas meist der, den man erwartet hat), darf er ihr während seiner Untersuchung unter keinen Umständen Rechnung tragen. Das ist eine strenge Empfehlung seiner Lehrer. Natürlich ist es menschlich, dass er in Sibirien Podsol erwartet und in Madagaskar Laterit. In keinem Fall darf das aber zulasten der Sachlichkeit, der Objektivität seiner Skizzen und seiner Kommentare gehen.

Die Bodenkunde hilft dem Studenten der Agrarwissenschaften, sich jene strenge Disziplin anzueignen, die darin besteht, die Welt mit einem neutralen, rein objektiven Blick zu betrachten: Ist das nicht genau das, was Alain Robbe-Grillet später in der Literatur versucht hat?

Eine theorielose Neutralität, wie sie im Bereich der Bodenkunde uneingeschränkt vorherrscht, ist in der Wissenschaftsphilosophie alles andere als unumstritten. »Es ist die Theorie und nur die Theorie, die bestimmt, was beobachtet werden soll«, notiert Einstein harsch. Auguste Comte, der etwas mehr argumentiert, kommt zu der Schlussfolgerung, dass die Beobachtung, der keine Theorie – und sei sie noch so vage – zugrunde liegt, zu einem planlosen Empirismus verdammt ist und sich auf eine langatmige und sinnlose Aneinanderreihung experimenteller Daten reduziert.

»Eine langatmige und sinnlose Aneinanderreihung experimenteller Daten«: Trifft diese Beschreibung nicht ganz genau auf Alain Robbe-Grillets Literatur zu?

Nachdem ich Robbe-Grillets Grenzen genau umrissen habe, möchte ich erwähnen, was seine Stärke ausmacht – auch wenn diese Stärke gänzlich negativ ist: Indem Robbe-Grillet das Prinzip einer Beobachtung ablehnt, der eine Theorie zugrunde liegt, bewahrt er sich zugleich vor jeglichem *Klischee* (denn jedes Klischee enthält eine Theorie in Kurzform und geht als solches nur durch, wenn die Theorie selbst als veraltet und überholt gilt). Indem ich mich in meiner Literatur theoretischen Konzepten öffne, die man zur Welt entwickeln kann, und ich mich damit ständig der Gefahr des Klischees aussetze – in Wahrheit verurteile ich mich zu ihr –, besteht (um mit Baudelaire zu sprechen) meine einzige Chance, originell zu sein, in der Erfindung *neuer Klischees.*

ANMERKUNGEN

Gespräch mit Christian Authier

1 Französischer Schriftsteller und Journalist. Zum Zeitpunkt des Erscheinens der Originalausgabe von *Plattform* war er Chefredakteur der Monatszeitschrift Lire. Aufgrund eines dort veröffentlichten, gekürzten Interviews wurde Michel Houellebecq von verschiedenen muslimischen Vereinen wegen »Anstiftung zum Rassenhass« verklagt.

2 Dieses Kulturmagazin, das ein anderes, *Bouillon de culture* mit Bernard Pivot, ablöste, wurde mit Michel Houellebecq als »Stargast« im September 2001 zum ersten Mal ausgestrahlt. Zu diesem Zeitpunkt war die Polemik um *Plattform* schon ausgebrochen.

3 Die französische Originalausgabe von *Plattform* erschien wenige Tage vor den Anschlägen des 11. September 2001.

4 Französischer Politiker, Mitglied der Sozialistischen Partei. Von 1997 bis 2002 Premierminister.

5 Politischer Sachverständiger. Er war mehrere Jahre stellvertretender Leiter des wichtigsten französischen Umfrageinstituts Sofres.

6 Französischer Radio- und Fernsehmoderator.

Philippe Muray im Jahre 2002

1 Philippe Muray, 1945–2006, französischer Schriftsteller, Publizist und Essayist. In Frankreich bekannt geworden durch seine scharfsinnige Kritik an den Hervorbringungen der zeitgenössischen Gesellschaft.

2 Gemeint ist der Roman *Rose Bonbon* von Nicolas Jones-Gorlin. Es handelt sich um den imaginären Monolog eines Pädophilen.

3 *Le Rappel à l'ordre. Les Nouveaux réactionnaires*: Pamphlet des Historikers Daniel Lindenberg, der darin namhaften, in den französischen Medien stark präsenten französischen Schriftstellern, Intellektuellen und Historikern vorwarf, konservativ, reaktionär, rassistisch und sexistisch zu sein.

4 Französischer Journalist, von 1996 bis 2004 Chefredakteur der Tageszeitung *Le Monde*.

5 Französischer Politiker, Mitbegründer der Sozialistischen Partei Frankreichs, in den achtziger und neunziger Jahren mehrmals Minister. 2002 Kandidat bei den Präsidentschaftswahlen für die von ihm gegründete *Mouvement républicain et citoyen*.

6 Pierre Rosanvallon, französischer Historiker und Intellektueller. Herausgeber der Reihe »La République des Idées«, in der Lindenbergs Pamphlet erschien.

7 Von Pierre Rosanvallon und dem französischen Historiker François Furet 1982 gegründete und 1999 aufgelöste Stiftung, die sich gegen alle Formen totalitaristischen Denkens wandte und sich für Demokratie und freie Marktwirtschaft einsetzte.

Auf dem Weg zur Teilrehabilitierung des Banausen

1 Französischer Humorist und Satiriker

2 Französischer Cartoonist und Karikaturist

3 Französischer Comiczeichner und Karikaturist

4 *»Beauf«*, französischer Argot, ursprünglich »Schwager«, bezeichnet heute abfällig eine vulgäre, ungebildete und bornierte Person.

Gespräch mit Gilles Martin-Chauffier und Jérôme Béglé

1 Eine vom traditionsreichen Verlagshaus Gallimard 1945 ins Leben gerufene Krimireihe, die ihren Namen Jacques Prévert verdankt. Die schwarzen Umschläge trugen entscheidend zu ihrem Renommee bei.

2 Französischer, in Kanada lebender Autor von Krimis, von denen ei-

nige von der Science-Fiction beeinflusst sind. Er geriet für seine als »reaktionär« eingestufte Haltung mehrmals in die Schlagzeilen.

3 1965–2005. Französischer Richter, Schriftsteller, Journalist und Lektor. Beschreibt in seinen Romanen offen die Schwulenszene. Geriet in die Schlagzeilen, als er sich öffentlich für ungeschützten Geschlechtsverkehr aussprach.

4 Ein in der Pariser Literaturszene jahrzehntelang einflussreicher Lektor. Lange Zeit auch Lektor von Michel Houellebecq.

5 Zu den von P.O.L. veröffentlichten Autoren gehören u. a. Marie Darrieusecq, Emmanuel Carrère, Robert Bober und der oben erwähnte Guillaume Dustan. Zu den Autoren von Le Dilettante zählen Vincent Ravalec und Anna Gavalda.

6 Tipp, Empfehlung. Von *avoir un coup de cœur pour qn./qc.*: sein Herz an jemanden/etwas verlieren.

7 1971 geborener französischer Schriftsteller. Autor des Romans *Pogrom* (2005), für den er u. a. wegen angeblicher Anstiftung zum Rassenhass (in diesem Fall zum Antisemitismus) angezeigt wurde. Das Gericht sprach ihn von allen Anklagen frei.

8 1946 geborener französischer Schriftsteller, Intellektueller und Ausstellungskurator. Sein umfangreiches Werk umfasst Romane, Reisereportagen, Artikel zur zeitgenössischen Kunst. Camus führt seit Jahren ein Tagebuch, aus dem er regelmäßig Auszüge veröffentlicht. Einer dieser Bände, *Campagne de France*, erschienen 2000, führte zu Anklagen des Antisemitismus.

Ich habe mein Leben lang gelesen

1 Die *Rosa Bibliothek*, eine seit Mitte des 19. Jahrhunderts bestehende Kinderbuchreihe. Ihr folgte 1924 die *Grüne Bibliothek*, die sich nach dem Zweiten Weltkrieg zu einer Jugendbuchreihe entwickelte.

2 Roman des französischen Romantikers Alphonse de Lamartine (1852).

EIN BISSCHEN SCHLECHTER

NEUE INTERVENTIONEN

DER KONSERVATISMUS, QUELLE DES FORTSCHRITTS

Der Text erschien erstmals in: *Le Figaro*, 8. November 2003; erneut veröffentlicht in: *Houellebecq*, »Les Cahiers de l'Herne«, Paris, Éditions de l'Herne, 2017.

DAS PARADOX IST nur allzu offensichtlich: Der Konservatismus kann ebenso eine Quelle des Fortschritts sein, wie die Faulheit die Mutter der Effizienz ist. Was weitgehend erklärt, warum die konservative Haltung so selten begriffen wird.

Seit dem Auftauchen des Begriffs *nouveau réactionnaire* in den Schriften des gerissenen Lindenberg hat ihn meines Wissens niemand mit Sinn gefüllt. Er ist weder inhaltlich noch in irgendeinem weiteren Sinne definiert, wie Jacques Braunstein in *Elle* klug angemerkt hat. Das vordringliche Ziel des Kolloquiums in Deauville ist, wie mir scheint, dieser uneindeutigen Situation zu entkommen, die über den unglücklichen Lindenberg hinaus die intellektuelle Glaubwürdigkeit seines Geldgebers, des Bullen Plenel, und sogar die Beständigkeit eines »linken Denkens« infrage stellt, zu dessen letzten Echos er zählt (das tote Leuchten längst verloschener Sterne etc.).

Um ein zukünftiges Scheitern der Debatte zu vermeiden, möchte ich hier versuchen, den Weg etwas frei zu machen. Ontologisch betrachtet, setzt jede Reaktion eine Aktion voraus; gibt es also neue Reaktionäre, bedeutet das, es muss auch neue Progressive geben. Wie soll man sie definieren? Unter Rückgriff auf Taguieffs geniale Terminologie können wir den neuen Progressivismus leicht dem *bougisme*, also einem gewissen Aktionismus, zuschlagen.

Anders als sein großer Bruder erkennt der neue Progressive den Fortschritt nicht anhand seines intrinsischen Werts, sondern anhand seiner Neuartigkeit. Alles in allem existiert er in einem in seiner Einfalt sehr hegelianischen Zustand der permanenten Offenbarung, in dem alles neu Erscheinende schon aufgrund der schlichten Tatsache seines Erscheinens gut ist. Damit wäre es genauso reaktionär, sich dem Tanga zu widersetzen wie dem islamischen Schleier, dem »Loft« ebenso sehr wie den Predigten Tariq Ramadans. Alles neu Erscheinende ist gut.

Der neue Reaktionär, dem das Neue prinzipiell widerstrebt, erscheint dagegen wie ein Griesgram. Hätten solche Begriffe irgendeinen Sinn, wäre er genau das, was wir einen »Konservativen« (Royalist in der Monarchie, Stalinist unter Stalin usw.) nennen müssten. In ihrer gemeinsamen Opposition gegen die Position des gesunden Menschenverstands, die darin besteht, das Neue gutzuheißen, wo es gut ist, und abzulehnen, wo es schlecht ist, erscheinen auf den ersten Blick beide Haltungen gleichermaßen stumpfsinnig. Aber diese Symmetrie stimmt nur zum Teil. An diesem Punkt ließen sich ungefähr vierzehn Beobachtungen anbringen; aus Platzgründen will ich mich auf zwei beschränken.

Erstens strengt Innovation an. Jede Routine, gut oder schlecht, hat den Vorteil, routinemäßig abzulaufen und also mit minimalem Aufwand betrieben werden zu können. Aller Konservatismus wurzelt in intellektueller Faulheit. Nun ist die Faulheit, die nach der Synthese strebt, der Suche nach gemeinsamen Eigenschaften jenseits oberflächlicher Unterschiede, in intellektueller Hinsicht jedoch eine mächtige Kraft. In der Mathematik wird man von zwei Beweisen immer den kürzeren wählen, der das Gedächtnis weniger belastet. Das recht mysteriöse Konzept der Eleganz eines Beweises ist in Wahrheit quasi deckungsgleich mit seiner Kürze (was nicht überrascht, bedenkt man, dass sich die Eleganz einer Bewegung annähernd daran messen lässt, wie ökonomisch sie ausgeführt wird).

Zweitens ist die wissenschaftliche Methode in ihrer Gesamtheit (begriffen als Wechsel zwischen Phasen der theoretischen Ausarbeitung und der experimentellen Überprüfung) zunächst einmal eine im Wesentlichen konservative Denkweise. Eine Theorie ist eine wertvolle, hart erkämpfte Sache, und ein Wissenschaftler wird sie nur dann aufgeben, wenn ihn die experimentellen Fakten wirklich dazu zwingen. Da er nur aus schwerwiegenden Gründen von einer Theorie ablässt, wird er nie versucht sein, zu ihr zurückzukehren.

Aus diesem Konservatismus des Prinzips folgt die

Möglichkeit effektiven Fortschritts, ja sogar, sollten die Umstände es erfordern, echter Revolution (seit Kuhn »Paradigmenwechsel« genannt). Es ist daher kein bisschen paradox zu behaupten, dass der Konservatismus ebenso Quelle des Fortschritts ist wie die Faulheit die Mutter der Effizienz.

Die politische Übersetzung dieser Prinzipien hat, da stimme ich zu, nichts Unmittelbares an sich; darum wird die mäßig sympathische konservative Haltung mit ihrem wenig ideologischen Inhalt so selten begriffen. Metaphorisch ausgedrückt, würde ich sagen, dass der Konservative dazu neigt, die Gesellschaft zu einer perfekten Maschine zu idealisieren, bei der sich der Übergang von einer Generation zur nächsten unter minimalem Aufwand vollzieht, bei der versucht wird, Leid und Zwänge auf die gleiche Weise zu reduzieren, wie man in der Mechanik versucht, Reibung zu minimieren (was beispielsweise eine drastische Beschränkung der Bevölkerungsdichte zur Folge hat). In jeder Situation wird er die von einem Poitevin-Taoismus durchdrungenen Prinzipien des verstorbenen Senators Queuille (wie etwa: »Es gibt kein politisches Problem, das sich nicht durch Untätigkeit lösen ließe.«) in Erwägung ziehen; er wird den Ausspruch des alten Goethe nicht vergessen, demzufolge die Ungerechtigkeit der Unordnung vorzuziehen sei – was angesichts des fruchtbaren Nährbodens der Ungerechtigkeiten, den jede Unordnung darstellt, nur dem Anschein nach zynisch ist.

Einer der letzten wahren Konservativen war zweifellos der von Huxley erwähnte englische Lord, der 1940 einen Leserbrief an die *Times* schrieb, in dem er vorschlug, den Krieg doch mit einem Kompromiss zu beenden (die, wie Huxley schreibt, »sonst so konservative Zeitung« weigerte sich, den Brief abzudrucken).

Im Bewusstsein, dass sich das menschliche Leben in einem biologisch, technisch und gefühlsmäßig (also nur ganz nebenbei politisch) bestimmten Umfeld abspielt, im Bewusstsein, dass es auf die Verfolgung privater Ziele abhebt, wird seine politische Überzeugung von einer instinktiven Ablehnung geprägt sein. Der Revolutionär, der Widerständische, der Patriot, der Unruhestifter wird ihm vor allem als verachtenswert erscheinen, angetrieben von Dummheit, Eitelkeit und der Gier nach Gewalt. Im Gegensatz zum Reaktionär wird der Konservative daher auch keine Helden oder Märtyrer haben; wenn er niemanden rettet, wird er auch niemanden zum Opfer machen; alles in allem wird er nichts besonders Heroisches an sich haben; doch er ist, das ist einer seiner Vorzüge, ein sehr ungefährliches Individuum.

DER VERLORENE TEXT

Dieser Text ist das Vorwort des Buches *L'imaginaire touristique* von Rachid Amirou (CNRS Éditions, 2012).

Während meines E-Mail-Austauschs mit seinem Bruder Amar Amirou, der es freundlicherweise übernahm, die verstreuten Texte zu sammeln, erwähnte ich mehrfach einen Artikel, dessen Inhalt ich beinahe vollständig vergessen hatte, bis auf die Tatsache, dass Rachid es darin gewagt hatte, eine unerwartete Parallele zwischen dem von einigen Umweltfunktionären eingeführten Begriff der »Belastungskapazität« eines Landstrichs (bei dieser oder jener natürlichen Landschaft ist mit einer bestimmten – sagen wir monatlichen – Anzahl menschlicher Besucher zu rechnen; um die landschaftliche Unversehrtheit sicherzustellen, sollte Besuchern, die diese Zahl überschreiten, der Zutritt möglichst verwehrt werden) und dem noch stärker verherrlichten Begriff der »Toleranzgrenze« (diesmal bezogen auf die Menge der Zugewanderten, die sich in einem Gebiet ansiedeln dürfen) zu ziehen.

Gewiss ist es vorstellbar, dass sich – ebenso wie ein Überschuss an menschlichen Besuchern (das Menschliche wird hier als etwas *Schädliches* betrachtet) eine

Landschaft *verschandeln* und ihren Wert als Sehenswürdigkeit mindern kann – ein nicht mit den ethnografischen Erwartungen der Besucher aus dem Ausland übereinstimmender Überschuss an Zugewanderten aus Sicht der Tourismusindustrie als kontraproduktiv erweisen könnte. Doch der Ton, den Rachid in jenem Artikel anschlug, war frech, sanft ironisch und ganz sicher nicht militant. Es ging ihm darum, die Menschheit und ihr Verhalten zu beschreiben, und nicht darum, sie zurechtzuweisen oder zu reformieren; schließlich war er Schriftsteller.

Aber er war auch und vor allem Soziologe, ein Soziologe von unbestreitbarer Originalität bis hinein in die Wahl seines dessen Fülle zum Trotz außergewöhnlich wenig erforschten Studiengebiets (ich erinnere mich noch an meine Überraschung, als ich bei der ersten Lektüre von *Imaginaire touristique et sociabilités du voyage* zum ersten Mal sah, wie die Tätigkeit der Pilgerschaft in eine allgemeine Reflexion über den Tourismus einbezogen wurde. Im Zuge dieses E-Mail-Austauschs (den Text haben wir letzten Endes nicht wiedergefunden) fragte mich sein Bruder nach inhaltlichen Einzelheiten des von mir gesuchten Artikels: Ging es darin um Themenparks (à la »Die Holzschuhmacher des Marquenterre«), um Vergnügungsparks im Stil von Euroschtroumpfs oder schlicht um Naturparks? Dabei wurde mir die unglaubliche und beinahe groteske Vielfältigkeit bewusst, die das touristische Angebot in unserem Land (Frankreich) in den letzten Jahren erreicht hat. Und ich dachte mir, dass uns ein guter Tourismussoziologe entschieden fehlen wird. Was gute Schriftsteller angeht, so kann man nie genug davon haben – das ist jedenfalls meine Meinung.

Allerdings hat er nie einen Roman geschrieben – und im Gegensatz zu Philippe Muray (den er bewunderte) hat er es nicht einmal versucht. Das habe ich zuweilen bedauert, wohl wissend, dass das, was er getan hat, auf seine Art ebenso bedeutsam war. Hätte er sich auf das Gebiet der Fiktion vorgewagt, dann hätte er sich gewiss weder in die Gruppe der Proustianer noch die der Célinianer noch in irgendeine der altbewährten großen Abstammungslinien eingegliedert. Seine Vorlieben verorteten ihn eher in jener erlesenen und glanzvollen kleinen Familie der ironischen und wohlwollenden, strahlenden und sonderbaren Geister von besonders funkelnder Intelligenz, die Borges oder Perec zu ihren Mitgliedern zählen darf.

In »*Cantatrix sopranica L.* und andere wissenschaftliche Schriften«[1] widmet sich Georges Perec einer Reihe oft hochkomischer Parodien der Kommunikation zwischen Gelehrten. Es schien mir oft, als hätte sich Rachid Amirou in *Imaginaire touristique et sociabilités du voyage*, seinem einzigen veröffentlichten Buch, mitunter einer ähnlichen Übung gewidmet und als zielten die von ihm gewählten Quellenangaben und Fußnoten (durch ihre Position, ihren Ton, den sanften Bruch, den sie erzeugen) oft darauf ab, uns ein kleines

Lächeln zu entlocken – natürlich viel diskreter als das Gelächter, das einige der von Perec erfundenen Fußnoten hervorrufen. Und auch mit dem feinen Unterschied, dass es sich ursprünglich tatsächlich um eine in äußerst offizieller Weise vertretene These handelte und dass die entsprechenden Verweise natürlich exakt und überprüfbar sein mussten. Kurz gesagt, er musste verdeckt vorgehen, hätte doch jeglicher Verdacht der Literarizität die Wissenschaftlichkeit seines Beitrags zweifelhaft erscheinen lassen können. Daher bot er uns zugleich einen wissenschaftlichen Diskurs – schon für sich betrachtet interessant und stellenweise geradezu verstörend innovativ – und eine Ironisierung eben dieses Diskurses (nicht seines Inhalts, sondern der Position des Soziologen selbst, der »wissenschaftliche« Diskurse über den gesellschaftlichen Zustand produziert), eine Ironisierung, die, so lautete das Gesetz der von ihm gewählten Gattung, bis zuletzt unbestimmbar bleiben musste.

Als Akademiker einem größeren Publikum unbekannt, war Rachid Amirou bei seinen Kollegen oft wenig beliebt, was nicht sonderlich verwundert angesichts seiner Randständigkeit und seiner – man muss es wohl so sagen – eklatanten Überlegenheit über Publikationen, die für gewöhnlich zwischen Rückständen linksradikaler Positionen (zum touristischen »Neo-Kolonialismus«) und die verloren gegangenen Authentizität der einheimischen Bevölkerung beklagenden ökologischen Frömmeleien oszillierten (zwischen Victor Segalen und dem Reiseführer *Guide du Routard*, um das Niveau zu verorten). Im Gegensatz zu vielen seiner erbärmlichen Kollegen wusste er, dass die auf diese Weise verdorbenen einheimischen Einwohner teils außerordentlich glücklich darüber waren, sich einem westlichen Lebensstil anzuverwandeln, den sie ohnehin anstrebten – dass sie, wie er schrieb, nicht unbedingt den Wunsch hatten, »einen identitären Wohnsitz zugewiesen zu bekommen«. Manchmal sprach er mit mir darüber, unverblümt, aber stets ohne Bitterkeit, er nahm diese Ausgrenzung im Grunde frohgemut hin. Er wusste: Auch wenn das mit einer glänzenden akademischen Laufbahn einhergehende Ansehen und die Aufmerksamkeit der Medien wahrscheinlich anderen zukämen, blieb er als Universitätsprofessor »nahezu unantastbar«. Das stimmt, dachte ich mir, das ist ein Status. Es gibt in Frankreich noch eine solche Art von Status, die eine relative Gedankenfreiheit ermöglicht. Es ist erstaunlich, aber es ist gut.

Mir fehlen unsere Gespräche. Wer außer ihm sollte mir Anekdoten erzählen wie jene erstaunliche von diesem Dorf im Departement Var, dessen Bewohner (größtenteils Rentner) von der Gemeindeverwaltung eine bescheidene Vergütung dafür erhalten, dass sie ihre Häuser verlassen, ihren Pastis trinken und eine Runde Boule spielen, wenn die Touristenbusse durch den Ort fahren? Letztlich also dafür, dass sie genau ihre übliche Lebensweise beibehalten?

Die am Ende des Bandes versammelten Texte verdeutlichen, und sei es nur durch die ungewöhnliche Natur der Bezugsgrößen (Winnicott, Muray), mit besonderer Klarheit das Unvermögen der vorherigen soziologischen Kategorien, neue, »postmoderne« Formen der Tourismusindustrie zu reflektieren. Sie lassen eindeutig ein Buch von weit größerer Tragweite erahnen. Über dieses Buch hat er viel nachgedacht, er hat sogar zu viel darüber nachgedacht, meine ich, er hätte sich besser etwas mehr Gedanken um seinen Krebs machen sollen (es macht einen doch rasend, wenn man sich überlegt, dass er leicht hätte geheilt werden können, hätte man es nur beizeiten in Angriff genommen). Wir können uns anhand dieser Texte nur eine sehr grobe Vorstellung davon verschaffen, können den Umfang dessen, was er zu leisten versuchte, allenfalls abschätzen. Seit dem Erscheinen von *Imaginaire touristique et sociabilités du voyage* hat sich in der Tourismusindustrie ein erstaunlicher Wandel vollzogen, der mehr als alles andere dazu beigetragen hat, das Antlitz zahlreicher Länder neu zu gestalten – und insbesondere das von Frankreich. Wer wäre nach seinem Tod in der Lage, uns so gut wie er davon zu erzählen?

GESPRÄCH MIT FRÉDÉRIC BEIGBEDER

Dieses Gespräch erschien im April 2014
in *Lui*, Nr. 7.

Frédéric Beigbeder: *Es ist also offiziell, du wirst nächstes Jahr einen Roman veröffentlichen?*

Michel Houellebecq: Mmmm ... ja, aber den Titel verrate ich dir nicht. Teresa legt Wert auf Exklusivität.

Großartig, daraus schließe ich, dass du bei Flammarion bleibst! (Teresa Cremisi leitet den Verlag.)

Ich möchte zunächst einmal über dich sprechen, Frédéric. Du hast einige Bücher geschrieben, manche gut, manche nicht. Aber du bist eindeutig der beste Literaturkritiker seit Langem. Darum fürchte ich dich!

Haha! Du bist zum Essen gekommen, weil du mich für dich einnehmen willst?

Mmmm ... Ich meine das ganz ernst: Du bist der Kritiker, den ich am meisten fürchte.

(lacht) *Nein, Michel, du hast dich für ein Essen bei mir entschieden, weil du im Restaurant nicht mehr rauchen darfst.*

Dominique Voynet hat gesagt, die Hauptgefahr für Kinder sei das Rauchen in der Wohnung. Du wirst sehen, bald darf man nicht mal mehr zu Hause rauchen! Während des Schreibens steigt mein Zigarettenkonsum stark an. Momentan bin ich bei vier Schachteln am Tag. Ich glaube nicht, dass ich ohne Nikotin schreiben könnte, darum kann ich ihn im Augenblick nicht herunterschrauben.

Können wir über dein Zahnproblem reden? Es hat dich physisch ein wenig verändert. Als du das letzte Mal zum Abendessen hier warst, verzeih, wenn ich dein Privatleben enthülle, aber na ja ... Du hattest deine Zähne auf diesem Tisch liegen lassen, und danach hast du die gesamten Filmfestspiele in Berlin ohne Zähne bestritten! Auf den Fotos siehst du dadurch verändert aus ... Ist dir das egal?

Ach, na ja ... Um ehrlich zu sein, ist es mir wirklich ziemlich egal. *(lacht)*

Aber gesundheitlich geht es dir ansonsten gut?

Ach ... nein. Ich glaube, wenn ich diesen Roman beendet habe, werde ich doch versuchen, weniger zu rauchen. Der Alkohol ist kein Problem, außer bei den Taxifahrern; jeder zweite sagt zu mir: »O nein, Sie nicht! Sie kotzen mir doch ins Auto!«

Deine äußerliche Veränderung ist also kein bewusster Versuch, dich Paul Léautaud anzugleichen?

Nein, ich weiß gar nicht, wie der aussieht. Ich werde manchmal mit Gainsbourg verglichen, aber das finde ich eher beleidigend, weil ich Polnareff oder Joe Dassin bevorzuge.

»Jusqu'en haut des cuisses elle est bottée / Et c'est comme un calice à sa beauté.«[2] *(»Ihre Stiefel reichen ihr bis über die Schenkel / Sie sind wie ein Kelch für ihre Schönheit.«) Das gefällt dir nicht?*

Ach, na ja ... Ich habe Besseres geschrieben, nicht? Ich muss dazusagen, dass ich jemand bin, der das Chanson wirklich liebt. Mit elf oder zwölf habe ich angefangen, die Hitparade zu hören. Aber der heftigste ästhetische Schock meines Lebens bleibt doch die Entdeckung des Rock.

Ist Paul McCartney noch immer dein Gott?

Ja, aber auch Schubert kann mich sehr bewegen.

Ich kann verraten, dass ich dich in Guéthary beim Hören von »Let It Be« weinen sah. Du weinst auch, wenn du ein Lied von Schubert hörst.

O ja! »Der Hirt auf dem Felsen«, das war das einzige Mal in meinem Leben, dass ich mitten in einem Konzert laut zu schluchzen anfing. Für die Sängerin war das sehr störend, weil ich wirklich laut weine. Ich meine, vielleicht hat es sie gefreut, diese Wirkung erzielt zu haben, aber es war unangenehm. Der Einsatz der Klarinette gehört zum Schönsten, was je komponiert wurde. Wenn ich mir verdeutlichen will, was ein Genie ist, denke ich eher an Beethoven als an Shakespeare. In der jüngeren Zeit sind es McCartney und mit zunehmendem Alter auch Hendrix. Meine Begegnung mit Iggy Pop zählt zu den größten Freuden meines Lebens. *1969* von den Stooges ist die erste Platte, die ich gekauft habe.

Was überrascht, ist, dass deine Texte von Iggy Pop, Carla Bruni und Jean-Louis Aubert vertont wurden. Das sind sehr unterschiedliche Stile!

Mmmm … Die Spitzenkünstler zieht es auf ganz natürliche Weise zu mir hin!

Du fährst bald zur Einweihung der »Michel-Houellebecq-Straße« in der spanischen Stadt Murcia. Was ist das für ein Gefühl, wenn eine Straße nach einem benannt wird?

Mmmm … Es ist ulkig. Ich glaube, deine Tochter hat es ziemlich beeindruckt.

O ja! Sie war völlig von den Socken. Ich finde, du solltest dort wohnen. Dann könnte man dir schreiben: »An Herrn Michel Houellebecq in der gleichnamigen Straße.«

Mmmm … Ja, recht praktisch … Das hat schon etwas Nobles.

Hat es dir Spaß gemacht, in Guillaume Nicloux' Film Die Entführung des Michel Houellebecq *dich selbst zu spielen?*

Das ist lustig, weil die Entführer ihrer Geisel irgendwann überdrüssig sind. Eine Art umgekehrtes Stockholm-Syndrom. Wieder einmal werde ich meinem Ruf als Tausendsassa gerecht! Gut, ich muss darauf hinweisen, dass ich an der Platte von Jean-Louis Aubert streng genommen nicht beteiligt war. Das Projekt hat mich begeistert, aber ich habe nichts dazu beigetragen.

Zugleich sind deine Gedichte in die prestigeträchtige Sammlung »Poésie/Gallimard« aufgenommen worden. Die Verfasserin des Vorworts Agathe Novak-Lechevalier schreibt über dich, du würdest eine Kunst der Kollision entwickeln. Was du so zusammengefasst hast: »Etwas Religiöses schreiben und dabei die Existenz von Tiefgaragen einbeziehen.«

Das war eine Herausforderung! Mein Problem war, die Reihenfolge der Gedichte in dieser Anthologie festzulegen: Immer, wenn ich ein Gedicht ausgezeichnet fand, habe ich – *zack!* – den entsprechenden Teil geändert. Es war wie beim Film- oder Tonschnitt. *Non réconcilié* ist wirklich mein *Best of.*

Soweit ich weiß, hast du einen Roman auf Kuba und einen in Thailand geschrieben. Schreibst du absichtlich in Ländern, in denen kein Französisch gesprochen wird?

Ich muss in meiner Sprache allein sein. Ich verständige mich den ganzen Tag lang nicht in meiner Sprache. Das Französische ist für das Schreiben reserviert, das ermöglicht, die Konzentration aufrechtzuerhalten.

Wie beginnst du einen Roman? Entscheidest du dich für ein bestimmtes Thema, oder wartest du auf Inspiration?

Mmmm … Man beschäftigt sich mit gewissen Dingen, die ersten Seiten stellen sich ein, und dann macht man weiter. Und ab geht's!

Du hast mir oft gesagt, dass du lange Romane magst, weil sie es einem ermöglichen, sich einzurichten, es sich bequem zu machen, um Dinge zu entwickeln, Figuren zu folgen …

Vielleicht ist es ein Fehler, aber diesmal versuche ich noch mehr als sonst, perfekt zu sein, also korrigiere ich ständig Dinge. Und darum wird der nächste Roman kürzer sein als die anderen.

Ah, das ist gut!

Was heißt »das ist gut«?

Äh … ich bin ein bisschen lesefaul.

Du bist beleidigend! Sag doch gleich, dass dich meine dicken Bücher ankotzen!

(lacht) *Hat der Prix Goncourt dein Leben verändert?*

Nein, kein bisschen. Mein nächster Roman wird nicht im September erscheinen, das ist der einzige Unterschied.

Mein Buch erscheint im September.

Du könntest den Goncourt noch bekommen.

Ausgeschlossen, ich bin Juror beim Prix Renaudot.

Ach, wie bescheuert! Warum machst du so einen Blödsinn? *(lacht)*

So habe ich eine Entschuldigung dafür, dass ich ihn nie kriege! Nachdem du einige Jahre in Irland gelebt hattest, bist du vor einem Jahr nach Frankreich zurückgekehrt, in ein Hochhaus, das an einen New Yorker Wolkenkratzer erinnert, mit Blick auf chinesische Schriftzüge. Du lebst wie in Blade Runner, *im XIII. Arrondissement von Paris!*

Das hat zwei Aspekte. Zum einen wollte ich in Frankreich leben, ohne das Gefühl zu haben, in Frankreich zu sein. Zum anderen kann ich durch die Nähe zur Autobahn das Land sehr schnell verlassen.

Du bist nicht froh, in dein Heimatland zurückgekehrt zu sein?

Ich fühle mich in Frankreich ausgesprochen unwohl. Seit meinem Weggang hat es einige zusätzliche Einschränkungen gegeben. Es ist unglaublich, wie die Regierung offensichtlich das Unglück der Menschen zu vergrößern sucht, in vielleicht beispiellosem Ausmaß. Ich bin traurig über den Zustand meines Landes. Soll ich dir etwas sagen? Ich befürchte einen Bürgerkrieg. Momentan herrschen große Spannungen. Es kann jeden Augenblick zum Ausbruch kommen.

Man kennt den Begriff der »sozialen Kluft«; du bist als der Romancier der »sexuellen Kluft« bekannt. Wie denkst du über das Gesetz, das den Besuch von Prostituierten unter Strafe stellt?

Das ist schlichtweg eine Schweinerei. Ich kenne einige Prostituierte, und gar nicht mal als Freier, sondern als Freund. Sie haben immer noch leichte Schuldgefühle, denn einige von ihnen haben mir erzählt, dass sie sich viel Blödsinn kaufen, Designerklamotten und so weiter, um etwas Buße zu tun und das Geld schneller loszuwerden. Abgesehen davon, lieben sie ihren Beruf, und diese Mädchen an dessen Ausübung zu hindern, ist eine erstrangige, wirklich beachtliche Schweinerei; dass die Prostituierten gar nicht gefragt werden, ist eine tragische Infantilisierung. Was die Verhängung von Bußgeldern für die Freier angeht, das ist menschlich widerwärtig. Eine Regierung, die so etwas tut, kann ich nicht ertragen, das ist einfach unmöglich.

Aber wie wäre der von dir angekündigte Bürgerkrieg zu verhindern?

(Im Tonfall de Gaulles) Ich feile am Entwurf einer neuen demokratischen Verfassung. Ich habe mit Sarkozy darüber gesprochen, dem ich wirklich zugetan bin. Es ist ziemlich ungewöhnlich, in *Lui* eine politische Kampagne zu lancieren, aber ich verfüge nicht über viele seriöse Meinungskanäle, und außerdem muss man die alten Gewohnheiten ändern.

Wir sind ganz Ohr.

Nun, zunächst einmal möchte ich durch Abschaffung des Parlaments die einheitliche Direktdemokratie einführen. Meiner Meinung nach muss der Staatspräsident auf Lebenszeit gewählt werden, doch das Amt muss ihm per Volksabstimmung jederzeit wieder entzogen werden können. Die dritte wichtige Maßnahme: Das Amt des Richters muss per Wahl vergeben werden können (natürlich an Juristen, man könnte nicht jemanden wie beispielsweise dich wählen).

Ich möchte dich darauf aufmerksam machen, dass ich ein Jurastudium an der Universität Panthéon-Assas abgeschlossen habe!

(schmunzelt über meinen Protest) Vierte Maßnahme: Der Staatshaushalt wird von den Bürgern festgelegt, die jährlich ein Formular zum Ankreuzen ausfüllen müssen. Das Volk entscheidet, welche Ausgaben es als vorrangig erachtet. Anhand eines Mittelwerts wer-

den den einzelnen Ministerien die Gelder zugeteilt. Wir brauchen mehr direkte Demokratie, wenn wir aus der Krise der politischen Repräsentation, in der wir uns befinden, herauskommen wollen. Wenn meine Maßnahmen nicht umgesetzt werden, steuern wir auf eine Katastrophe zu.

Willst du der neue Michel Debré werden?

Rousseau hat für Polen einen Verfassungsentwurf erarbeitet. Dies ist »mein Entwurf für Frankreich«.

Das Amüsante an dir ist, dass du ein fast schon christlicher, romantischer Moralist bist, den die ganze Welt für einen dekadenten und atheistischen Nihilisten hält.

Ja, das ist sehr merkwürdig, aber mmm ... Es ist ein Rätsel. Ich meine, wenn du dir beim Warten auf den TGV eine Zigarette ansteckst, wirst du sofort als Nihilist hingestellt. Das Wort »Nihilist« hat eine exakt umrissene historische Bedeutung, die auf das Russland des 19. Jahrhunderts zurückgeht. Das sind jene Revolutionäre, die sich gesagt haben: »Wir wissen nicht, wodurch wir es ersetzen werden, aber es muss alles zerstört werden, besser als vorher wird es in jedem Fall.« Ich bin kein Nihilist, im Gegenteil, ich bin ein Konservativer wie Benoît Duteurtre.

Ihm ist es zu verdanken, dass wir uns kennen, weißt du. Er hat mich zu diesem Treffen der Zeitschrift L'Atelier du roman *im Lucernaire mitgenommen, 1994 muss das gewesen sein. Philippe Muray war da, Lakis Proguidis, Milan Kundera und du.*

Ja, diesen Autoren war gemein, dass sie gegen die »politische Korrektheit« ankämpften. Heute will man den Ausdruck nicht einmal mehr in den Mund nehmen, es ist lächerlich geworden – aber für seine Redefreiheit zu kämpfen, hatte einen Sinn, und den hat es noch immer. Die »politische Korrektheit« ist seit zwanzig Jahren stetig auf dem Vormarsch. Man wird es müde, schlecht über diese Sache zu reden, aber die Sache selbst wird nicht müde, zu existieren. Ich kannte Philippe Muray: Zu seinen Lebzeiten war ich anderer Meinung als er, und heute merke ich, dass er tatsächlich mit allem recht hatte. Es ist furchtbar, was wir ertragen müssen.

Junge Leute, die den Quenelle-Gruß machen, sind eine Folge des Ausmaßes an »politischer Korrektheit«.

Natürlich! Meinst du, es macht mir Spaß, vor Gericht zu stehen, obwohl mich der Islam nie interessiert hat? Man muss arbeiten können, ohne Angst vor Zensur zu haben. Das Verbot ist eine Mechanik, die nie zum Stehen kommt. Es gibt jemanden, der im Augenblick sehr frei ist, und das ist Gaspard Proust. Ich mag ihn wirklich gern. Das ist eine der wenigen Sendungen, die ich mir immer ansehe, die fünf Minuten mit Gaspard Proust.

Ich kann ihn dir jederzeit vorstellen! Ah, aufgepasst, jetzt ist es an der Zeit für unsere neue Rubrik: Die Frage von Albert Camus.

Ah, ich höre.

Können wir uns Michel Houellebecq als einen glücklichen Menschen vorstellen?

Mmmm … ach … pff … Fröhlich, das ja. Glücklich, da würde ich eher zum Nein tendieren. Ich habe nur Bruchstücke des Glücks erlebt. Augenblicke der Freude.

Ich erinnere an den ersten Satz deines ersten Buches: »Das Leben ist schmerzhaft und enttäuschend.«[3]

Das ist gewiss kein Satz eines Optimisten. Glück, pff … Man muss sich Houellebecq als jemanden vorstellen, der nicht mehr schreibt; ich hoffe, das ist eine unangenehme Aussicht.

Du bist tendenziell für den technologischen Fortschritt (z.B. das Klonen von Menschen in Elementarteilchen *und* Die Möglichkeit einer Insel*). Wie denkst du über die transhumanistischen Utopien von Google?*

Ich habe unlängst binnen recht kurzer Zeit beide Eltern und meinen Hund verloren. Ich habe mich mit ihrem Tod nicht abgefunden. Könnten wir dreihundertfünfzig Jahre leben, wäre ich dafür: Es gibt noch so viele Bücher zu lesen. Vor Kurzem habe ich Theodor Fontane entdeckt, der ist großartig. Was hingegen an Google Glass interessant sein soll, verstehe ich nicht. Diese Kameras, die Menschen erkennen – das ist ziemlich erschreckend. Neulich hat mich in der Metro eine Werbung für eine Kontaktbörse entsetzt, in der es hieß: »Die Liebe kommt nicht durch Zufall.« Ich hätte gern gesagt: »Doch, genau das, lasst uns wenigstens noch den Zufall.«

Ich weiß noch nicht genau, auf welcher Seite du stehst. Bist du dafür, die Menschheit zu bewahren, oder befürwortest du eine »verbesserte« Menschheit?

Sagen wir, ich habe keine Lust, mich von den Humanisten verrückt machen zu lassen. Wenn sich die Menschheit verbessern lässt, warum nicht? Ich muss gerade an eine Konferenz denken, bei der ich in den Schmutz gezerrt und als Nazi hingestellt wurde, weil ich angeblich die Eugenik, die Genetik und so weiter verteidigt hätte. Da war ein Behinderter, der unter Schwierigkeiten ins Mikrofon sagte: »Ich … bin … eher … dafür …« Es war fürchterlich, und alle haben sich beruhigt. Es ist natürlich nicht lustig, eine seltene Erbkrankheit zu haben. Gut, es gibt immer noch eine

Grenze. Man sollte den Menschen auch nicht allzu sehr normalisieren, denn müsste er wirklich gut sein … dann wären weder du noch ich am Leben! *(Gelächter)*

Dieses interessante Gespräch hat mir eingetragen, dass ich in verschiedenen Artikeln scharf kritisiert wurde; ich erinnere mich insbesondere an zwei von ihnen – wohl aufgrund ihrer Merkwürdigkeit.

In dem ersten wurde ich als Wohlstandsbürger-Maurras bezeichnet. Man hat schon viele Kategorien erfunden, um mich zu beschreiben (Deprimist, Düsterist etc.), aber diese ist gewiss eine der seltsameren. Welchen Zusammenhang hat der Verfasser wohl zwischen Charles Maurras und der direkten Demokratie herstellen können? Das frage ich mich noch Jahre später.

Der zweite, nüchternere Artikel war tatsächlich noch verblüffender. Die Volksabstimmung, betonte der Autor, sei in Wahrheit ein schweres Hindernis für die schweizerische Wirtschaft; die Wirtschaftsführer beklagten sich aufgrund der ihr innewohnenden Gefahr der Unvorhersehbarkeit laufend darüber. Meines Wissens geht es der schweizerischen Wirtschaft nicht besonders schlecht, aber das ist nicht das Entscheidende. Entscheidend ist, dass ich noch nie bei irgendjemandem so eindeutig die Unfähigkeit wahrgenommen habe, eine Frage unter einem anderen als dem wirtschaftlichen Blickwinkel zu betrachten, ja sogar die Unfähigkeit, sich vorzustellen, dass ein anderer Blickwinkel überhaupt existieren kann.

Leider habe ich die Namen der Verfasser dieser beiden Artikel und selbst die der Presseorgane vergessen, in denen sie erschienen sind. Das ist schade – in gewisser Weise hatten sie es verdient, zu bleiben.

EIN HEILMITTEL GEGEN DIE DASEINSERSCHÖPFUNG

Der Text erschien erstmals als Vorwort
in: Marc Lathuillière, *Musée national,* Paris,
La Martinière, 2014.

Es kommt manchmal doch vor – selten, aber es kommt vor –, dass die zeitgenössischen Soziologen relevante Gedanken über die zeitgenössische Gesellschaft hervorbringen. Unter den ganz und gar neuen Phänomenen, die sich im Laufe des 20. Jahrhunderts entwickelt haben, ist dasjenige, für das sich in den vorherigen Jahrhunderten wirklich kein echtes Gegenstück finden lässt, eines der mehrdeutigsten und am wenigsten erforschten, zweifellos der Tourismus.

Ich hatte das Glück, den vor einigen Jahren vorzeitig verstorbenen Soziologen und Tourismusforscher Rachid Amirou kennenzulernen und so von einigen seiner Gedanken und Beobachtungen profitieren zu können, die er nicht mehr in Buchform hatte bringen können. Besonders verblüfft war ich über eine Anekdote, die sich in einem provenzalischen Dorf im Hinterland zutrug, wo die Rentner von der Gemeinde einen kleinen Betrag erhielten, *um ihren gewohnten Lebensstil unverändert fortzuführen*, so wie man ihn unter anderem aus den Filmen von Pagnol kennt: Boule spielen, auf der Terrasse eines Cafés im Schatten von Platanen Pastis trinken … ihre einzige ein klein wenig verbindliche Verpflichtung bestand darin, ihren Zeitplan auf die vorbeifahrenden Reisebusse mit ausländischen Touristen abzustimmen und sich von diesen Touristen bereitwillig fotografieren zu lassen.

Man muss sagen, dass unsere erste Reaktion darauf ein deutliches Unbehagen ist; es kommt uns vor, als würden diese provenzalischen Opis behandelt wie die Giraffenfrauen im Norden Thailands oder wie die Navajos in New Mexico, die ihre Regentänze für Armleuchter in Greyhound-Bussen aufführen müssen; es kommt uns vor wie eine Art *Angriff auf die Menschenwürde.*

In den Fotografien von Marc Lathuillière überträgt sich dieses Unbehagen auf besonders harsche Weise; so sehr, dass selbst die Lichtstimmung beunruhigend auf uns wirkt (auch wenn sie in Wahrheit stark wechselt).

Ist es auf einem Foto zu sehen, nimmt das menschliche Gesicht darin eine so wesentliche, so zentrale Stellung ein, dass es, selbst wenn man es mit einer Maske bedeckt (und nicht einmal einer gruseligen oder grotesken Maske, es handelt sich hier um eine zurückhaltende, realistische Maske, die keine andere Funktion hat, als den Gesichtsausdruck zu verbergen), sämtliche übrigen Elemente des Fotos kontaminiert und ihre Authentizität in Zweifel ziehen lässt. Das Unbehagen steht in Beziehung zur Viehzucht oder der Nahrungsmittelindustrie (sind wir so erschrocken darüber, *was wir auf unseren Tellern haben*?). So kann man nicht umhin, zu argwöhnen, dass das unglückliche »Landgeflügel« trotz seiner unbestreitbar kotbeschmierten Bauchfedern eine Spielzeuggans ist, dass es sich bei den Würsten der »Sauerkrautplatte« um Ausstellungsstücke, Plastikwürste handelt und die »Schalentiere« aus einer Daily Soap wie zum Beispiel *Plus belle la vie* stammen.

Doch das Unwohlsein, das die Fotografien von Marc Lathuillière hervorrufen, erscheint mir umso heimtückischer und nachhaltiger, wenn ihr Sujet nicht das Berufsleben ist, sondern den Privatbereich berührt. *La communion* (»Die Heilige Kommunion«) bereitet mir tiefes Unbehagen (und ich frage mich im Übrigen, ob der Priester gut daran getan hat, sich dafür zur Verfügung zu stellen). Auch das Familienleben gehört nicht zu den Realitäten, die sich gefahrlos in ein *Rollenspiel* verwandeln lassen. Wobei man unterscheiden muss. *Au salon Lafayette* (»Im Wohnzimmer der Lafayettes«) verursacht kaum Unbehagen, zumal die Aristokraten ungefähr seit Ludwig XIV. keine andere gesellschaftliche Funktion mehr haben, als ihre Aristokratenrolle zu spielen. Aber *L'heure du coucher* (»Schlafenszeit«) ist wahrhaft quälend – diese Familie (die man sich als durchschnittliche Katholiken vorstellt, Mitte-links-Wähler, *Ouest-France*-Leser, die sich an humanitären Aktionen zugunsten von Haiti beteiligen) lässt sich nicht problemlos darauf reduzieren, *die Rolle einer Familie zu spielen.*

Wir haben es also auf den ersten Blick mit einem Werk zu tun, das einer endgültigen Denunziation gewidmet ist: Frankreich hat aufgehört, sich fortzuentwickeln, es hat sich für den Stillstand entschieden, dafür, nicht weiter an der Fortentwicklung der Welt teilzunehmen, wir alle sind nicht nur Touristen im eigenen Land, sondern Darsteller im Dienste des Tourismus; die Franzosen in ihrer Gesamtheit haben sich bereit erklärt, zur großen Freude des internationalen Tourismus *ihre Rolle als Franzosen zu spielen*.

Das mag sein, aber ist es eine solche Katastrophe? Im Gespräch mit Marc Lathuillière habe ich erfahren, dass sich die Mehrheit seiner Fotomodelle ohne Zögern, ja mit Vergnügen bereit erklärt hat, sich an der Übung zu beteiligen, ihre eigene berufliche (oder gar familiäre) Rolle zu spielen, nachdem sie eine Maske aufgesetzt hatte – obwohl es die meisten Menschen hassen, fotografiert zu werden, wie man weiß; für ein Foto zu posieren, ist für sie ein Martyrium. Und ich hasse es selbst, fotografiert zu werden, ich bin das schlechteste Modell, das es gibt, ich begreife nicht, was der Fotograf will, und ich will es auch nicht verstehen, nach fünf Minuten kommt es mir vor, als würde die Sitzung schon Stunden dauern. Zugleich weiß ich, dass auch ich recht schnell bereit gewesen wäre, eine Maske aufzusetzen und meine eigene Rolle zu spielen. Ich nehme an, in Marc Lathuillières Projekt wäre ich der »Literat« gewesen, der im Café de Flore vor einem Kaffee sitzt und Gitanes raucht. Nun, ich hätte es getan, sogar mit einem gewissen Vergnügen (wobei das etwas anachronistisch ist, man darf im Flore keine Gitanes mehr rauchen und auch sonst nirgends mehr, ich bin mir nicht einmal sicher, ob Gitanes überhaupt noch frei verkauft werden dürfen, man hätte das Foto vorher machen müssen).

Der Unterschied ist, dass der gewöhnliche Fotograf uns bittet, *zu sein*, und dass es anstrengend ist, zu sein (mit der zusätzlichen Erschwernis, dass der Fotograf vorhat, unser Sein, als wäre das überhaupt möglich, mit einem Objektiv abzubilden). Wohingegen Marc Lathuillière uns bittet, unsere eigene Rolle zu spielen, was mal amüsant und mal anstrengend sein kann, je nachdem. Offensichtlich muss man auf der Hut sein, für welche Rolle man sich entscheidet (denn was man spielt, das wird man auch bald), aber es ist eine Wahl, die im Leben auf die eine oder andere Art getroffen werden muss, während die Fotografie dazu neigt, uns andauernd auf indiskrete Weise an jene schmerzliche Verpflichtung zum Sein zu erinnern, eine unerträgliche Aufforderung zur Tiefgründigkeit auszusprechen. Und all das, um insgesamt trotz allem ein dämliches Klischee hervorzubringen.

Ich habe nie wirklich verstanden, wie man sich Sisyphus als glücklich vorstellen soll; Sisyphus erscheint mir ganz offensichtlich unglücklich, da er vergebliche, repetitive *und unangenehme* Handlungen ausführt; das Wesen, das vergebliche, repetitive *und angenehme* Handlungen ausführt, aber erscheint mir ganz offensichtlich glücklich. Man muss Sisyphus, der den Stein vor sich her rollt, nur mit einem kleinen Hund vergleichen, der auf einer Treppe mit einem Ball spielt, um zu verstehen, worauf ich hinauswill. Offenbar hatte Camus unklare und unsinnige Vorstellungen von der menschlichen Würde.

Nein, wenn ich an die Fotografien von Marc Lathuillière denke, kommt mir nicht in erster Linie die »absurde Literatur« in den Sinn, sondern eher jene seltsamen Science-Fiction-Kurzgeschichten, in denen die in einer Zeitspalte gefangenen Figuren gezwungen sind, für immer und ewig dieselben Handlungen auszuführen (ich habe keine konkreten Beispiele oder Belege parat; meine Erinnerung an diese Geschichten ist so deutlich, dass ich sie wahrscheinlich erfunden habe). In jedem Fall spielen diese Geschichten bei gutem Wetter, unter einem gleichförmigen und vollständig blauen Himmel. Gewitter oder Wolken erzeugen Drama; aber die Tragödie des absoluten Glücks erfordert ein unveränderliches Azurblau.

GESPRÄCH MIT MARIN DE VIRY UND VALÉRIE TORANIAN

Dieses Gespräch erschien
im Juli 2015 in der Zeitschrift
Revue des Deux Mondes.

Im Zuge der Vorbereitung auf dieses Gespräch haben Sie den Wunsch geäußert, über die Aufhebung des cartesianischen cogito *»Ich denke, also bin ich« in* Unterwerfung *zu sprechen. Warum?*

Ich war im Großen und Ganzen recht zufrieden mit der Behandlung, die dieses Buch in den französischen Medien erfahren hat. Von all dem, was geschrieben wurde, werden mir zwei Artikel im Gedächtnis bleiben. Der erste ist »J'irai cracher sur votre monde« (»Ich werde auf eure Welt spucken«) von Nelly Kaprièlian (in der Zeitschrift *Les Inrockuptibles*), der die Absicht von *Unterwerfung* gut zusammenfasst. Sie zeigt auf, dass es in diesem Buch nicht im Wesentlichen um den Islam geht, sondern in Wahrheit und wie gewohnt um einen erbitterten Angriff auf den heutigen Westen. Der zweite ist »*Soumission*, la littérature comme résistance« (»*Unterwerfung*. Literatur als Widerstand«) von Agathe Novak-Lechevalier, erschienen in *Libération*, der das Thema des cartesianischen *cogito* erörtert. Sie äußert darin die interessante Idee, dass die Hauptfigur (François) irgendwann denkt: »Ich bin nicht. Warum sollte ich denken?« Das »Ich bin« ist der problematische Teil der Formel. Die Kontraposition zu »Ich denke, also bin ich« ist tatsächlich »Ich bin nicht, also denke ich nicht.«

Die Konstruktion von *Unterwerfung* wurde, obgleich von großer Einfachheit, kaum erkannt. Ich nehme meinem Protagonisten nach und nach alles weg, beraube ihn: seiner Lebensgefährtin Myriam, seiner Eltern, einer Arbeit, die ihm trotz allem noch eine gewisse Befriedigung und ein gewisses Sozialleben verschaffte, auch seiner möglichen Konversion, die in Rocamadour scheitert, und schließlich nehme ich ihm Huysmans (ich habe tatsächlich festgestellt: Wenn man das Gefühl hat, wirklich gründlich über einen Autor geschrieben zu haben, so wie mein Erzähler über Huysmans, kann man ihn nicht mehr lesen). Wenn man jemandem alles nimmt, existiert er dann noch? Descartes mit seinem bizarren Optimismus würde das ohne Zögern bejahen. Ich bin nicht ganz dieser Ansicht: Sein heißt in Relation sein. Ich glaube nicht an das freie, alleinstehende Individuum. Ich reduziere meinen Protagonisten also, ich lösche ihn aus. Warum sollte er daher über Denkfreiheit verfügen? Warum sollte er nicht einfach dem zustimmen, was man ihm unterbreitet?

Ist sein Bekenntnis zum Islam allein durch seine Auslöschung und seine Einsamkeit zu erklären?

Nachdem all seine Gründe zu leben ausgelöscht sind, bleiben Hautkrankheiten und praktische Probleme. Außerdem gelingt es Rediger, ihn zu überzeugen, dass ein Gott existiert und dass die Hand dieses Gottes vermittels ernster gesundheitlicher Probleme schwer auf ihm zu liegen kommen kann. Widerstand würde also wahren Heldenmut erfordern. Der Umstand, nicht wirklich zu existieren, ist in vielen meiner Bücher präsent, aber *Unterwerfung* ist das einzige, in dem ich diesen allmählichen Übergang in die Nichtexistenz beschreibe.

Was heißt »nicht existieren«? Anderen nichts entgegenzusetzen haben, keine Behausung zu haben, keinen Ort, kein inneres Leben oder überhaupt irgendein Leben, nicht zu wissen, was man tun, was man aufbauen soll, nicht in Bezug zu etwas zu stehen, keine Wirkung auf die Welt zu haben?

»Keine Wirkung auf die Welt haben« fasst es gut zusammen. Die Welt kann nichts für dich tun, und du kannst nichts für sie tun.

Der Erzähler ist Professor an der Sorbonne: Ist diese »Nichtexistenz« an sein Milieu gebunden?

Das ist ein sehr weit verbreitetes Phänomen, aber viel auffallender ist es bei jemandem, der zur Elite zählt. Das trifft im Übrigen auch auf Huysmans selbst zu. Man muss sich einmal die Passagen in *Tief unten* vergegenwärtigen, in denen er mit den Carhaix in einem Turm von Saint-Sulpice zu Abend isst – das sind für mich die abgründigsten Stellen bei Huysmans. Man erkennt, dass seine Ansprüche letztlich nicht so erheblich waren. Sicher, er empfindet Bewunderung für die Heiligen, die gierig die Wunden der Leprakranken aussaugen, und dergleichen. Aber in seinem tiefsten Inneren gibt es dieses Ideal des Kleinbürgers, der gern ein gewöhnliches häusliches Leben hätte, ein paar Freunde – nicht zu viele –, schöne kleine Mahlzeiten zubereiten. Er, der in gesellschaftlicher Hinsicht eine gewisse Gipfelstellung eingenommen hatte – er war der erste Präsident der Goncourt-Akademie, das ist nicht unbedeutend –, hat nicht einmal diese einfache Sache geschafft. Das ist beunruhigend.

Ist das das Ideal des Gläschens Weißweins in der Gartenlaube?

Eher des klassischen Potaufeu … In der französischen Literatur gibt es zwei schöne Schilderungen von Eintopfgerichten, bei Huysmans und bei Proust. Kein anderes Gericht kann sich einer solchen literarischen Vergangenheit rühmen; über Bœuf Bourguignon oder Kalbsragout gibt es nichts Entsprechendes.

Ist dieses kleinbürgerliche Streben nach Glück lächerlich?

Ich finde es eher anrührend. Aber ich bin auf der Seite von Huysmans und nicht von Bloy, das habe ich schon einmal gesagt und kann es gern wiederholen. Ich bin für einen ausgewogenen Katholizismus.

In welchem Ihrer Romane wird die massive Abschaffung des cartesianischen cogito *am besten heraufbeschworen?*

Die erste Konsequenz dieser Abschaffung ist eine Art Nachlassen des Willens. Wenn ich nicht bin, will ich weniger. Oft werden *Lebendig bleiben* oder *Ansätze für wirre Zeiten* genannt, in denen ein gewisser Willensverlust unserer Zeitgenossen offengelegt wird, eine Art Zerstreuung. Eine Person ist nicht mehr in der Lage, einen organisierten, beharrlichen Willen zu haben, ein Ziel zu verfolgen. Sie lässt sich von den Umständen leiten, und daher reagieren meine Figuren in der Regel nur wenig. Ich werde dafür kritisiert, dass der Erzähler nicht versucht, Myriam zu halten, aber er hat das Gefühl, im Grunde nichts dagegen ausrichten zu können, dass sie ihn verlässt.

Der Erzähler von Unterwerfung *hat schon vor Jahren aufgehört, über Huysmans' Bücher nachzudenken. Er kennt sie auswendig, aber er denkt nicht mehr darüber nach.*

Er tut es immerhin noch einmal, als er sein Vorwort schreibt; ganz so klar getrennt ist das nicht. Die Literatur ist noch immer ein Mittel, dem Leben zu entfliehen, wenn auch nicht das einzige. Der Michel in *Elementarteilchen* denkt viel über sein Tätigkeitsfeld, aber nicht über sein Leben nach. Er betrachtet sich nicht als einen Willenskern, der Ziele verfolgt, Entscheidungen trifft, über sein Leben bestimmt. Wenn man eine Einteilung meiner Figuren vornehmen müsste, dann wären da auf der einen Seite diejenigen, die ein Interesse am Leben außerhalb ihres eigenen Lebens haben, ein intellektuelles Interesse wie beispielsweise Michel oder Jed in *Karte und Gebiet*, was ihnen ermöglicht, kaum zu leben, ohne dass ihnen das allzu viele Probleme bereiten würde. Auf der anderen Seite wären diejenigen, die in ihrem Leben keinerlei Interessen als das Leben selbst haben und sich unberechenbarer verhalten, so etwa Bruno oder der Erzähler von *Plattform*. François liegt ungefähr dazwischen, würde ich sagen.

Ist diese Zersetzung des cogito *und des »Ich bin« des Einzelnen gravierend, und ist sie etwas Neues?*

Der Begriff »Anomie« trifft hier zu. Es ist gravierend in dem Sinne, dass es alle unglücklich macht. Und es ist eine Frage des Alters, nicht des Milieus ... Bis zu einem bestimmten Alter können die Unstetigkeit und die Vielfalt eine Ablenkung darstellen. Dann stellt sich Müdigkeit ein und auch die Abnahme der Lebensmöglichkeiten.

Aber das ist eine Welt, in der nur noch die Zerstreuung im pascalschen Sinne regiert, das Verlangen, fortwährend außerhalb seiner selbst zu sein ...

Ich möchte darauf hinweisen, dass ich in dieser Hinsicht eine ziemliche Ausnahme darstelle, da mich der Umstand, weniger auszugehen, also in meinem Zimmer bleiben zu können, kein bisschen betrübt.

Betrübt es Sie, in der Außenwelt zu sein?

Ja. Aber wie Schopenhauer sagte, muss man ein Minimum an sozialen Kontakten aufrechterhalten, so wie man sich wieder an die Kälte gewöhnen muss, wenn der Winter kommt. Ein bisschen wie Sozialhygiene.

Aber es wäre eine Versuchung, alle Kontakte abzubrechen und allein mit seinen Büchern im Zimmer zu bleiben?

Ja, das ist eine echte Versuchung. Dank ihr habe ich gerade zum ersten Mal im Leben Joseph de Maistre gelesen. Die Gedanken, die er gegen den Protestantismus entwickelte, haben mir sehr gefallen. Aber dass er in seinen Vorlieben und selbst seinem Schreibstil so sehr dem 18. Jahrhundert verpflichtet ist, hat mich doch überrascht. Er muss wirklich unglücklich gewesen sein, denn wenn er sich die romantische Revolution zu eigen gemacht hätte, hätte er eher mit seinen eigenen Ansichten übereingestimmt. Die Romantik war konterrevolutionär. Warum hat er sich also an den klassischen Stil geklammert? Er muss darunter gelitten haben. Man spürt zum Beispiel, dass es ihm im Vergleich zu Voltaire nicht gelingt, die offene Verachtung Mussets zu teilen: »Voltaire, schläfst du denn auch zufrieden und gelassen? / Grinst auch dein Lächeln noch um die entfleischten Zähne?«[4] Obwohl das 18. Jahrhundert für de Maistre die Hochblüte allen Übels ist, gelingt es ihm in seinem tiefsten Inneren nicht, sich von diesem Jahrhundert zu lösen. Das ist schade, denn in Ermangelung eines leuchtenden spirituellen Ziels zur Rechten haben die Romantiker, die eher Künstler als Denker waren, sich letztlich zur Linken hin entwickelt.

Trägt das aus dieser massiven Anomie resultierende Unglück Gewalt in sich?

Faktisch lässt sich jede gewalttätige Handlung als ein Mittel betrachten, der niederschmetternden Anomie zu entkommen. Terrorismus und Militanz sind Mittel der Sozialisation. Es muss sehr schön sein, gemeinsame Augenblicke zu erleben, heftige Augenblicke im Widerstand gegen die Polizei ... Das Gefühl, gegen alle anderen vereint zu sein. Man wächst, ist stärker verbunden, wenn man viele Feinde hat. Das schafft echte Beziehungen, eine starke Freundschaft, ja sogar Liebe im Fall der Ehefrauen von Dschihadisten.

Die Anziehungskraft des Helden?

Schon möglich, aber wenn ich das bejahe, wird das noch als sexistisch aufgefasst. »Die Frau findet durch den Mann zu Gott.« ... Ich weiß nicht mehr, wer das gesagt hat.

Gibt es in der Welt der Anomie kein Werk mehr?

Das Werk interessiert schon heute kaum noch irgendwen.

Die Arbeit des Handwerkers, die Arbeit des Musikers – durch seine Erzeugnisse auf die Welt einzuwirken ...

Das Handwerk hat stark abgenommen ...

Ist diese Welt der Anomie jüngeren oder älteren Ursprungs?

Sie ist jüngeren Ursprungs. Mitte des 20. Jahrhunderts ist Frankreich noch sehr stark von Landwirtschaft und Handwerk geprägt. Nach 1945 gab es einen Schub. Er lässt sich auf die »Trente Glorieuses«, die dreißig glorreichen Nachkriegsjahre, zurückführen. Autoren wie Jean-Louis Curtis, den ich sehr mag und der vor nicht allzu langer Zeit verstorben ist, haben diesen Wandel festgestellt. Vor dem Zweiten Weltkrieg ist Frankreich, auch wenn Marx schon sah, was sich abzeichnete, eine sehr ländlich geprägte Nation.

Und diese Unterwerfung, diese Frustration, können Sie die zeitlich einordnen?

Es gibt da eine Begeisterung für die industrielle Welt, die sich im Augenblick der ersten Krise, um genau zu sein, im Jahr 1973, Bahn zu brechen beginnt. Es sind also immerhin vierzig Jahre. Das ist alt, aber auch wiederum nicht sehr alt. Jemand, der schon so alt ist wie ich, könnte sich fast daran erinnern, was davor gewesen ist. Fast: Ich erinnere mich nicht, in einer Welt ohne Krise gelebt zu haben. Aber wäre ich nur ein wenig älter, würde ich mich daran erinnern.

Aber hat diese Anomie nicht mit einer Erschöpfung zu tun, die daraus resultiert, permanent in einer Welt im Krisenzustand zu leben? Was nützt das Nachdenken, wenn man doch nur feststellt, dass die Gegenstände, über die man nachdenkt, rasch hinfällig werden?

Ich weiß nicht, ob ich konservativ bin, aber ich glaube nicht, dass der Mensch – ebenso wie die anderen Tiere – für das Leben in einer sich ständig verändernden Welt gemacht ist. Daher ist das fehlende Gleichgewicht, das Fehlen eines Vorhabens zur Schaffung eines Gleichgewichts, an sich unerträglich. Die Vorstellung eines permanenten Wandels macht das Leben unmöglich.

Sie scheinen der Ansicht zu sein, dass die Verbindung aus Mann und Frau seit der sexuellen Befreiung nicht mehr lebbar ist: zu viel Wandel, zu viel Destabilisierung auf beiden Seiten?

Man muss doch nun einmal feststellen, dass es nicht gut funktioniert. Wenn ich sage, dass eine Beziehung schlechte Grundbedingungen hat, weil wir von Anfang an davon ausgehen, dass sie mit der Zeit hinfällig wird – und das ist bei Beziehungen zwischen Mann und Frau oft der Fall –, dann kommen dabei interessante Bücher heraus; auf eine Geschäftsbeziehung trifft das auch zu, aber die Bücher sind langweiliger.

Ist der Management-Diskurs, der in einem Lob auf die stete Veränderung und die im Wandel begriffene Welt besteht, Ihrer Meinung nach eine Sünde gegen die menschliche Verfassung?

Ja, das stützt sich auf den Taoismus und dergleichen, und das zu Recht ... Es ist keine Sünde gegen die menschliche Verfassung, sondern gegen unsere Zivilisation, die beständige, dauerhaft gültige Entitäten schaffen will.

Deshalb ist der Buddhismus in Unternehmen so angesagt. Man relativiert die Perspektive der Auslöschung – im Grunde ist es eine gute Vorstellung, dass all das aufhört ... Man muss sich verändern können, muss drei oder vier Berufe statt einem ausüben können ...

Nun ja, das ist auch ein falsches Verständnis von Buddhismus. Ich denke, der Taoismus wäre tatsächlich besser für die Unternehmen. Man muss wandelbar bleiben, man darf keine festgelegte Identität besitzen, muss sich anpassen, vielgestaltig sein, die Position wechseln, wenn es verlangt wird ...

Sie sind kürzlich aus Asien zurückgekehrt. Lässt sich Ihr Schema auch auf diesen Teil der Welt anwenden, oder ist Asien nicht doch viel zukunftsorientierter?

Ich war nicht lange in Asien, aber ich vermute, das ist überall auf der Welt gleich.

Aber der kollektive Nationalismus, den man beispielsweise in China oder Russland beobachten kann, ist ein Geisteszustand, der sich von der abendländischen Anomie unterscheidet. Das Verhältnis zwischen Individuum und Gemeinschaft ist nicht von Spaltung, von Desinteresse, von Bezugslosigkeit geprägt …

Ehrlich gesagt, weiß ich darüber nicht sehr viel. In Russland wird wenig produziert. Die Russen sind Patrioten, sie lieben ihren Präsidenten. Das ist etwas seltsam. Im Allgemeinen hört man auf, patriotisch zu sein, wenn das Land den Bogen überspannt. In Frankreich hat es dafür einen Krieg gebraucht. In Deutschland haben sie zwei Kriege gebraucht, um nicht mehr patriotisch zu sein. In Russland hat es nur einen gegeben. Sie haben viel Blut gelassen. Vielleicht braucht es einen zweiten, damit sie aufhören, Patrioten zu sein.

Wladimir Putin bündelt seine Kräfte, er ist im Begriff, das Staatsgerüst umzustrukturieren, um es für seine eigenen Zwecke zu vereinnahmen …

Mit einer politischen Basis, die offenbar existiert, ja, aber wird sie weiterexistieren, wenn es zu viele Tote gibt? Im Augenblick ist er in keine allzu mörderischen Operationen verwickelt.

Den Franzosen liegt die Freiheit am Herzen. Zumindest die Redefreiheit, wenn man sich die Mobilisierung vom 11. Januar ansieht …

Diese Demonstrationen waren beeindruckend und aufrichtig. Ich bin auch eher für die Redefreiheit.

Was halten Sie von dem Slogan »Je suis Charlie«?

Er ist nicht der erfolgreichste in der Geschichte, aber er spiegelt eine Realität wider: Die Menschen hängen an einer gewissen Art von Freiheit. Sie wollen sich darauf verlassen können, am Kiosk eine Satirezeitschrift zu finden. Das ist eine Grundfreiheit, die noch nie so brutal und so offen angegriffen wurde. Diese massive Reaktion hat mir doch sehr gefallen.

War das eine Demonstration des Wunsches, diese Freiheit zu schützen, oder eine Demonstration von Identität?

Mit Identität hat das gar nichts zu tun. Es ist nur so, dass Cabu und Wolinski sehr bekannt waren und jeder in etwa wusste, wer sie waren und dass sie manchmal provokante Sachen gemacht haben. Jeder hatte schon einmal irgendwo eine Zeichnung von ihnen gesehen; das ist es also, was den Nerv getroffen hat.

Wo ist die Balance zwischen Redefreiheit und Provokation? Man hat den Journalisten von Charlie Hebdo *vorgeworfen, zu weit gegangen zu sein: Muss die Redefreiheit eingeschränkt werden?*

Es gibt Dinge, die zu weit gehen. Ich bin für eine gewisse Zensur in gewissen Bereichen, aber hier ist man nicht zu weit gegangen. Wie dem auch sei, sagen wir, sie waren an diese Ausdrucksfreiheit gewöhnt, das waren Leute, die die Sechziger- und Siebzigerjahre miterlebt hatten, und die Franzosen sind ebenfalls daran gewöhnt. Darum haben sie die Ereignisse schockiert und mich auch.

Was hätte der Protagonist von Unterwerfung *am 11. Januar getan?*

Wahrscheinlich gar nichts. Er wäre zu Hause geblieben und hätte ferngesehen, im Fernsehen sieht man Demonstrationen besser.

Sie sagen, die Proteste hätten Sie bewegt. Aber haben Sie gedacht: »Sieh an, es kann etwas geschehen, es kann sich etwas ändern«, oder stellt diese Mobilisierung nur einen Augenblick dar und nichts weiter?

Was sollte denn Ihrer Meinung nach passieren? Objektiv betrachtet, passiert nichts. Diese Demonstration hat eher die Auftraggeber der Attentate gefreut. Die beglückwünschen sich zu dem gelungenen medialen Coup. Was die Mehrheit der Franzosen denkt, ist nicht ihr Problem.

Trotzdem wurde dadurch eine politische Grundlage geschaffen, um das Budget für Armee, Polizei, Gendarmerie aufzustocken ...

Ja, das stimmt. Das ist eine interessante praktische Auswirkung.

Haben Sie diese Periode als schrittweisen Eintritt in einen Kriegszustand empfunden?

Der eigentliche Beginn war im Jahr 2001. Es ist wie eine Fortsetzung, aber diesmal ist etwas Interessantes passiert. Es gibt da eine Position, die sich seit 2001 gut etabliert hat, »bloß nicht über einen Kamm scheren, nur keine Stigmatisierung, der Islam ist eine Religion des Friedens, der Toleranz und der Liebe, diese Menschen sind keine Muslime, das sind seelisch Gestörte, wahrscheinlich mit alleinerziehenden Eltern und in sehr schwierigen finanziellen Verhältnissen aufgewachsen«, etc. Im Januar war das wieder zu hören wie üblich, aber erstmals wurde mit Gähnen und Spott darauf reagiert. Das ist etwas Neues. Es gab bei gewissen Intellektuellen, die sofort, aber vergeblich, zurechtgewiesen wurden, eine Art Versuchung der Freiheit. Zum Beispiel Michel Onfray, der Manuel Valls als Trottel bezeichnet. »Trottel« war das richtige Wort, und ich weiß es sehr zu schätzen, wenn jemand das richtige Wort trifft. Ganz allgemein hat es bei einigen Intellektuellen Freiheitsbestrebungen gegeben.

Auch ein Streben danach, die Wahrheit auszusprechen?

Ja, das Offensichtliche nicht zu leugnen.

Hat es da einen Einschnitt gegeben, einen Funken, einen Wendepunkt? Haben Sie damit gerechnet?

Es ist interessant, und es hat mich angenehm überrascht. Die totale Vorherrschaft der Linken über die Intellektuellen dauert seit 1945 an. Das sind immerhin siebzig Jahre. Man konnte schon glauben, es würde ewig so bleiben, und hier gab es einen klaren Bruch.

Hat der 11. Januar Ihrer Meinung nach einen Block geschaffen, eine Front, die das Wesentliche dessen bewahren will, was den politischen Hintergrund Frankreichs ausmacht?

Es wird einen Block geben, ja. Aber das wird nicht ausschlaggebend für das Gelingen des Vorhabens sein.

Wenn man in Unterwerfung *von den Mauscheleien vor der Präsidentschaftswahl liest, bekommt man den Eindruck einer verantwortungslosen politischen Klasse. François Bayrou …*

… François Bayrou ist davon überzeugt, eine nationale Bestimmung zu haben, er ist zu allem bereit, um sie zu verwirklichen, selbst wenn er die politische Rechte in seinem Sturz mit sich reißen muss; er ist in der Tat verantwortungslos.

Ein wenig wie Lamartine …

Ja … Aber Lamartine konnte zumindest schön daherreden. Bei Lamartine ging es im Grunde weniger um den persönlichen Ehrgeiz als um den Gefallen an der schönen Phrase in einer theatralischen Lage. Er war vor allem ein Komödiant, er hatte überhaupt keine grausame Ader.

Aber gibt es, seit die Feinde der abendländischen Zivilisation ihr den Krieg erklärt haben, bei uns die Möglichkeit eines Aufbäumens? Im Westen oder zumindest in Frankreich? Oder sind Sie selbst in diesem Punkt skeptisch?

Es ist nicht selbstverständlich, dass ein solches Aufbäumen wirkungsvoll wäre. Eine religiöse Sekte zu bekämpfen, ist nicht einfach. Die Polizei vereitelt derzeit nicht wenige Attentate, aber eine rein polizeiliche Reaktion auf eine religiöse Sekte gewährleistet nicht unbedingt, dass man sie besiegt. Im Allgemeinen sind es eher Religionen, die sich gegen andere Religionen durchsetzen.

Ist es das Gleiche, eine religiöse Sekte oder eine Religion anzugreifen?

Das ist in etwa das Gleiche.

Ist die polizeiliche Reaktion lachhaft, ist sie ungenügend?

Nein, lachhaft ist sie nicht, aber ich glaube nicht, dass sie ausreichen kann. Wenn man keine Angst vor dem Tod hat, ist einem die Polizei ziemlich egal. Selbst wenn sich ganz Frankreich mobilisiert und man der Polizei viele Mittel bewilligt …

Meinen Sie, dass es im Grunde weniger ein muslimisches Problem als vielmehr ein katholisches Problem ist? Es konkurriert keine Religion mit dem Islam, die mächtig genug wäre, um ein Kräftegleichgewicht herzustellen …

Es gibt auch ein muslimisches Problem. Es gibt Themen, zu denen Mohammed sich nicht geäußert hat, das Verhalten in einem säkularen Land zum Beispiel.

Er konnte das Entstehen säkularer Länder nicht vorhersehen ... Auf der anderen Seite hat er sich ausführlich, wiederholt und recht deutlich über das Verhalten gegenüber Christen und Juden geäußert. Daesch[5] ist eindeutig ketzerisch. Es ist doch erstaunlich, dass die Ketzerei nicht bekämpft wird, dass es keine Fatwas gegen Daesch gibt ...

Die wahhabitische und salafistische Auslegung dominiert heute die muslimische Welt ...

Aber selbst vom salafistischen Standpunkt aus ist Daesch ketzerisch. Ansonsten gibt es in der Tat keine Konkurrenz für den Islam; der Katholizismus ist ziemlich angeschlagen.

Bedauern Sie das?

Ja, wo die Masse doch vielversprechend ist. Es gibt einige erstaunliche Demonstrationen, aber die Führung ist untätig.

Haben Sie die »La Manif pour tous«-*Demonstrationen für die gleichgeschlechtliche Ehe überrascht?*

Sehr. Ich wusste nicht, dass es all diese jungen Katholiken gibt, die man im Fernsehen gesehen hat, die »Nachtwächter« zum Beispiel. Das war sehr überraschend.

Und was halten Sie davon?

Sie sind sympathisch. Aber wissen Sie, ich bin zu alt, um noch zu konvertieren. Also schlage ich mich mit einer Art Nostalgie durch.

Man hat das Gefühl, dass Sie nicht weit davon entfernt sind . . .

Nein, das wird niemals funktionieren. Gott will mich nicht, wissen Sie. Er hat mich zurückgewiesen.

Das ist Hochmut!

Das ist überhaupt kein Hochmut.

Ist es Huysmans' Konversion, die Sie zu ihm hinzieht?

Huysmans als Leitlinie für den Erzähler von *Unterwerfung* zu verwenden, war eine maßgebliche Entscheidung. Aber ich bin nicht in der gleichen Lage wie mein Protagonist. Huysmans ist nicht wirklich eine Jugendliebe. Ich liebe ihn sehr, aber ich habe ihn spät entdeckt, zu spät, auf dass er mir so abginge, als hätte ich ihn mit sechzehn Jahren gelesen. In meinen Büchern ist das Urteil über die Werke anderer immer das meinige. Ich nutze meine Romane, um ein wenig verstohlene Literaturkritik zu betreiben. *Gegen den Strich* ist eine Art Monolith, aber ich mag *Trugbilder* und

Stromabwärts ausgesprochen gern. Ich mag auch seine naturalistischen Anfänge, und *Tief unten* war sehr erfolgreich, doch die drei Bekehrungsbücher, die darauf folgten, langweilen mit der Zeit ein wenig, da ist ein Hang zur Aufzählung, der irgendwann behäbig wirkt. Aber es gibt immerhin noch *Lourdes. Mystik und Massen*, das ist ein sehr schönes katholisches Buch.

Und die katholischen Mystiker, mögen Sie die? Die heilige Teresa von Ávila zum Beispiel?

Davon habe ich kaum etwas gelesen.

Man hat den Eindruck, Ihr Protagonist sei unfähig zu lieben. Vor allem, da es ihm nicht gelingt, Myriam zurückzuhalten, die nach Israel geht, nachdem sie ihm mehrere Nachrichten geschickt hat, auf die er in seiner Ratlosigkeit nicht antwortet …

Der Fehler liegt auf beiden Seiten. Es ist furchtbar, wir leben angeblich in einer feministischen Gesellschaft, aber es ist die Schuld des Mannes, dass er sie nicht halten kann, obwohl es die Frau ist, die gegangen ist. Schließlich hätte sie ihn nicht verlassen müssen. Während eines Großteils des Buches hat er noch Sex. Aber er empfindet keine Lust mehr. Etwas in ihm ist zerbrochen. Es ist die Liebe, die Liebe zu Myriam, die bewirkt, dass er nach ihr keine Lust mehr empfindet.

Besitzen die Frauen in Ihren Büchern nicht eher jenen Willenskern, der den Männern fehlt?

Doch, das tun sie, viel mehr als die Männer.

Ergibt sich das aus Ihrer Beobachtung oder aus etwas, was über unsere Epoche und die veränderte Stellung der Frau hinausgeht?

Das ist etwas Neues und sehr Überraschendes: Die Frauen entscheiden alles. Sie entscheiden über den Beginn einer Beziehung, sie entscheiden über ihr Ende, sie entscheiden, ob es ein Kind gibt oder nicht. Der Mann ist seltsam passiv. Es gibt da eine Art Ohnmacht aus männlicher Sicht, die doch recht beunruhigend ist. Die männliche Sichtweise, die wenige Ausdrucksmöglichkeiten hat, ist unbekannt geworden. Sie ist eine Art Geheimnis. Es stimmt, dass das Buch zum Teil auf einer Frage basiert: Was denkt der Mann tief im Inneren über all das? Eine Hypothese ist, dass er sich nicht verändert hat, überhaupt nicht. Die Reformation des Mannes ist auf ganzer Linie gescheitert, aber es war ein Scheitern im Verborgenen, weil die Männer begriffen haben, dass es in ihrem Interesse ist, den Mund zu halten.

Und wäre er konvertiert, wäre seine Konversion erfolgreich verlaufen, als er in Rocamadour vor der Madonna steht, wäre er dann ein Mann geworden? Hätte er einen

Willen bekommen, hätte er sein Verhältnis zu den Frauen wieder ins Gleichgewicht gebracht?

Ich glaube, diese Passage habe ich nicht geschrieben, weil ich vor dem Gedanken, einen Christen zu erschaffen, zurückgeschreckt bin. Das ist schwierig.

Ist diese Substanzlosigkeit nicht auch etwas, was die Frauen den Männern zum Vorwurf machen?

Doch, zu alledem werden auch die Frauen das Ergebnis dessen, was die Feministen in Gang gesetzt haben, bereuen. Aber über Feministen habe ich schon genug schlimme Dinge gesagt, davon fangen wir nicht wieder an.

Man spricht nie von der Lust des Mannes, sondern immer nur von der Lust der Frau …

Das ist ein mysteriöses Thema, letztlich mysteriöser als die Lust der Frau.

Ist die Lust mit der Geschichte verknüpft, die man sich selbst erzählt, wenn man mit einer Frau schläft?

Wenn ich es wüsste, würde ich es Ihnen sagen, ehrlich.

Ihrem Protagonisten kommt die Lust abhanden, nachdem er von Myriam verlassen wurde. Muss man da eine Verbindung ziehen?

Hin und wieder muss man zugestehen, dass etwas mysteriös bleibt. Er erlebt es als mysteriös. Er erlebt die kurze Wiederkehr der Lust als ebenso mysteriös. Es scheint durchaus, als wäre es auf irgendeine Weise mit seinen Gefühlen verknüpft. Das Verlangen hingegen überhaupt nicht: Mit dem Verlangen ist es viel einfacher, zumindest beim Mann. Die Lust ist etwas Fremdartigeres. Man müsste vielleicht versuchen, sie im Zusammenhang mit leichter zu beobachtenden Dingen zu verstehen: mit dem Überreichen eines Geschenks und dergleichen. Die Freude, die man dem Empfänger des Geschenks bereitet, ist eine Lust. Es ist eher etwas in dieser Art als eine imaginäre Konstruktion, eine Geschichte.

Unterwirft man sich auch in der Liebe?

Ja, gegen die Liebe ist man ziemlich machtlos.

Der Satz von Saint-Just »Das Glück ist ein neuer Gedanke in Europa« ist kein Bestandteil Ihres kulturellen Koordinatensystems. Sie haben das Abendland nie als eine Welt betrachtet, die individuelles und kollektives Glück schaffen wollte …

Es stimmt, dass ich kein Revolutionär bin. Schon der Begriff »kollektives Glück« löst in mir einen gewissen Schrecken aus. Der Gedanke, die Gesellschaft könnte um mein Glück bemüht sein, ruft in mir keine Sympathie hervor. Darum bin ich nie revolutionär, bin ich nie gefährlich gewesen.

Schützt die Zivilisation die Anonymität?

Sie schützt uns voreinander.

Ist das Antikommunitarismus?

Mich, der ich im chinesischen Viertel von Paris lebe, verblüfft die Tatsache, dass die am wenigsten integrierten Einwanderer die meistgeschätzten sind. Das ist in etwa das Gegenteil dessen, was allgemein behauptet wird, dennoch ist es die Wahrheit. Es hat sich schon etwas geändert, aber in meinem Hochhaus sprechen sämtliche Chinesen über fünfzig kein Französisch. Sie haben eine nicht im Geringsten integrierte Gemeinschaft geschaffen, ein paar Leute dienen als Schnittstelle zum Rest der Welt, die anderen bleiben unter sich. Und trotzdem haben alle die asiatischen Einwanderer geliebt.

Liegt das nicht daran, dass sie nicht zu unserem Lebensmodell im Widerspruch standen?

Unser Lebensmodell hat sie nicht interessiert, aber sie waren nicht gewalttätig. Tatsächlich läuft die ganze Sache auf Kriminalität hinaus. Es ist überhaupt nicht so, wie erzählt wird: Vorher gab es katholische Einwanderer, die leicht zu integrieren waren – Italiener, Polen etc. –, und hinterher muslimische Einwanderer, die sich unmöglich integrieren ließen, weil sie Muslime waren. Das ist vollkommen falsch. In Wahrheit geht es bei alldem um Kriminalität und nichts als Kriminalität.

Heißt das, es ist eine rein soziale Frage?

Es ist vermutlich wahr, dass es unter diesen Einwanderern eine überdurchschnittliche Kriminalitätsrate gibt und dass sie deswegen nicht beliebt sind. Und auch wegen der Arbeitslosigkeit.

Es hat also nichts damit zu tun, dass manche der Einwanderer aus ehemaligen französischen Kolonien stammen?

Nein. Vietnam ist auch eine ehemalige französische Kolonie. Der Kommunitarismus ist also nicht unbedingt ein Problem, aber er ist auch keine Lösung. Es gibt viel Gerede über den Unterschied zwischen dem englischen, dem französischen und dem deutschen Modell, und es zeigt sich, dass das Resultat das Gleiche ist. Alle sind gescheitert, egal auf welche Weise.

Sie sind gerade dabei, Ihr Buch im Ausland zu bewerben. Sind die Fragen der Journalisten, ist ihre Wahrnehmung des Buches überall gleich?

Sagen wir, im Ausland ist es entspannter. Aber es sind doch immer die gleichen Dinge von Interesse: Es ist ein europäisches Buch. Es gibt nicht viele Unterschiede; wenn ich darüber nachdenke, sind es vor allem die Ähnlichkeiten, die mir auffallen.

Es sind Szenarien, die sich alle in ihrem eigenen Land vorstellen könnten?

Das Endszenario der muslimischen Herrschaft können sie sich alle vorstellen. In den Einzelheiten variiert es dann, weil es Länder gibt, die keine politische Gruppierung von der Art des Front National haben, Deutschland zum Beispiel: Davor hätten sie zu viel Angst. In Spanien hat Franco schlechte Erinnerungen hinterlassen. In England wäre das kein Problem, und in Italien ist der Faschismus, den sie als einen kuriosen Augenblick betrachten, ein wenig in Vergessenheit geraten. Vielleicht fehlt den Italienern auch das Talent für Schuldgefühle, während die Deutschen auf diesem Gebiet hochbegabt sind.

Aber die Franzosen sind auch sehr schuldbegabt …

Nein, sie waren nur ziemlich begabt im Vergessen. Also tun sie jetzt so, als ob. Ich bin Pascal Bruckners Meinung: Das ist alles Schwindel.

Das »Schluchzen des weißen Mannes«[6] *ist Schwindel?*

Nein, aber es ist zur Haltung der Linken, zur Doxa geworden. In Wirklichkeit fühlt sich niemand wegen irgendetwas schuldig, und zwar zu Recht. In der Sklavenfrage hat das ein unglaublich lächerliches Ausmaß erreicht. Ich habe keinen Vorfahren im 18. Jahrhundert, der Sklavenhalter war …

Und selbst wenn Sie einen hätten, würden Sie sich nicht verpflichtet fühlen, seine Schuld auf sich zu nehmen …

Selbst in den schlimmsten Bibelstellen ist der Fluch auf sieben Generationen beschränkt.

Die Europäer, denen Sie begegnet sind, können sich also leicht in diese vom Islam dominierte Welt hineinversetzen?

Die öffentliche Meinung zum Islam ist tatsächlich in allen europäischen Ländern ungefähr gleich schlecht. Das ist vielleicht das Einzige, was wir gemeinsam haben.

Ist es nicht eigenartig, mit Sicherheitspersonal zu leben? hat das nicht auch einen verstörenden Aspekt von »Luxusleben«?

Das Problem mit dem Luxusleben ist, dass man es als junger Mensch geführt haben muss, sonst ist es sehr peinlich. Ich werde beispielsweise keine Elitepolizisten behelligen, um ins Restaurant zu gehen. Darum gehe ich seltener aus.

Das eigene Zimmer war ja ohnehin schon recht attraktiv …

Ja, ich beginne es wirklich wertzuschätzen.

Funktioniert Ihr Buch so grenzübergreifend, weil Europa nicht religiös ist? Glauben Sie, es wäre ebenso erfolgreich gewesen, wenn es eine ausgesprochen starke katholische Kirche gäbe?

Tatsächlich nicht. Man hat ja schon Schwierigkeiten, sich vorzustellen, was eine starke katholische Kirche sein könnte, weil wir davon so weit entfernt sind. Ich habe sie zum Beispiel nie in funktionierendem Zustand erlebt.

In Südamerika?

Nein, in Südamerika sind die Protestanten im Begriff, sie zu besiegen. Ich kenne kein wirklich katholisches Land. Ich bin nie in einem wirklich katholischen Land gewesen.

Ist die Monarchie Ihrer Ansicht nach vorzuziehen? Die englische Monarchie beispielsweise?

Nein, das ist ziemlich lächerlich. Und England ist ein noch traurigeres Land als Frankreich. Mit diesem einigermaßen grotesken Kitsch der Monarchie.

Die Franzosen haben Sympathie für die englische Monarchie. Und für Stéphane Bern!

Ich mag Stéphane Bern, er ist nett. In der Monarchie wachen die Päpste über die Könige, die Könige über den Adel, der Adel über die Bürgerlichen, die Bürgerlichen über das gemeine Volk und die Prälaten, die sich in adlige Prälaten und solche aus dem Volk scheiden; jeder macht seine Arbeit: Das ist eine harmonische Sphäre.

Balzac hat gesagt, die Harmonie sei die Poesie der Ordnung ...

Ja, ja. Sagen wir, ein gewisser Pessimismus, der bei mir oft konstatiert wurde und der auch existiert, lässt mich annehmen, dass es wenig Chancen auf ein Wiederaufleben dieser Struktur gibt. Aber ich glaube, es ist eine Struktur, in der ich hätte leben können.

Sie sind also Monarchist und Katholik! Haben Sie nicht auch Sehnsucht nach einer kommunistischen Schirmherrschaft? Nach einer Gemeinschaft, die in ihrer kollektiven Organisationsform eine Art von Harmonie anstrebt?

Ja, damit habe ich ein paar Erfahrungen gemacht, das war schön.

Die Kulturhäuser? Wenn man den ideologischen Teil abziehen und nur den kulturellen Aspekt beibehalten würde?

Der ideologische Teil war ziemlich freiwillig. Der Kommunismus pauschalisiert weniger als das Christentum, aber das war nicht schlecht. Es war nicht unorganisiert, es war eine ziemlich fröhliche Angelegenheit. Wäre ich nostalgisch, würde ich dem nachtrauern.

Sie sind nicht nostalgisch?

Nein, aber ich bin bereit zu der Annahme, dass das Christentum in gewisser Weise besser war, obwohl ich es nicht in aktivem Zustand kennengelernt habe. Hingegen bin ich nicht bereit zuzugeben, dass der stete Wandel etwas Gutes wäre. Das widerspricht meinen Instinkten.

Dabei war auch die Monarchie einem steten Wandel unterworfen ...

Nein, Bewegung gab es da nur in einzelnen Punkten. Es war notwendig, die Zahl der großen Feudalherren zu reduzieren, das Land zu zentralisieren – und damit sind mehrere Jahrhunderte der politischen Geschichte Frankreichs zusammengefasst. Das alltägliche Leben der Menschen war von einer bemerkenswerten Harmonie geprägt. Es war eine Zeit, in der es keine Wehrpflicht gab, keine totalen Kriege, wie man sie später erlebt hat. Man musste nur hin und wieder ein paar Söldner aushalten ... Im Übrigen ist der Krieg von 1870, den Huysmans sehr gut aus Sicht des Volkes beschrieben hat, der erste »dumme« Krieg, der außerhalb der monarchischen Tradition des begrenzten Konflikts steht. Niemand begreift, was eigentlich vor sich geht, warum der Krieg plötzlich zur nationalen Angelegenheit wird. Sicherlich hat es in der Monarchie während des Kriegs Vergewaltigungen und andere Kriegsgräuel gegeben, aber das war alles begrenzt.

Liegt Ihnen der Tierschutz noch immer am Herzen?

Sehr. Ich bin in der Jury des Preises *30 Millions d'amis*, darum lese ich jedes Jahr viele Bücher zu dem Thema …

Haben Sie Brigitte Bardot einmal kennengelernt?

Nein, nein, sie ist bei *30 Millions d'amis* nicht sehr beliebt.

Ist das Tier uns gleichgestellt, ist es unser Bruder?

Gleichgestellt nicht, das hat nie jemand behauptet. Aber das Tier muss mit Rücksicht behandelt werden, ohne Grausamkeit.

Sind Sie gegen Schlachthäuser?

So, wie es dort im Augenblick abläuft, ist es grauenvoll. Das ist weitgehend inakzeptabel. Die Zucht- und Schlachtbedingungen sind in moralischer Hinsicht empörend. Die Halal- oder koschere Schlachtung erweitert das um einen Hauch exotischer Barbarei.

Haben Sie das Gefühl, dass der Tierschutz an Bedeutung gewinnt?

Ganz sicher. Die Qualität der Bücher, die ich als Juror mit Sachverstand prüfen soll, steigt mit jedem Jahr. Es gibt einige sehr gute Autoren, denen das Thema am Herzen liegt. Beim letzten Mal fiel mir die Entscheidung wirklich schwer, es waren tatsächlich sehr gute Bücher im Wettbewerb. Ich denke, das ist ein Zeichen.

Könnten Sie einen prophetischen Roman über Tiere schreiben? Das ist ein wachsendes Thema, eine Art Humanismus des 21. Jahrhunderts …

Ja, Sie haben recht, das überrascht mich auch. Wissen Sie, wenn ich meine Bücher betrachte, würde ich sagen, ich stelle etwas fest, und dann gebe ich Prognosen ab, die keine Prophezeiungen sind … Die Prognose in der Science-Fiction ist ziemlich schwer zu erklären. Nehmen wir einen typischen Fall: Als Orwell 1948 in England *1984* schreibt, sagt er gar nicht, dass es so kommen wird. Er möchte eine im Unterbewusstsein der Briten seiner Zeit existierende Angst zum Ausdruck bringen, die lautet: »Wir werden alle vergesellschaftet und kontrolliert«, und diese Angst schreibt sich in die allgemeine britische Kultur ein. Das ist keine Vorhersage, es ist ein Ausdruck der Angst seiner Epoche. Bei allen bekannten Science-Fiction-Büchern ist es in etwa das gleiche System. Die Science-Fiction ist nicht prädiktiv, sie bringt die Ängste einer bestimmten Epoche zum Ausdruck.

Es ist ein hellsichtiger Angstzustand?

Nein, nicht unbedingt. Das kann passieren, aber dafür ist es nicht geschrieben, das ist nicht der Auslöser. Der Schriftsteller – ich, Orwell oder irgendein anderer – spürt eine Angst bei seinen Zeitgenossen und bringt sie in einem Buch zum Ausdruck. Das ist der Antrieb.

Und in Unterwerfung *ist diese Angst, die Sie in der französischen Gesellschaft wahrgenommen haben, dass wir von einer Kultur beherrscht werden könnten, die jener, die uns hervorgebracht hat, wesensfremd ist …*

Um genau zu sein, vom Islam, sagen wir es doch ganz deutlich.

Aber das ist eine Angst, für die es keine Lösung gibt.

Nein. Es ist eine Angst in Reinform.

GESPRÄCH MIT AGATHE NOVAK-LECHEVALIER

Dieses Interview wurde im April 2017
im Rahmen der *Noche de los libros*
in Malaga geführt (online, bisher nicht
in gedruckter Form erschienen).

Es wird heute unentwegt von der »Rückkehr des Religiösen« gesprochen: Was halten Sie von diesem Begriff, und machen Sie ihn sich zu eigen?

Ja, ich würde sogar von einer *offenkundigen* Rückkehr des Religiösen sprechen. Ich erinnere mich, als ich ganz zum Ende der Neunzigerjahre Frankreich verließ, machte der bei der Jugend beliebteste Radiomoderator Frankreichs, Maurice, recht häufig Sendungen zum Problem der Banlieues, in denen er selbst aufgewachsen war. Das lässt sich alles im Internet finden, und wenn man sich diese Sendungen anhört, wird einem bewusst, dass er eine Stunde lang über die Banlieues reden konnte, ohne ein einziges Mal das Wort *Islam* zu verwenden. Ich bin im Jahr 2010 zurückgekehrt, und es wurde nur noch darüber gesprochen: Es war wirklich eklatant. In jüngerer Zeit konnte man auch den Eindruck gewinnen, es hätte ein Erwachen des Katholizismus gegeben, und das ist ganz und gar erstaunlich, weil der Katholizismus schon totgesagt war. Dieses Phänomen der Rückkehr des Religiösen ist also zunächst einmal völlig unvorhersehbar. Wer sagt, er habe es vorhergesehen, lügt: Das hat niemand kommen sehen. Es ist ein Phänomen von großer Plötzlichkeit, es hat sich mitunter im Laufe weniger Jahre vollzogen, und ich glaube nicht, dass es sich leugnen lässt. Ich habe beispielsweise das letzte Buch von Michel Onfray gelesen, das den Titel *Décadence* trägt. Das ist schon sehr merkwürdig, wenn man an die ersten Bücher von Michel Onfray denkt; gut, er war Atheist, aber es ist so offensichtlich, dass er es nicht einmal aussprechen musste: Die Tätigkeit der katholischen Kirche war an ihr Ende gekommen, sie war in einem langsamen Sterben begriffen. Und in diesem Buch – das ist lobenswert, denn das tun wenige Intellektuelle – hat er sich eines Besseren belehren lassen, er hat seine Meinung geändert und festgestellt, dass die Religionen wieder zu einer bedeutenden historischen Kraft geworden sind.

Sie haben in ihren Büchern die Religionen oft ins Visier genommen, begleitet von einer Art Jubel, der mitunter gar an den Ton von Charlie Hebdo *erinnern konnte. Ist es für einen Schriftsteller ein besonderes Vergnügen, Religionen zu attackieren?*

Das ist zu einem ziemlich gefährlichen Vergnügen geworden – was das Vergnügen auf eine Art steigert und auf eine andere Art schmälert. Aber ja, Religionen können, beispielsweise durch ihre unverständlichen Ausdrucksformen, ziemlich schnell lächerlich erscheinen. Andererseits ist es auch sehr amüsant, sich über den Kommunismus lustig zu machen … aber doch nicht ganz so. Das Lächerliche ist in den Religionen noch eher vorhanden: Man hat das Gefühl, an etwas Heiliges zu rühren, daher ist es aufregender. Die Religionen müssen noch über eine gewisse Handlungsmacht verfügen: Ich erinnere mich, dass Chesterton in einem seiner Bücher die Leser herausfordert, einen blasphemischen Text über den Gott Thor zu verfassen. Der Angriff gegen eine Religion wird von dem Gedanken begleitet, dass man ein Risiko eingeht, dass es ernst ist, dass es folgenschwer sein kann: Also ja, es birgt eine zusätzliche Aufregung, sich über eine Religion lustig zu machen.

In Ich habe einen Traum. Neue Interventionen *kritisieren Sie diejenigen, die »unfähig, die Religionen klar voneinander zu unterscheiden«, und damit »zu einem Werturteil erst recht nicht in der Lage« sind, denn, so schreiben Sie, »eine intellektuelle Prüfung der Religionen und eine Beurteilung ihrer Moral [sind] eine Aufgabe, der sich jeder Mensch stellen muss.«[7] Muss man also den Wert der Religionen von einem moralischen Standpunkt aus beurteilen?*

Ja, das ist richtig. Es gibt in *Elementarteilchen* nicht viele autobiografische Passagen, aber eine ist es durch und durch: Als ich sechzehn Jahre alt war, meldete sich während einer Unterrichtsdiskussion einer aus meiner Klasse, um zu sagen, seiner Meinung nach lasse sich der Wert einer Religion anhand der Qualität der Moral bemessen, die sie zu begründen ermögliche. Das hat mich nachhaltig erschüttert: Tatsächlich habe ich diesen Satz nie verwunden, er erschien mir so wahr, und er war mir nie in den Sinn gekommen. Ich habe meine Meinung also nie wirklich geändert: Es gibt eine absolute Moral, die von den Religionen unabhängig und ihnen überlegen ist.

In welchem Augenblick Ihres Lebens haben Sie begonnen, sich für Religion zu interessieren? Unter welchen Umständen und unter welchen Einflüssen?

Ich wurde von entchristianisierten Menschen großgezogen, die es jedoch schon so lange waren, dass sie nicht einmal mehr antiklerikal waren – das heißt, die Religion stellte für sie keine Bedrohung mehr dar: Sie war eine Art leicht bizarres Relikt. Daher kann ich mir nur schwer erklären, warum ich als Kind zur Sonntagsschule ging. Ich glaube, es lag daran, dass ich auf dem Land aufwuchs und es für Kinder sonst nichts zu tun gab. Es war eine andere Zeit: Es gab nicht einmal Fernsehen, jedenfalls hatte ich zu Anfang keins, ja im ganzen Dorf hatte niemand einen Fernsehapparat. Ich ging also zur Sonntagsschule, und ich erinnere mich, damals sehr interessiert an metaphysischen Fragen gewesen zu sein: Gibt es jemanden, der das Universum erschaffen hat? Hatte die Zeit einen Anfang? Wird sie ein Ende haben? Ich fand, dass man in der Sonntagsschule zu viel von den Übeln in der Dritten Welt sprach, dass das Ganze sozusagen etwas zu humanitär ausgerichtet war. Meine Fragen wurden dort nicht im Geringsten beantwortet. Auf dem Gymnasium nahm ich dann am Religionsunterricht teil, obwohl das freiwillig war und keinerlei Einfluss auf die Benotung hatte. In der Zwischenzeit hatte ich das Böse entdeckt, und ich interessierte mich sehr für die Frage des Bösen: woher es kam, ob Satan wirklich große Macht besaß, warum Gott das Böse zugelassen hatte ... Doch tatsächlich erhielt ich auch dort keine rechten Antworten auf meine Fragen: Das war immer noch ziemlicher Pfadfinderkram. Und dann – das habe ich in meinen Büchern beschrieben – stieß ich mit fünfzehn Jahren mehr oder weniger zufällig auf Pascal. Und das versetzte mir einen wahren Schock, einen endgültigen Schock, denn noch nie hatte ich eine solche Schilderung der Macht des Todes und der Leere gesehen, und die Wucht Pascals in Bezug auf diese Themen bleibt für mich in der Literatur beispiellos. Es waren demnach drei Etappen: Also ja, mein Interesse an der Religion reicht doch ziemlich weit zurück, es lässt sich bis zu meinem neunten oder zehnten Lebensjahr zurückverfolgen.

Und heute? Sie haben sich in Interviews wiederholt als Atheisten bezeichnet, und in jüngerer Zeit, nach der Veröffentlichung von Unterwerfung, *haben Sie sich als Agnostiker charakterisiert ... Wie würden Sie heutzutage Ihre persönliche Beziehung zur Religion definieren?*

Sie ist schwächer geworden, weil ich den Eindruck habe, dass es hoffnungslos ist: Ich werde nie glauben, ich werde immer zweifeln ... darum habe ich etwas Abstand davon genommen.

Sie haben mehrfach von Konversionsversuchen gesprochen: Wie haben Sie sich das vorgestellt?

Die Konversion wirkt wie eine Offenbarung. Tatsächlich glaube ich immer, wenn ich zur Messe gehe; ich habe jedes Mal eine aufrichtige und absolute Offenbarung. Aber sobald ich draußen bin, fällt es wieder von mir ab. Es ist ein bisschen wie bei einer Droge: Es gibt immer einen Absturz. Letztlich habe ich mir gesagt, dass ich nun einmal so bin und nichts dagegen tun kann. Ich habe also weiterhin gelegentlich einen Anflug von Glauben, aber ich weiß, dass es nicht von Dauer sein wird.

In einem Interview von 1996 versichern Sie, dass »alles Glück seinem Wesen nach religiös« sei, und in Volksfeinde *vergleichen Sie den Atheismus mit einem*

»nicht endenden Winter«[8]: Würden Sie das heute noch so sagen?

Ja, ich bleibe dabei, dass alles Glück seinem Wesen nach religiös ist. Die Religion gibt uns das Gefühl, mit der Welt in Verbindung zu stehen, kein Fremder in einer gleichgültigen Welt zu sein – Pascal hat es besser ausgedrückt als ich. Wir haben Angst vor einer Welt, mit der wir keine Gemeinsamkeit empfinden, und die Religion verleiht der Welt und unserer Stellung in ihr einen Sinn.

Haben Sie sich je als katholischen Schriftsteller betrachtet (wie bestimmte Kritiker es mitunter getan haben)?

Nicht nur katholisch, auch jüdisch! *(lacht)* Doch, wirklich! Bei einer Begegnung mit Lesern in Israel stand einmal einer auf, um zu sagen, er habe nach der Lektüre meiner Bücher beschlossen, sein Leben zu ändern, und sei jetzt Rabbiner. Durch den Einfluss meiner Bücher ... Es funktioniert also auch bei Juden! Eigentlich bin ich ein Schriftsteller des Nihilismus (Nihilismus im Sinne Nietzsches), da gibt es keinen Zweifel: Ich bin der Schriftsteller einer nihilistischen Ära und des Leidens, das mit dem Nihilismus einhergeht. Man kann sich also vorstellen, dass Leute bei der Lektüre meiner Bücher entsetzt zurückschrecken und sich in irgendeinen Glauben stürzen ... um diesem, wenn ich das so sagen darf, so glänzend beschriebenen Nihilismus zu entkommen. Also ja: Ich bin katholisch in dem Sinne, dass ich dem Schrecken einer Welt ohne Gott Ausdruck verleihe ... aber nur in diesem Sinne.

Sie haben über Unterwerfung *gesagt, Ihnen habe ein Roman über eine Konversion zum Katholizismus vorgeschwebt, letztlich hätten sie sich aber entschlossen, sich mit einer Konversion zum Islam zu befassen: Können Sie erklären, was zu dieser Entwicklung geführt hat?*

Ja: Das war ein persönliches Scheitern bei dem Versuch, selbst zu konvertieren, ein Scheitern vor der Schwarzen Madonna von Rocamadour. Und es hängt auch mit Huysmans zusammen, der in dem Buch eine große Rolle spielt. Denn für Huysmans – was ich jetzt sage, erscheint schwer zu glauben – ist die ästhetische Schönheit wirklich ein Glaubensargument; um ehrlich zu sein, ist es für ihn sogar das einzige: Er glaubt, weil es schön ist. Doch damit das funktioniert, damit die Schönheit Glauben hervorbringt, muss man es mit Menschen zu tun haben, die sich sehr am Ästhetischen orientieren, mehr als ich das tue: Selbst die Schwarze Madonna von Rocamadour, die äußerst gelungen ist – es gibt viele schöne religiöse Statuen, aber diese ist wirklich eine bedeutende Errungenschaft der abendländischen Bildhauerei –, hat bei mir nicht gewirkt. Man muss dazusagen, dass sie sehr alt ist: Die

Romanik liegt sehr weit zurück, und in gewisser Weise fällt es uns schwerer, die Menschen des achten Jahrhunderts zu verstehen als die Ägypter. Ihre Kunst ist sehr fremdartig, sie vermittelt ein starkes Gefühl von Distanz. Also nein: Das war ein Fehlschlag. Darum habe ich beschrieben, wie meine Hauptfigur vor der Statue steht und dass es nicht funktioniert, dass sich der Höhenflug nicht einstellt.

Warum dann zum Islam übertreten? Und wie würden Sie die Darstellung des Islam in Ihrem Roman beschreiben?

Man kann eigentlich nicht wirklich sagen, dass es in *Unterwerfung* eine Darstellung des Islam gibt: Das ist das Schreckliche in diesem Buch, die meisten Figuren sind in Wahrheit gar keine Muslime. Sie erklären sich zu Muslimen, weil es ihnen zupasskommt, weil es ihnen Vorteile verschafft oder einen persönlichen Ehrgeiz befriedigt. Selbst der muslimische Präsident macht nicht den Eindruck, ein sehr gläubiger Mann zu sein: Ohne dass das ausdrücklich gesagt wird, kommt er einem eher wie ein Ehrgeizling vor, der auf die Islamkarte setzt.

Ist es also die politische Dimension des Islam, die Sie in Unterwerfung *besonders interessiert hat? Würden Sie sagen, dass das für Sie das Spezifische dieser Religion ausmacht?*

Nicht unbedingt, auch wenn es stimmt, dass der Islam auf politischer Ebene weit präziser ist als das Christentum. Im Koran werden das System der Erbteilung, die Frage der Mitgift, das Rechtssystem, die Strafen für die wichtigsten Verbrechen sehr genau beschrieben: In Bezug auf die gesellschaftliche Organisation ist alles sehr detailliert. Aber in den meisten politischen Fragen ist der christliche Standpunkt im Grunde nicht sehr schwer zu finden. Übrigens gibt es in Frankreich seit Kurzem eine ausdrücklich christliche Partei, eine Partei, die sich unmittelbar auf das Christentum beruft und die teils neuartige Standpunkte vertritt, manche eher links, andere eher rechts. Es gibt also auch eine christliche Politik: Das Christentum ist nicht politisch neutral, auch wenn diese Dimension dort weniger deutlich formuliert ist als im Islam.

Sie wurden oft der Islamophobie bezichtigt. Möchten Sie auf diesen Vorwurf antworten?

Ich denke, in praktischer Hinsicht bin ich ähnlich uneindeutig wie meine Figuren. Allerdings spüre ich, seit diese ganze Sache angefangen hat, die Verpflichtung, die Islamophobie zu verteidigen, ob ich nun selbst islamophob bin oder nicht. Denn das muss Teil der Meinungen sein, die man äußern darf … Punktum. Man hat das Recht, eine Religion anzugreifen. Also ja, ich fühle mich ungewollt zur Verteidigung der Redefreiheit gezwungen.

Es gibt noch eine weitere Religion, über die im Zusammenhang mit Ihnen weniger gesprochen wird, die in Ihren Romanen aber sehr präsent ist und mit der Sie im Allgemeinen milder umgehen als mit den übrigen, und das ist der Buddhismus. Was interessiert Sie am Buddhismus?

Das ist eine Religion, die selbst milder ist als die anderen! Anders, als man vermuten könnte, war es nicht Schopenhauer, der mich zum Buddhismus gebracht hat; es war vielmehr die Lektüre des *Tibetischen Totenbuchs*, das mich ziemlich beeindruckt hat. Man muss bedenken, dass ich schon ziemlich alt bin, ich habe also die letzten Hippies noch kennengelernt. *Das Tibetische Totenbuch* war in diesen Kreisen angesagt, und es ist wirklich ziemlich schön, ziemlich atemraubend: Es ist sehr visuell, sehr barock, und die Bilder sind von einer großen Poesie.

Sie haben sich für den Buddhismus also aus literarischer Sicht interessiert?

Ja. Schopenhauer muss ich kurz darauf gelesen haben – Schopenhauer ist ein interessanter Fall, denn er selbst hat den Buddhismus in Wahrheit kaum gekannt. Er hat hinduistische Texte gelesen, und weil es davon zu seiner Zeit wenige gab, hat er, um mehr zur Verfügung zu haben, am Ende seines Lebens selbst versucht, Sanskrit zu lernen, und hinduistische Texte nach Art von Buddha ausgelegt. Er hat also in gewisser Weise auf anderen Grundlagen, ausgehend von der abendländischen Philosophie, den Weg Buddhas nachvollzogen; und Schopenhauers Philosophie führt auf ganz natürliche Weise zum Buddhismus.

Wenn ich Ihnen die Namen einiger Autoren oder Philosophen nenne, die Sie oft im Zusammenhang mit religiösen Fragen genannt haben, könnten Sie mir dann sagen, in welcher Weise Sie von ihnen beeinflusst wurden? Beginnen würde ich gern mit dem heiligen Paulus …

Ihm verdanke ich *Lebendig bleiben*. Das habe ich in einem Zustand starker innerer Erregung geschrieben, sehr von ihm inspiriert. Paulus ist nach wie vor einer der besten Autoren, die ich kenne, weil er extrem übermütig, extrem leidenschaftlich ist – man spürt, dass seine Nerven ständig bloß liegen, seine Sätze sind wie Peitschenhiebe, es ist wunderbar. Wir finden bei ihm eine Mischung aus Größenwahn und Klage, die ziemlich unvergleichlich ist. Und er ist aus diesem einfachen Grund ein großer Schriftsteller: Wenn ich ihn lese, habe ich das Gefühl, ihn dort, zwei Meter von mir entfernt zu sehen, ich spüre, wie er die Sätze hervorstößt. Also ja, das liebe ich tatsächlich noch immer. Letztlich hatte Paulus vielleicht den stärksten literarischen Einfluss auf mich: Bei ihm habe ich jene Seite entdeckt, die man mitunter als *Punk* bezeichnen könnte und die sich in *Lebendig bleiben* und *Ausweitung der Kampfzone* finden lässt.

Würden Sie sagen, dass Auguste Comte – in einer völlig anderen Gattung – für Sie ebenfalls von großer Bedeutung war?

Comte ist in mehrfacher Hinsicht interessant: Er ist derjenige, der in der vollständigsten und systematischsten Weise zum Ausdruck bringt, dass die Gesellschaft nach der Französischen Revolution ihre Grundlagen eingebüßt hat und dass sie auf lange Sicht ohne Religion nicht überdauern wird. Ich werde sein doch ziemlich kompliziertes Gedankensystem hier nicht ausbreiten, aber sagen wir, ich fand seine Konzepte äußerst überzeugend. Die Unterscheidung, die er beispielsweise zwischen einem organischen Zeitalter und dem metaphysischen Zeitalter trifft, dessen alleinige Funktion die Zerstörung ist, ist sehr zutreffend: Alles, was zwischen dem Beginn des Protestantismus und dem Beginn der Französischen Revolution geschehen ist, hatte nur ein einziges Ziel: die vorherige Gesellschaft zu untergraben. Das war von Erfolg gekrönt, die gesamte Gesellschaft ist zu einem Trümmerfeld geworden, ohne irgendeine Grundlage oder zumindest mit verhältnismäßig unbedeutenden Grundlagen wie dem Patriotismus – der schließlich nicht sehr ernst zu nehmen ist. Comte belegt all das mit wahrer intellektueller Kraft; er ist wirklich jemand, den ich bewundere. Zudem versucht er, den Grundstein für eine zukünftige Religion zu legen, die mit dem wissenschaftlichen Fortschritt vereinbar ist, und auch das hat mich stark beeinflusst, denn es ist die Grundidee von *Elementarteilchen*. Die Tatsache, dass die Wissenschaft ganz und gar positivistisch wird, dass es hinter den Gesetzen keine metaphysische Entität gibt, schafft in Wahrheit wieder die Möglichkeit eines religiösen Fundaments. Also ja, Comte ist einer meiner Haupteinflüsse.

Und Chesterton, den Sie in Karte und Gebiet *erwähnen?*

Um Comte zum Vergnügen zu lesen, so wie ich es tue, muss man schon ein bisschen pervers sein: Der Mann ist doch ziemlich oft dem Wahnsinn nah, seine Schreibweise ist manisch, er ist eine Maschine, die zeitweise verrücktspielt, die nicht mehr abschalten kann, was zu Passagen von unerträglicher Langeweile führt. Chesterton zu lesen, ist hingegen köstlich: Er ist humorvoll, witzig, brillant, und er äußert mitunter ziemlich tiefgründige Gedanken. Über Comte macht er beispielsweise die Bemerkung, die beachtenswerteste Idee des Positivismus sei die Erschaffung eines Kalenders gewesen; und tatsächlich ist die Neustrukturierung des Jahres, der Umstand, dass die Zeit nicht mehr neutral ist, sondern dass jedem Augenblick Bedeutung gegeben wird, grundlegend – denn durch die Strukturierung des Lebens erleichtert die Religion das Leben.

Chesterton hat im Übrigen auch eine Idee formuliert, von der man nicht behaupten kann, dass ihr sehr viel Erfolg beschieden war, was jedoch schade ist: den Versuch einer christlichen Organisation der Wirtschaftswelt. Er verdient es, wieder gelesen zu werden: Chesterton positioniert sich darin gegen die großen Unternehmen, gegen die Industrialisierung, das ist interessant. Chesterton ist ein unverhohlener Katholik, und er macht den Katholizismus sympathisch, weil er sehr auf dem Gedanken beharrt, dass es sich um eine Religion der Inkarnation handelt: Man hat einen Leib, und ihm zufolge ist das eigentlich etwas Gutes.

Nietzsche und Schopenhauer? Was würden Sie zu dieser Frage sagen?

Nietzsche ... Wenn wir beim Thema unseres Interviews bleiben, habe ich seine direkte Opposition gegen das Christentum nie geteilt.

Beruht Ihre Opposition gegen Nietzsche darauf?

Nein, denn ich war nie sehr gläubig; sie ist auf seine Anfechtung der Moral und des Mitleids zurückzuführen. Aber ja: Nietzsche rivalisiert mit Christus, er will als der siegreiche Rivale erscheinen ... Gut, das ist eine Tollerei, die im Abendland weitverbreitet ist ... Aber sagen wir einfach, Dionysos hat mich als Gott nie überzeugt, und er überzeugt mich noch immer nicht. Bei Schopenhauer ist es anders, er ist auch unverhohlener Atheist, aber er vertritt einen eher intellektuellen Atheismus – am Ende versucht er sogar, die Katholiken zurückzugewinnen, was ich als sympathischen Opportunismus betrachte: Er macht ihnen Avancen, obwohl er die monotheistischen Religionen sein Leben lang auf das Übelste beschimpft hat. Doch er hat sich am Ende seines Lebens in den Kopf gesetzt, dass der Katholizismus eigentlich gar keine monotheistische Religion ist – was nicht völlig falsch ist: Die Muttergottes und die Heiligen stellen Zwischengötter dar, die die Brutalität der im Judaismus und im Protestantismus existierenden Beziehung mindern.

Über Huysmans haben Sie bereits ein wenig gesprochen, aber möchten Sie noch einmal darauf zurückkommen?

Wenngleich ich Huysmans gern mag, glaube ich nicht, dass sein auf dem Ästhetizismus beruhender Weg der Konversion viele Menschen ansprechen kann. Aber von allen konvertierten Schriftstellern – und es hat nicht wenige von ihnen gegeben –, ist er gewiss derjenige, der am besten von seiner Konversion erzählt; und er ist in jedem Fall derjenige, der am meisten davon erzählt, es wird einem manchmal fast ein wenig lang, aber insgesamt ist es doch fesselnd: Beim Lesen von *Unterwegs* habe ich mich ernsthaft gefragt, ob er tatsächlich in sein Kloster gehen wird oder nicht, ob er konvertieren wird oder nicht ... Es klingt nicht danach, wenn ich es erzähle, aber Huysmans kann wirklich *thrilling* sein! Ein spiritueller Thriller, im Grunde genommen.

Gibt es jemanden, den ich vergessen habe und der Ihnen noch wichtig erscheint?

Chateaubriand, würde ich sagen, denn *Geist des Christentums* ist ein erstaunliches Buch. Dieses Buch war auf Anhieb ein großer Erfolg – offenbar haben die eleganten Frauen von Paris zueinander gesagt: »Ach, so ist also das Christentum? Aber das ist ja köstlich!« *(lacht)* Chateaubriand ist es also gelungen, das Christentum in Mode zu bringen, was doch ein Kunststück ist. Das Buch ist nämlich sehr gut: Sein Stil sitzt; die Beschreibung des Todes des Christen als das erhabenste Schauspiel, das es auf Erden geben kann, ist wirklich lesenswert; und seine Analyse der gleichen Situation, die beispielsweise in der Bibel oder bei Homer behandelt wird, ist von großer Finesse ... Bei der Architektur ist er nicht ganz so gut, das interessiert ihn offenbar nicht besonders, aber insgesamt ist es ein außerordentliches Buch. Ebenso die Darstellung der christlichen Ehefrau ...

... der Sie ganz und gar zustimmen?

Oh, er übertreibt ein wenig, er trägt zu dick auf; aber es ist so gut, die Sätze sind so geglückt, dass man ihm eigentlich alles verzeiht.

Zu Beginn des 19. Jahrhunderts definieren sich einige Dichter wie beispielsweise Hugo oder Lamartine als säkulare Magier, als Propheten. Muss die Literatur Ihrer Ansicht nach in gewissen Aspekten die Funktionen übernehmen, die die Religion innehatte?

Das ist eigentlich vor allem Hugo … Gut, Lamartine auch ein wenig, aber er ging nicht so weit zu glauben, Shakespeare würde zu ihm sprechen. Er betrachtete sich weniger als Prophet denn als politischer Führer, was in seinem Fall übrigens genauso ulkig ist. In jedem Fall bin ich weniger größenwahnsinnig als sie: Ich betrachte mich nicht als säkularen Propheten. Wann immer man mir sagt, ich sei ein Prophet, verneine ich und erzähle, wie oft ich mit meinen Prophezeiungen danebenlag … Nein, nein, was das Prophetentum angeht, halte ich mich eher bedeckt.

In einem Interview haben Sie gesagt, die Poesie sei »dem Göttlichen nah«. Würden Sie sagen, dass die Poesie eine enge Verbindung zur religiösen Rede hat?

Ja, natürlich. Es gibt da eine starke Gemeinsamkeit, nämlich dass in der Poesie kein Widerspruch existiert: Sie ist ein absoluter Diskurs, der die Ambition hat, nicht zu negierende Sätze zu formulieren. Eine weitere Gemeinsamkeit ist, dass ein totales Verständnis nicht unerlässlich ist: Man muss religiöse Rede nicht verstehen, so wie man nicht zwingend alles verstehen muss, wenn man ein Gedicht hört. Und im Übrigen finden in den Religionen auch Texte Verwendung, die einen echten poetischen Wert haben: gewisse Psalmen beispielsweise. Also ja, es gibt da eine starke Verbindung.

Der letzte Teil Ihrer Gedichtsammlung Non réconcilié (»Unversöhnt«) *ist mit* »La grâce immobile« (»Die unbewegliche Gnade«) *überschrieben und schließt mit einem Gedicht, dessen erste Strophe so beginnt:* »Dans l'abrutissement qui nous tient lieu de grâce« (»In der Stumpfheit, die uns als Gnade dient«). *Was bedeutet diese »Gnade« für Sie? Welchen Platz räumen Sie ihr in Ihrem Werk ein?*

Das weiß ich nicht; aber ich weiß, dass in meinem Leben die Gnade tatsächlich nicht sehr weit vom Stumpfsinn entfernt ist. Sagen wir, ich denke zu viel nach, ich bin zu ängstlich – nicht in praktischen Dingen, aber in allgemeiner Hinsicht: Ein Zustand der Abstumpfung ist daher eine gewährte Gnade.

Gibt es in dieser Form der Gnade noch etwas, was religiöse Züge hat, oder nicht?

Nein, nicht unbedingt. Schopenhauer zum Beispiel betrachtet all das in einem Rahmen, der überhaupt nicht religiös ist. Der einzig gangbare Weg ist für ihn die Kontemplation, also die Versenkung in einen Gegenstand, ohne irgendeinen bewussten Gedanken zu formulieren. Tatsächlich ist er auch mit dieser Sichtweise buddhistischen Methoden offen gestanden sehr nah. Es ist daher eine Form der Gnade, die mit Weltflucht zusammenhängt, die Kontemplation ist also beglückend, aber es steht kein Gedanke an Gott dahinter. Gut, sagen wir, es gibt da wahrscheinlich einen Bezug zur Religion, aber überhaupt nicht zur abendländischen Religion.

In Plattform *findet sich dieser Satz: »Womit lässt sich Gott vergleichen? Zunächst natürlich mit der Möse einer Frau.«*[9] *Sie haben in Ihrem Werk sehr oft Sex und Religion verknüpft: Ist das reine Provokation Ihrerseits?*

Nein. Es ist eine männliche Sichtweise, aber es ist keineswegs eine Provokation. Man muss bedenken, dass die ältesten von bestimmten primitiven Völkern verehrten Darstellungen männliche oder weibliche Geschlechtsorgane sind (vor allem jedoch weibliche, und das hat wahrscheinlich weniger mit Sex zu tun als mit der Fähigkeit, Leben zu schenken). Und auch wenn sie sehr alt sind, glaube ich nicht, dass die Tatsache, dass die Menschheit sich weiterentwickelt, die früheren Zustände auslöscht: Diese Zustände bleiben unterschwellig vorhanden. Sie sind von vielen übereinanderliegenden Zivilisationsschichten bedeckt, bleiben aber potenziell aktiv. Es ist also keine Provokation: Man muss das wirklich ernst nehmen.

Würden Sie sagen, im Bereich des Romans hat Ihr Werk von Ausweitung der Kampfzone *bis* Unterwerfung *bezüglich der Auseinandersetzung mit dem Religiösen eine Entwicklung durchlaufen?*

Es gibt tatsächlich einige Etappen: Zwei meiner Romane sind schließlich von der auf Comte beruhenden Idee geprägt, dass eine neue Religion notwendig ist, dass es in jedem Fall eine Religion brauchte, die mit dem Stand der Wissenschaft vereinbar ist. Am Ende war ich schlicht von dieser offenkundigen historischen Tatsache erschüttert: dass Comte selbst nämlich komplett gescheitert war. Denn er hat wirklich ernsthaft versucht, eine neue Religion zu begründen, er hat Proletarier im positiven Glauben getauft etc., und das hat nicht funktioniert. So bin ich zu dem gelangt, was den Grundstoff von *Unterwerfung* bildet, dass es nämlich, sofern keine neue Religion entsteht, sehr gut sein kann, dass eine alte erwacht.

Sind die Spuren der Science-Fiction, die Ihr Werk und vor allem Ihre Romane durchziehen, Ihrer Ansicht nach an die Auseinandersetzung mit dem Religiösen gebunden?

Ja, zumindest glaube ich, dass das einer meiner Einflüsse ist; aber gut, man muss schon ein eifriger Leser von Science-Fiction sein, um das zu erkennen, denn in der Science-Fiction wird das Thema der Zukunft der Religionen nur von sehr wenigen Autoren behandelt. Aber es gibt dennoch einige, die sich die Religionen der Zukunft auszumalen versuchen: Lafferty hat das zum Beispiel getan. Doch lassen Sie uns nicht davon reden, denn diese Leute kennt niemand.

In einem Interview haben Sie gesagt, die Geschichte von Christus habe Sie »immer fasziniert, vor allem das von ihm vorausgesehene und angenommene Opfer, die Tatsache, dass er die Sünden der Welt auf sich genommen hat«. Und in Volksfeinde *äußern Sie die Behauptung, Ihr Schicksal habe eine christliche Wendung genommen. Was bringt Sie zu dieser Aussage? Ist es dieses Opfer, in das der Schriftsteller einwilligen muss?*

Ja, das ist ein Aspekt der Tätigkeit – Arbeit kann man es nicht nennen. Sagen wir, zum Schreiben – zumindest so, wie ich es verstehe – gehört es, das Negative auf sich zu nehmen, alles Negative in der Welt, und eine Darstellung davon zu geben, sodass der Leser Erleichterung darin findet, diesen negativen Teil zum Ausdruck gebracht zu sehen. Zugleich läuft der Autor, der es auf sich nimmt, es zum Ausdruck zu bringen, offensichtlich Gefahr, von diesem negativen Teil der Welt vereinnahmt zu werden. Tatsächlich ist es das, was das Schreiben zu einer mitunter schwierigen Tätigkeit macht: der Umstand, dass man all das Negative aufnimmt. Und da gibt es in der Tat einen Bezug zu Christus, der die Sünden der Menschheit auf sich nimmt. Also ja, es ist eine Tatsache, es gibt da eine Ähnlichkeit … das ist doch ein gutes Fazit, oder?

EMMANUEL CARRÈRE UND DAS PROBLEM DES GUTEN

Dieser Text erschien in *Emmanuel Carrère. Faire effraction dans le réel*, herausgegeben von Laurent Demanze und Dominique Rabaté (P.O.L, 2018).

UNTER DEN ZAHLREICHEN umwerfenden Passagen, die *Alles ist wahr* ausmachen, ist für mich eine der herzzerreißendsten jene über die alte englische Lesbe, die gerade ihre Partnerin in der Katastrophe verloren hat: »*my girlfriend*, sagte sie – und ich stelle mir das Leben dieses alternden lesbischen Paars in ihrer englischen Kleinstadt vor, ihr Engagement in den ortsansässigen Vereinen, ihr liebevoll eingerichtetes Haus, ihre jährlichen Fernreisen, ihre Fotoalben – all das in Scherben. Die Rückkehr der Überlebenden, das leere Haus. Die Kaffeebecher mit dem Namen einer jeden, von denen einer nie wieder benutzt werden wird. Und die dicke Frau am Küchentisch, die ihren Kopf in die Hände legt und weint und sich sagt, von nun an bin ich allein und werde es bis zu meinem Tod bleiben …«[10]

Emmanuel Carrère ist dieser alternden englischen Lesbe tatsächlich begegnet, in jenem Urlaub in Ceylon, der so schlimm endete; aber die Kaffeebecher hat er sich ausgedacht. Was, wie mir scheint, den Imaginationsspielraum, den er sich in diesem Buch, in dem »alles wahr ist«, zugesteht, ganz gut verortet. Er ist nicht unerheblich. Denn diese Tassen sind nicht nichts. Ich erinnere mich, dass es genau der Moment mit den Tassen war, in dem ich zu schluchzen anfing und das Buch beiseitelegen musste, einige Minuten lang unfähig, die Lektüre fortzusetzen. Es ist ohnehin unmöglich, Fakten nachzuvollziehen; selbst wenn man es jenseits aller literarischen Ambitionen tut, ist man immer mehr oder weniger zum Erfinden gezwungen. Das ändert nichts daran, dass Emmanuel Carrère sich entschieden hat, bei sämtlichen Büchern, die er gegenwärtig schreibt, weder die Figuren noch die Hauptereignisse zu erfinden; er hat sich im Wesentlichen entschieden, als *Zeuge* zu fungieren (nicht als ein exakter Zeuge, das ist, wie gesagt, unmöglich; aber als Zeuge). Diese Entscheidung interessiert mich natürlich, und sei es nur, weil ich bis heute den entgegengesetzten Weg gegangen bin. Aus ästhetischen Gründen, wenn man so möchte, aber auch aus zweifelhaften Gründen, in denen sich Faulheit, Frechheit und Größenwahn vermischen (von der Art: Belästigt mich nicht mit den Einzelheiten, ich habe keine Zeit mit der Realität zu verschwenden, und außerdem kenne ich die Realität ohnehin besser als jeder andere).

Aber gut, lassen wir das und kommen auf Emmanuel Carrère zurück. Ich weiß nicht genau, *wann*, unter welchen Umständen er diese Entscheidung getroffen hat; aber ich glaube, ich habe eine ungefähre

Ahnung, *warum*. Sie ist mir merkwürdigerweise bei meinen ersten Arbeiten zu Lovecraft gekommen. Mit dem sympathischen Radikalismus, der ihn auszeichnet, verabschiedet sich der amerikanische Autor mit diesen Worten vom realistischen Roman: »Das Chaos des Universums ist so absolut, dass kein geschriebener Text auch nur einen flüchtigen Eindruck davon vermitteln kann.« Es erscheint mir, als hätte sich Emmanuel Carrère irgendwann einem ähnlichen Problem gegenübergesehen. Die Menschen wissen gelinde gesagt nicht mehr, wie man lebt. Das Chaos ist so absolut, die Desorientierung so flächendeckend, dass aus vergangenen Jahrhunderten übernommene Verhaltensmodelle offenbar allesamt nicht mehr auf unsere Zeiten anwendbar sind. Irgendwann ist es Emmanuel Carrère nicht nur als unmöglich erschienen, die vorhandenen Muster anzuwenden, sondern auch neue zu erschaffen. Die Zeit des von Musil wenn auch nur in ungefährer Weise prophezeiten »Mannes ohne Eigenschaften« war gekommen. Als erschwerender Umstand kam hinzu, dass Emmanuel Carrère einer Bewegung der Anschaulichkeit nahestand, fernab der wiedererstarkten Anhänger des *l'art pour l'art*, die glaubten, das Problem umgehen zu können, indem sie die Bedeutung der Literatur auf die sich in ihr entfaltende sprachliche Virtuosität beschränkten. Alles in allem befand er sich in einer ähnlichen Situation wie jene militanten Maoisten, die sich nach vollzogener Selbstkritik von einem formalistischen Abweichlertum bedroht fühlten und beschlossen, wieder zur Fabrikarbeit zurückzukehren, wo sie mit dem echten Proletariat in Kontakt waren.

(Ich wünsche mir, dass man diesen etwas respektlosen Vergleich nicht negativ aufnimmt, hatten all diese militanten Maoisten doch schließlich *Recht* damit, in die Fabriken zurückzukehren; der Beweis wurde regelmäßig dadurch erbracht, dass sie, waren sie erst einmal *etabliert*, nicht zögerten, dem Maoismus abzuschwören und der Militanz gleich mit; die Theorie hatte der Prüfung durch die Realität nicht standgehalten.)

Auch wenn er sich der Welt ohne eine vorgefasste Theorie nähert, ist Emmanuel Carrère keineswegs ohne eine intellektuelle Strukturierung; denn was er in höchstem Maße besitzt und was weitgehend ebenso strukturierend wirkt wie eine Theorie, sind *Werte*. Und hier ist es notwendig, etwas weiter auszuholen, so sehr hebt er sich in diesem Punkt nicht nur von seinen Zeitgenossen, sondern sogar von den zwei oder drei vorangegangenen Generationen ab.

Für die Autoren des 19. Jahrhunderts stellt sich die Frage von Gut oder Böse überhaupt nicht. Weder Balzac noch Dickens, noch Dostojewski, noch Maupassant, noch Flaubert haben den geringsten Zweifel daran, in welchen Augenblicken das Verhalten ihrer Figuren ihnen achtbar, bewundernswert, leicht verwerflich oder schlichtweg schändlich erscheint. Dass sie sich dann dafür entscheiden, ein sehr breites Spektrum der Moral aufzufächern, extreme Fälle zu inszenieren oder ihre Aufmerksamkeit im Gegenteil auf durchschnittliche Charaktere zu konzentrieren, ist eine persönliche ästhetische Entscheidung, bei der die Variationen unendlich sind. Doch die Grundlagen des moralischen Urteils sind bei ihnen ebenso fest und unumstößlich, wie sie es bei den Philosophen, die sich im Laufe der vorangegangenen Jahrhunderte mit Ethik befasst haben, stets waren.

An der Wende zum 20. Jahrhundert verschärft sich die Lage ein wenig. Unter dem Einfluss unheilvoller und falscher Denker, die glaubten, dem moralischen Gesetz einen unwesentlichen Charakter zuschreiben zu können, entstand nach und nach ein stupider, aber seltsam hartnäckiger Widerstreit zwischen dem Lager der *Konservativen* und jenem der *Progressiven*. Letztlich hätte sich das Ganze auch viel früher ereignen können, unter dem schädlichen Einfluss der »Vordenker der Aufklärung«; doch diese selbst ernannten Vordenker waren von einem zu begrenzten intellektuellen Niveau, um auf Schöpfer eines gewissen Niveaus wirklichen Einfluss ausüben zu können, und der prächtige romantische Elan pulverisierte sie ohne Schwierigkeiten. Marx und Nietzsche waren zugegebenermaßen von einem anderen Kaliber als Voltaire und La Mettrie. So setzte sich, auch bei den Besten, ein moralischer Zweifel hinsichtlich doch wenig zweifelhafter Fragen fest. Er konzentrierte sich hauptsächlich auf sexuelle Angelegenheiten, und die Schuld liegt, das muss man eingestehen, in erster Linie bei den Konservativen. Die viktorianische Prüderie ist ein unbegreifliches, übertriebenes Phänomen, das es nie zuvor gegeben hatte (und nie wieder geben wird), und so ist es nicht verwunderlich, dass die Verwirrung in England am größten war. Zu prachtvollen Ergebnissen führt sie bei dem zu Unrecht vergessenen Galsworthy (ich hätte gedacht, einem Autor, der eine Figur wie Soames Forsyte zu schaffen vermochte, wäre die Unsterblichkeit gewiss). Aber es ist wohl William Somerset Maugham, bei dem diese Fragen der Moral ihren höchsten Spannungsgrad erreichen und in den umwerfendsten Errungenschaften münden. Maugham hatte sich, wohl aus Schamhaftigkeit, die Persona eines raffinierten und zynischen alten Schwulen zugelegt. Wobei er nicht immer alt und nicht ausschließlich schwul war (seine Nachkommen zeugen davon) und sein zur Schau getragener Zynismus sehr reale Bezeigungen einer praktizierten Großzügigkeit verhüllte. In seinen Büchern widmet er sich dem weit mehr. Diejenigen, die man liebt, sind nicht immer die, die es verdienen; mit dieser so traurigen wie banalen Wahrheit kann er sich einfach nicht abfinden. Die Begierde ist natürlich und gesund, es ist die Natur, die daraus spricht, er weigert sich, ihr abzuschwören; aber er würde sich auch so sehr wünschen, dass die anständigen Menschen glücklich wären, dass ihr Streben nach der Liebe belohnt würde, und natürlich ist das nicht möglich, und all das schenkt uns, insbesondere in *Silbermond und Kupfermünze* und *Ein Stück des Weges*, einige der schönsten Seiten der englischen Literatur.

Je weiter man ins 20. Jahrhundert vordringt, desto stärker nimmt die Verwirrung zu, und desto mehr verliert das Gesetz der Moral an Boden, bis es schließlich gar nicht mehr verstanden, wenn nicht gar systematisch missachtet wird. Der Sinnspruch »Aus guten Gefühlen lässt sich keine gute Literatur machen« wird schließlich eine beachtliche negative Wirkung entfaltet haben. Es scheint mir sogar, als hätte die unglaubliche Überbewertung, die die Autoren der Kollaboration seit Langem erfahren, hier ihren Ursprung. Damit wir uns recht verstehen, Céline ist nicht ohne Verdienst, er ist nur lachhaft überschätzt. Und die *Poèmes de Fresnes* von Brasillach sind sehr schön, überraschend schön sogar für einen so schwachen Autor. Doch all die anderen, die Drieus, Morands, Félicien Marceaus, Chardonnes ... das ist doch eine ziemlich beklagenswerte Schar von Mittelmäßigen. Nun, es kommt mir so vor, als wurzelte ihre sonderbare Überbewertung in einer perversen Umdeutung des oben zitierten Satzes, die man so formulieren könnte: »Wenn er ein Mistkerl ist, ist er wahrscheinlich ein guter Autor.«

Das zeugt von dem sonderbaren Chaos, das wir erreicht hatten. Was die gewaltigen Verdienste Emmanuel Carrères nur unterstreicht. Sobald wir eines seiner Bücher aufschlagen (und er ist so ziemlich der einzige aus seiner Generation, von dem sich das behaupten lässt), steigt das Miasma des moralischen Zweifels daraus empor, die Atmosphäre wird klarer, der Atem geht tiefer. Carrère *weiß*, wann das Verhalten seiner Figuren achtbar, bewundernswert, abscheulich, moralisch neutral ist; er kann an allem zweifeln, nur daran nicht. Und es ist diese konzeptionelle Klarheit, diese intellektuelle und moralische Aufrichtigkeit, die ihn befähigt, ihn und nur ihn (oder doch beinahe), gewisse tatsächlich moralisch heikle Themen zu erörtern. Seine Darstellung von Jean-Claude Romand in *Der Widersacher* ist gar nicht genug zu loben. Dass Jean-Claude Romand ein niederträchtiger Mörder ist, dass er die Strafe, die ihn getroffen hat, mehr als verdient, wird niemand leugnen wollen; doch dass er sehr weit davon entfernt ist, ein glaubwürdiges Bild des Bösen zu vermitteln, ist nicht weniger gewiss, und hier tritt Emmanuel Carrères Begabung deutlich zutage. Es ist wahrhaft bemerkenswert, wie es ihm gelingt, uns Romand Stück für Stück näherzubringen, ihn uns sogar sympathisch zu machen, ohne sich dabei in der Frage des Bösen auch nur das kleinste Zugeständnis zu erlauben.

(Romand ist übrigens von großer Bedeutung. Eine der wichtigsten und am wenigsten erwähnten Qualitäten eines Schriftstellers ist, dass er seine Themen zu wählen versteht. Man muss nachdenken, lange nachdenken; dann zielen, mit aller gebotenen Sorgfalt zielen und ins Schwarze treffen. Strafsachen gibt es Hunderte im Jahr, und Familienmorde machen einen großen Teil davon aus; doch sich jemanden als Ziel zu wählen, der in seiner Mythomanie beschlossen hat, sich als einen humanitären, für die Weltgesundheitsorganisation tätigen Arzt, ja als »großen Namen im humanitären Bereich« auszugeben, das sagt schon einiges über unsere Gesellschaft aus.)

Limonow ist die Verkörperung eines älteren, aber nicht weniger heiklen Problems. Dass Limonow talentiert war, lässt sich kaum bestreiten; aber dass er außerdem in gewisser Hinsicht ein richtiger Mistkerl war, ist ebenso offensichtlich. Es ist spannend, die Behandlung des Falles Limonow durch Emmanuel Carrère mit der des Falles Gauguin durch William Somerset Maugham zu vergleichen. Maugham hegt eine unendliche Bewunderung für Gauguin, er hält ihn (wobei sicherlich etwas Übertreibung im Spiel ist, aber sei's drum) für ein Genie vom Kaliber Michelangelos; doch die Brutalität und der Egoismus, die Gauguin in seinem Privatleben an den Tag legt, verursachen ihm Übelkeit. Das Martyrium von Dirk Stroeve, einem jener Wesen, deren Leben Gauguin zerstört, entringt ihm Seiten voller halluzinatorischem Schmerz; doch zugleich kann er Gauguin nicht verdammen, das wäre zu viel von ihm verlangt, und er leidet, der arme Maugham, er leidet immer mehr, bis sein Leiden als Autor schließlich zum wahren Sujet eines prächtigen, aber schwer zu lesenden Buches wird. Carrère hingegen erstaunt es kein bisschen, dass ein begabter Schriftsteller auch ein Mistkerl sein kann – er bedauert es, er wünschte, es wäre anders, aber es gehört für ihn nicht zu den *unerträglichen Widersprüchen*; es ist nur einer jener sonderbaren Streiche, die sich die Natur bei der Gestaltung des Menschen erlaubt. Sein Standpunkt zu diesem Thema ist der von Shakespeare – und allen übrigen Klassikern.

Diese geistige Gesundheit und diese Klarheit von Emmanuel Carrères Sichtweise haben einen Vorzug, der, negativ ausgedrückt, nicht weniger beträchtlich ist, nämlich dass *er sich niemals mit vorgetäuschten Problemen befasst.*

Es zerreißt mir jedes Mal das Herz, wenn ich sehe, wie christliche Denker (oder auch christliche Mönche, kurzum Christen) sich voller Ernst und voller Schmerz mit dem »Problem des Bösen« befassen. Was für ein Problem des Bösen? Wenn es eine Entität gibt, die in der Welt beheimatet ist, der man ohne Überraschung wiederbegegnet, deren Existenz alles andere als problematisch ist, dann ist es doch das *Böse.*

Und es ärgert mich immer ein wenig, wenn ich höre, wie die »tiefe Kenntnis der menschlichen Natur« gelobt wird, die sich in diesem oder jenem Autor offenbart, der im Laufe seiner langen Karriere nichts weiter getan hat, als eine wenig appetitliche Theorie selbstsüchtiger und zynischer Figuren aufzustellen. Ein solcher Autor, so scheint mir, hat im Gegenteil nicht mehr als ein nur ziemlich oberflächliches Verständnis des menschlichen Herzens erkennen lassen. Denn manche Wesen entschließen sich bewusst und aus freien Stücken, den übrigen mit Anständigkeit, Ehrlichkeit und Aufrichtigkeit zu begegnen; und dann werden sie dieser Maxime bis zu ihrem Tod gerecht. Wieder andere eilen, ohne durch irgendetwas dazu gezwungen zu sein, anderen mutig zur Hilfe und bemühen sich nach Kräften, sie zu retten und ihr Leid zu lindern. Das Gute existiert, es existiert unbedingt, ebenso sehr wie das Böse. Und diese sämtlichen Naturgesetzen ganz und gar widersprechende Existenz, diese aus biologischer Sicht *kontraproduktive* Existenz ist es, die ein echtes Problem darstellt. Es ist dieses *Problem des Guten*, das vielleicht einzige, das die Auseinandersetzung lohnt, mit dem Emmanuel Carrère sich auf den schönsten Seiten seiner Bücher befasst. Warum hat sich Étienne Rigal, der junge Hoffnungsträger des Richterverbands Syndicat de la Magistrature, statt für den goldenen Weg des Ministerkabinetts dafür entschieden, Strafvollzugsrichter in Béthune zu werden? Warum hat er sich entschieden, verelendeten Alkoholikern und halb Degenerierten zur Hilfe zu kommen? *Warum?*

Um sich dem Thema noch einmal aus einem etwas anderen Blickwinkel zu nähern, scheint es mir die Frage nach der *menschlichen Gemeinschaft*, nach der Möglichkeit einer menschlichen Gemeinschaft zu sein, die in den Büchern von Emmanuel Carrère am beständigsten wiederkehrt. Cioran bemerkt knapp, der Glaube an Gott sei »eine Lösung«[11] gewesen und man werde gewiss nie eine bessere finden. Von den immensen Vorteilen dieses Glaubens kann ich mindestens drei ausmachen. Erstens waren die kosmologischen Fragen nach dem Ursprung des Universums, der Zeit, des Raums etc. damit *ipso facto* gelöst. Zweitens war der Tod bezwungen (der eigene und vor allem der der anderen). Drittens war die Möglichkeit einer menschlichen Gemeinschaft geschaffen (an jenem Zeichen, dass sie einander lieben, sollt ihr sie erkennen etc.). Ich hatte immer den Eindruck, derjenige dieser drei Punkte, der Emmanuel Carrère am meisten am Herzen liegt, der seine neuerliche Faszination für das Christentum am besten erklärt, ist der dritte. Die eindrücklichste Veranschaulichung dessen ist wohl die fabelhafte vorletzte Seite von *Das Reich Gottes*, auf der er in der Gemeinschaft von Jean Vaniers Arche beim Tanzen an der Seite des mongoloiden Mädchens Élodie tränenüberströmt erkennt, wirklich erkennt, was dieses Reich ist.

In dieser Frage der menschlichen Gemeinschaft empfinde ich mich als weit weniger eloquent und weit widersprüchlicher. In höchstem Maße empfänglich für die kollektive Ergriffenheit, habe ich mich dem Glauben nie so nah gefühlt wie beim Besuch einer Messe. Aber auch Messen sind nicht alle gleich, wenn ich das sagen darf, und am heftigsten befällt mich der christliche Wunschtraum, wenn die Feier anlässlich eines

Begräbnisses stattfindet. Die letzte, an der ich teilnahm, wurde zu Ehren von Bernard Maris abgehalten. Auch Emmanuel war dort (und er hat sehr schön über unseren ermordeten Freund gesprochen). Ich erinnere mich an diese Gewissheit, diese Selbstverständlichkeit, die aus den Worten des Priesters sprach: Nein, der Tod existiert nicht, er existiert absolut nicht, weint nicht, ihr Kinderlein, Christus hat den Tod besiegt. Diese Gewissheit versetzt mich in tiefe innere Erschütterung.

Vielleicht interessiert mich die Frage der menschlichen Gemeinschaft *im Allgemeinen* auch weniger, weil ich ein leidenschaftliches Interesse an jener begrenzteren Gemeinschaft habe, die aus einem Mann und einer Frau besteht. Auch Emmanuel Carrère interessiert sich sehr dafür, die Liebe nimmt in unser beider Bücher beträchtlichen Raum ein (er besteht in sehr ergreifender Weise auf der ehelichen Liebe und auch der ehelichen Sexualität). Doch er hat die Frage der menschlichen Gemeinschaft *im Allgemeinen* nicht aufgegeben. Ich schon, muss ich gestehen; und was der Begriff der »Brüderlichkeit« zuallererst in mir auslöst, ist ein gewisser Argwohn. Es liegt mir sehr fern, damit zu prahlen – ich stelle es fest. Ich stelle meine Schwächen fest, aber ich will sie nicht übertreiben; meine Überzeugungen sind überschaubar, doch sie sind heftig. Ich glaube an die Möglichkeit eines begrenzten Himmelreichs. Ich glaube an die Liebe.

Das ist eine recht bescheidene Versprechung, verglichen mit jener des Himmelreichs; eine recht begrenzte Liebe, verglichen mit der Barmherzigkeit, von der Paulus spricht; aber manchmal denke ich, das reicht vielleicht aus. Ich weiß nicht, wie Emmanuel Carrère darüber denkt, ich bin mir nicht einmal sicher, dass er es selbst weiß; aber ich weiß, dass wir das Recht haben, ihn zu fragen, ich ebenso wie alle seine Leser (so beschwerlich das auch sein mag, Schriftsteller setzen sich dem aus: Ihre Leser haben das Recht, haben das unbedingte Recht, sie dazu *aufzufordern*, die Art und Weise zu erläutern, nach der es zu leben gilt). Kurz, ohne die Antwort Emmanuel Carrères zu kennen, glaube ich, ihn hinreichend gelesen zu haben, um zu wissen, dass er diesen Satz zu schätzen wissen wird, den ich von Wersilow (einer der rätselhaftesten Figuren Dostojewskis, da seltsam frei von Hysterie) entliehen habe:

»Aber unter allen Umständen auf irgendeine Weise wenigstens ein Wesen im Laufe des Lebens glücklich zu machen, aber jedenfalls praktisch, das heißt in Wirklichkeit, das möchte ich für jeden gebildeten Menschen als Gebot hinstellen; ähnlich wie ich im Hinblick auf die Entwaldung Russlands es jedem Bauern zum Gesetz oder zur Pflicht machen möchte, wenigstens einen Baum in seinem Leben zu pflanzen[.]«[12]

DONALD TRUMP IST EIN GUTER PRÄSIDENT

Dieser Text erschien im Januar 2019
in *Harper's Magazine*.

Ich liebe das amerikanische Volk aufrichtig, ich habe in Amerika viele reizende Menschen getroffen, und ich nehme Anteil an der Scham, die viele Amerikaner (und nicht nur »New Yorker Intellektuelle«) dabei empfinden, von einem so haarsträubenden Clown regiert zu werden.

Dennoch muss ich Sie bitten (und ich weiß, dass das nicht leichtfällt), die Sache einmal aus einer nichtamerikanischen Perspektive zu betrachten. Ich sage nicht: »aus französischer Perspektive«, das wäre zu viel verlangt; sagen wir, aus der Perspektive der übrigen Welt.

Als ich wiederholt zur Wahl Donald Trumps befragt wurde, antwortete ich immer, es sei mir völlig egal. Frankreich ist nicht Wyoming und auch nicht Arkansas. Frankreich ist ein mehr oder weniger unabhängiges Land, und es wird wieder ganz und gar unabhängig sein, sobald die Europäische Union aufgelöst wird (je eher, desto besser).

Die Vereinigten Staaten von Amerika sind nicht mehr die stärkste Weltmacht; sie sind es lange gewesen, beinahe das gesamte 20. Jahrhundert hindurch. Sie sind es nicht länger.

Sie bleiben eine bedeutende Macht neben anderen.

Für die Amerikaner ist das nicht zwangsläufig eine schlechte Nachricht.

Für den Rest der Welt ist das eine sehr gute Nachricht.

Ich hatte bei meiner Antwort ein wenig übertrieben. Man kann nicht umhin, sich doch ein wenig für das politische Leben in den USA zu interessieren. Die Vereinigten Staaten von Amerika sind noch immer die weltweit führende Militärmacht, und leider haben sie das militärische Eingreifen außerhalb der eigenen Grenzen noch nicht endgültig aufgegeben.

Ich bin kein Historiker und in der älteren Geschichte nicht bewandert, ich wüsste beispielsweise nicht zu sagen, ob es Kennedy oder Johnson ist, der die größte Schuld an dieser schmutzigen Angelegenheit in Vietnam trägt; aber ich habe den Eindruck, dass die USA schon ziemlich lange keinen Krieg mehr *gewonnen* haben und dass ihre militärischen Interventionen (offen oder verdeckt) im Ausland seit mindestens fünfzig Jahren eine Aneinanderreihung durch Fehlschläge gekrönter Schandtaten gewesen sind.

Gehen wir einmal zurück bis zu ihrer letzten moralisch unangreifbaren und militärisch siegreichen Intervention, nämlich ihrer Teilnahme am Zweiten Weltkrieg: Was wäre geschehen, wären die Vereinigten Staaten nicht in den Krieg eingetreten (eine unangenehme alternative Weltgeschichte)? Das Schicksal Asiens wäre zweifellos verändert gewesen. Das Schicksal Europas auch, aber wohl etwas weniger. Für Hitler sah es ohnehin schon ziemlich schlecht aus. Am wahrscheinlichsten ist, dass Stalins Truppen Cherbourg erreicht hätten. Einige europäische Länder, denen die Geißel des Kommunismus erspart geblieben ist, hätten sie am eigenen Leib erfahren.

Ein wenig anheimelndes Szenario, zugegeben, aber eines von begrenzter Dauer. Vierzig Jahre später wäre die Sowjetunion in jedem Fall zusammengebrochen, aus dem einfachen Grund, dass sie auf einer unwirksamen und verlogenen Ideologie basierte. In keinem Land der Welt, ganz gleich unter welchen Umständen, ganz gleich in welcher Kultur er sich angesiedelt hat, konnte der Kommunismus auch nur ein Jahrhundert überdauern.

Das Gedächtnis eines Volkes reicht nicht sonderlich weit zurück. Erinnern sich die heutigen Ungarn, Polen, Tschechen wirklich noch daran, Kommunisten gewesen zu sein? Ist ihre Sicht auf europäische Fragen so anders als jene, der man in Westeuropa begegnet? Das darf bezweifelt werden. Das »Geschwür des Populismus«, um einmal die Ausdrucksweise der gemäßigten Linken zu bemühen, ist gewiss nicht auf die Visegrád-Gruppe beschränkt; vor allem aber sind die von Österreich, Polen, Italien oder Schweden vorgebrachten Argumente exakt die gleichen. Der Kampf gegen den Islam ist eine der Konstanten in der langen Geschichte Europas; er ist nur wieder an die erste Stelle getreten.

Ich habe vor allem durch Romane (fast ausschließlich amerikanische Romane) von den abscheuerregenden CIA-Manövern in Nicaragua oder in Chile erfahren. Die ersten amerikanischen Militärinterventionen, an die ich mich wirklich erinnere, sind die der beiden Bushs, vor allem die des Sohnes. Frankreich hat sich geweigert, sich an dessen ebenso unmoralischen wie stupiden Krieg gegen den Irak zu beteiligen; Frankreich hat Recht gehabt, und das sage ich mit umso größerem Vergnügen, als Frankreich selten Recht gehabt hat, sagen wir seit de Gaulle.

Mit Obama gab es bereits große Fortschritte zu verzeichnen. Den Friedensnobelpreis hat er vielleicht etwas zu früh bekommen; wirklich verdient hatte er ihn in meinen Augen an jenem Tag, an dem er sich weigerte, François Hollande in der Syrien-Frage zu folgen. Bei der Aussöhnung der unterschiedlichen Ethnien war er weniger erfolgreich, und ich gebe zu, dass ich Ihr Land nicht gut genug kenne, um die Gründe genau zu verstehen; ich kann es nur bedauern. Zumindest aber können wir ihn dazu beglückwünschen, dass Syrien sich nicht in die bereits lange Liste (Afghanistan, Irak, Libyen und sicher noch einige mehr) westlicher Übergriffe auf muslimischem Boden einreiht.

Trump verfolgt Obamas Politik des Rückzugs weiter, und er verstärkt sie noch; das ist eine sehr gute Nachricht für den Rest der Welt.

Die Amerikaner lassen uns in Frieden.

Die Amerikaner lassen uns unser Leben leben.

Die Amerikaner versuchen nicht länger, den Planeten mit Demokratie zu überziehen. *Welcher* Demokratie überhaupt? Alle vier Jahre abstimmen, um einen neuen Chef zu wählen, ist *das* Demokratie? In meinen Augen gibt es auf der Welt ein Land (ein einziges, nicht zwei), das sich teils demokratischer Institutionen erfreut, und dieses Land sind nicht die Vereinigten Staaten von Amerika; es ist die Schweiz. Ein Land, das sich im Übrigen durch seine lobenswerte Politik der Neutralität auszeichnet.

Die Amerikaner sind nicht länger bereit, für die Pressefreiheit zu sterben. *Welche* Pressefreiheit überhaupt? Seit meinem dreizehnten Lebensjahr habe ich das Spektrum der in der Presse zulässigen Meinung immer weiter schrumpfen sehen (ich sage das, kurz nachdem sich in Frankreich eine erneute Hetzkampagne gegen Éric Zemmour in Gang gesetzt hat).

Die Amerikaner greifen zunehmend auf Drohnen zurück, wodurch sich die Zahl der zivilen Opfer hätte reduzieren lassen, wüssten sie sie richtig einzusetzen (wobei die Amerikaner stets unfähig waren, einen Bombenangriff korrekt durchzuführen, und das im Grunde seit den Anfängen der Luftfahrt).

Am bemerkenswertesten an der neuen amerikanischen Politik ist jedoch sicherlich die Wirtschaftspolitik, und ich muss gestehen, dass Trump hier eine wohltuende Frische mitbringt und dass Sie wirklich gut daran getan haben, einen Präsidenten zu wählen, der der »Zivilgesellschaft« entstammt.

Präsident Trump zerreißt Handelsverträge und -vereinbarungen, wenn er findet, dass es ein Fehler war, sie zu unterzeichnen; er hat ganz Recht, man muss von der Widerrufsfrist Gebrauch zu machen wissen.

Im Gegensatz zu den Liberalen (die auf ihre Weise ebenso fanatisch sind wie die Kommunisten) ist die weltweite Handelsfreiheit für Präsident Trump nicht das A und O des menschlichen Fortschritts. Wenn der Freihandel amerikanische Interessen begünstigt, ist Präsident Trump für den Freihandel; im gegenteiligen Fall erscheinen ihm altbewährte protektionistische Maßnahmen angebracht.

Präsident Trump wurde gewählt, um die Interessen der amerikanischen Arbeiter zu vertreten; er vertritt die Interessen der amerikanischen Arbeiter. Man hätte diese Einstellung in Frankreich in den vergangenen fünfzig Jahren gern häufiger gesehen.

Präsident Trump mag die Europäische Union nicht, er findet, wir hätten nicht viel gemeinsam, schon gar keine »Werte«, und das zum Glück, denn *welche* Werte? »Menschenrechte«? Im Ernst? Er würde lieber direkt mit den einzelnen Staaten verhandeln; ich glaube, dass das tatsächlich besser wäre, dass Einheit nicht zwangsläufig zu Stärke führt (vor allem dann nicht, wenn man nicht dieselben Interessen hat). Wir haben in Europa weder eine gemeinsame Sprache noch gemeinsame Werte noch gemeinsame Interessen, kurz: Europa existiert nicht, es wird niemals ein Volk und schon gar nicht die Basis einer potenziellen Demokratie (vgl. die Wortherkunft) bilden, und das vor allem, weil es gar kein Volk bilden *will*. Die Europäische Union war ohnehin nie darauf ausgelegt, eine Demokratie zu sein, die Zielsetzung war nahezu genau das Gegenteil. Es ist, kurz gesagt, eine verhängnisvolle oder bestenfalls dumme Idee, die sich nach und nach in einen bösen Traum verwandelt hat, aus dem wir schließlich erwachen werden. Victor Hugo, stellenweise ein guter Dichter, ist oft auch hochtrabend und dämlich; sein Wunschtraum von den »Vereinigten Staaten von Europa« ist dafür ein gutes Beispiel; hin und wieder tut es mir gut, Victor Hugo zu kritisieren.

Logischerweise hat Präsident Trump den Brexit begrüßt. Ich logischerweise auch; ich habe lediglich bedauert, dass die Engländer im Angesicht des Imperiums wieder einmal mehr Mut beweisen als wir.

Präsident Trump betrachtet Wladimir Putin nicht als einen unwürdigen Gesprächspartner; ich tue es auch nicht. Ich glaube nicht an die Rolle Russlands als universeller Führer, so weit geht meine Bewunderung für Dostojewski nicht; aber ich bewundere den Widerstand der Orthodoxie auf russischem Boden, ich denke, dass der Katholizismus gut beraten wäre, sich ein

Beispiel daran zu nehmen, dass der »ökumenische Dialog« sich sinnvollerweise auf einen Dialog mit den Orthodoxen beschränken könnte und dass das Schisma von 1054 für die christliche Welt der Anfang vom Ende war (ich glaube allerdings auch, dass das Ende niemals sicher ist, solange es nicht wirklich da ist).

Es scheint sogar, als wäre es Präsident Trump gelungen, den wahnsinnigen Nordkoreaner zu zähmen; ich finde, das war einfach *spitzenmäßig.*

Frankreich sollte aus der NATO austreten, aber vielleicht wird das nicht nötig sein, wenn die NATO aufgrund mangelnder Finanzierung verschwindet; das wäre eine Sorge weniger.

Kurz gesagt, Präsident Trump erscheint mir als einer der besten Präsidenten, die Amerika je hatte.

In persönlicher Hinsicht ist er natürlich ziemlich widerwärtig. Dass er sich Nutten bestellt, ist kein Problem, wen juckt das, aber sich über Behinderte lustig zu machen, das ist nicht gut. Ein echter christlicher Konservativer – also ein ehrenwerter und sittlicher Kerl – mit einem gleichwertigen Programm wäre für Amerika besser gewesen.

Aber das kann ja noch kommen, vielleicht beim nächsten Mal oder beim übernächsten, wenn Sie weiter auf Trump bestehen. In sechs Jahren wird Ted Cruz noch verhältnismäßig jung sein, und es gibt gewiss noch weitere ausgezeichnete christliche Konservative. Sie werden etwas weniger wettbewerbsfähig sein, aber Sie werden in Ihrem wunderbaren Land die Freude am Leben innerhalb der eigenen Grenzen wiederentdecken, werden sich in Rechtschaffenheit und Tugendhaftigkeit üben, einige Produkte exportieren und einige andere importieren, alles in überschaubarem Rahmen, die Einschränkung des globalen Handels ist ein wünschenswertes und kurzfristig umzusetzendes Ziel.

Gewisse gewaltsame Handlungen könnten den Prozess auf nützliche Weise beschleunigen; sie ließen sich leicht auf Güter begrenzen. Die Zahl der Matrosen auf diesen gigantischen Containerschiffen ist erstaunlich beschränkt; es wäre nicht sehr schwierig, sie rechtzeitig zu evakuieren.

Ihr militärischer Messianismus wird vollständig verschwunden sein; die Welt wird dadurch nur umso freier atmen können.

Furchterregende Konkurrenten für das Silicon Valley und in geringerem Maße auch für Hollywood werden auftauchen; doch das Silicon Valley wird ebenso wie Hollywood wichtige Marktanteile behalten.

China wird von seinen überzogenen Ambitionen Abstand genommen haben. Das wird das Schwierigste, aber am Ende wird China seine Ambitionen zurückschrauben, und Indien wird es ihm gleichtun. China ist nie eine globale imperialistische Macht gewesen und Indien ebenso wenig – im Gegensatz zu den USA; ihre militärischen Ambitionen sind örtlich begrenzt. Ihre wirtschaftlichen Ambitionen hingegen sind tatsächlich global. Sie waren auf wirtschaftliche Rache aus, und sie rächen sich in diesem Augenblick, das ist in der Tat ein Grund zur Sorge, und Donald Trump hat Recht, sich nicht alles gefallen zu lassen; doch letztlich wird das wieder nachlassen, ihre Wachstumsrate wird nachlassen.

All das wird innerhalb eines Menschenlebens geschehen.

Sie müssen sich an den Gedanken gewöhnen, werte Amerikaner: Unter dem Strich wird Donald Trump für Sie vielleicht eine notwendige Prüfung gewesen sein. In jedem Fall werden Sie weiterhin willkommen sein – als Touristen.

GESPRÄCH MIT GEOFFROY LEJEUNE

Dieses Gespräch erschien im Mai 2019 in der amerikanischen Zeitschrift *First Things.* Es handelt sich um den Versuch einer Beantwortung der Frage »*What the Catholic Church should do to restore its own splendor and repair our dilapidated civilisation*« (»Was die katholische Kirche tun sollte, um ihren alten Glanz zurückzugewinnen und unsere beschädigte Zivilisation wieder instand zu setzen«). Es wurde im Oktober 2019 in der *Revue des deux mondes* nachgedruckt.

Die Liturgie

MH: Es gibt, viele Amerikaner wissen das wahrscheinlich nicht, in Frankreich eine Pfingstbewegung; ich wurde darauf aufmerksam, als ich in Paris nahe der Porte de Montreuil wohnte – damals ein armes Stadtviertel mit vielen Neueinwanderern. Angezogen von Plakaten, besuchte ich mehrere Gottesdienste – manche von einem amerikanischen Fernsehprediger auf Tournee geleitet. Die Teilnehmenden waren zu mindestens 90 Prozent Schwarze. Ich erinnere mich auf eine sonderbare Weise daran, fast könnte ich bezweifeln, diese Momente wirklich erlebt zu haben. Die Menschen tanzten, sie sangen aus voller Kehle, »sprachen in Zungen«, manchmal, nicht allzu oft, ich hatte nie das Gefühl, einem kollektiven Delirium beizuwohnen oder mich in einer Sekte zu befinden. Das »Zeichen des Friedens«, in der katholischen Messe auf einen kurzen, verschämten und eisigen Handschlag reduziert, gab hier Anlass zu endlosen und warmherzigen Umarmungen. Und am Ende des Gottesdienstes wurden große Mengen an Lebensmitteln geteilt.

»Wenn diese Menschen erlöst sind«, so Nietzsche sinngemäß (hart, aber treffend), »müssten sie erlöster aussehen«.[13] In diesem Augenblick verstand ich, dass die katholische Kirche sehr davon profitieren könnte, sich der Atmosphäre der Pfingstlergottesdienste anzunähern.

Zumal das nicht unmöglich ist. Es wurde sogar erfolgreich versucht, nämlich von den der »charismatischen Erneuerung« angeschlossenen Gemeinschaften. Ich habe einmal eine Woche in einer von ihnen verbracht, die sich seinerzeit Gemeinschaft des Löwen von Juda und des Opferlamms[14] nannte, und dort bin ich genau dem gleichen Gefühlsüberschwang, der gleichen Warmherzigkeit wiederbegegnet. Im Übrigen waren es fast nur Weiße – das sage ich, um zu verdeutlichen (sollte das notwendig sein), dass die Hautfarbe, sobald es um »Herzensangelegenheiten« geht (und eine solche ist die Religion, sogar in höchstem Maße), keine relevante Größe ist.

Eine vergleichbare Szene findet sich auf den wunderbaren letzten Seiten von Emmanuel Carrères *Das Reich Gottes*, die in der Gemeinschaft der Arche von Jean Vanier angesiedelt sind: Ich beziehe mich auf den Augenblick, in dem er sich beim gemeinsamen Tanz Élodie, dem jungen Mädchen mit Down-Syndrom, gegenübersieht und einen Blick auf das Himmelreich erhascht.

Obgleich mir diese charismatischen Gottesdienste ausgesprochen gut gefielen, blieb in mir doch ein Unbehagen, das ich erst dank des sehr guten Buches *In God's Country* von Douglas Kennedy richtig verstanden habe, in welchem er von seiner Untersuchung des wiedererwachten evangelischen Christentums in den Vereinigten Staaten des Bible Belt berichtet. Man hat bei der Lektüre mitunter den Eindruck, dass dieses Wiedererwachen nur Menschen betreffen kann, deren Vergangenheit von Alkoholismus, Drogenabhängigkeit, Prostitution oder Obdachlosigkeit geprägt ist; dass es sich in keinem Fall an Menschen richtet, die auf normale Weise in die Gesellschaft integriert sind und ihre Kindheit in einer einigermaßen liebevollen Familie verbracht haben. Tatsächlich ist die Hauptaufgabe der Gemeinschaft der Arche die Betreuung geistig Behinderter; und ich hätte mich wahrscheinlich nicht in der Gemeinschaft des Löwen von Juda aufgehalten, hätte ich damals nicht an einer schweren Depression gelitten, die zum Teil mit Arbeitslosigkeit einherging.

Alles in allem scheint es, als könnten die Pfingstler, auch wenn es ihnen gelingt, jene zurückzuholen, die am Rande des Abgrunds oder vielleicht sogar jenseits davon stehen (was bereits ein beachtlicher Nutzen ist, und es gibt bis auf die Zeugen Jehovas nicht viele, die es darin mit ihnen aufnehmen könnten), in keiner Weise leisten, was der katholischen Kirche über viele Jahrhunderte hinweg auf so perfekte Weise gelungen ist: die Organisation des Funktionierens der Gesellschaft in ihrer Gesamtheit.

GL: Ich gehe seit dreißig Jahren jeden Sonntag zur Messe und habe nahezu alle liturgischen Stile kennengelernt. Ich hatte Umgang mit »Charismatikern«, insbesondere denen der Gemeinschaft Emmanuel, und ebenso wie Sie wurde ich Zeuge, wie Menschen tanzten, sangen und auch in Zungen sprachen, kurz, sich all jenen Gefühlsäußerungen hingaben, von denen man glaubte, sie wären den Amerikanern vorbehalten. Ich muss anerkennen, dass bei diesen Versammlungen eine Art der Freude herrscht, die mitunter etwas beunruhigend ist, weil gewisse Mitglieder besessen zu sein scheinen (ihr Verhalten im Rahmen sogenannter Heilungsveranstaltungen erweckt den Eindruck, man könne dieses Mysteriums tatsächlich nur teilhaftig werden, wenn man sich in einem üblen Zustand befindet). Doch ich habe mich Gott nie so fern gefühlt wie bei diesen Gelegenheiten: Ich war achtzehn Jahre alt, ich war weder krank noch depressiv, und am Ende glaubte ich, da es mir weder gelang, heiße Tränen zu vergießen noch inmitten mir unbekannter Menschen mein Herz in ein Mikrofon auszuschütten, ich wäre einfach nicht für den Glauben gemacht.

Das ist eine Wunde, die von der Kirche geheilt werden müsste: Gott nicht zu kennen oder nicht zu wissen, wie man zu ihm findet. In den Sechzigerjahren, als die Beatles die Welt zum Tanzen brachten, fragte sich die Kirche, wie sie das Evangelium weiter verkündigen könnte. Im Jahr 1962 berief sie das Zweite Vatikanische Konzil ein. Böse Zungen behaupten, die Kardinäle seien mit dem Boot gekommen und mit dem Flugzeug abgereist: Die Institution war in die Moderne eingetreten. Indem sie sich den allgemeinen Sitten und Gebräuchen annäherte, die Sprache ihrer Zeit sprach, glaubte die Kirche die Verbindung zu den durch die liberale und sexuelle Revolution verunsicherten Gläubigen aufrechterhalten zu können. Die Veränderungen betrafen vor allem den liturgischen Aspekt: Die lateinische Sprache wurde aufgegeben, der Ornat wurde vereinfacht, der Priester wandte sich der Gemeinde zu.

Die Pfarrbezirke investierten in elektronische Synthesizer, und in den Chören begannen junge Mädchen den Ton anzugeben. Doch das Drama jeder Mode ist, dass sie irgendwann aus der Mode kommt. Sechzig Jahre später sind die Synthesizer noch immer da, die jungen Mädchen auch, doch sie sind gealtert, und ihre Stimmen sind zittrig geworden – selbst die Priester ertragen sie nicht mehr. Nur die dynamischen Pfarrgemeinden in den Innenstädten entgehen dieser Verarmung der Liturgie, aber im besten Fall hört man dort, wie sich ein Sonntagsgitarrist an Arpeggios versucht, und besinnt sich auf diese grausame Wahrheit: Nicht jeder kann ein Mark Knopfler sein.

Dieses Wetteifern um Modernität ist ein eklatanter Misserfolg, die Kirchen haben sich erheblich geleert.

Vor dem Zweiten Vatikanischen Konzil gab ein Drittel der Franzosen an, jeden Sonntag zur Messe zu gehen. Bis zum Jahr 2012 war diese Zahl auf sechs Prozent gefallen, ein Anzeichen für einen bedeutenden kulturellen Wandel.

Zweifellos sind diese Phänomene miteinander verknüpft: Die Kirche hat sich der Welt in jenem Augenblick anzuverwandeln versucht, da diese immer hässlicher wurde. Das ist ein ausreichender Grund für Vorwürfe: Wir haben jedes Recht zu erwarten, dass sie uns unabhängig von den Erschütterungen der Zeit einen Weg aufzeigt, dass sie überdauert. Dass sie uns einen Weg aufzeigt, den zu Gott beispielsweise. Das Lateinische sollte daher einen Unterschied zwischen der Alltagssprache und jener Sprache markieren, mit der man sich an den Schöpfer wendet. Der unter dem Kirchenschiff aufsteigende Weihrauch wies der Seele den Weg. Der mit dem Rücken zu den Gläubigen stehende Priester war in Wahrheit dem Himmel zugewandt. Wir haben das Heilige stillschweigend aus der Kirche vertrieben und es nur durch das Coole, durch das Unterhaltsame ersetzt – das ist toll, aber es ist heillos menschlich. Um Missverständnissen vorzubeugen, möchte ich klarstellen, dass ich auch Ultratraditionelle kennengelernt habe, für die Weihrauch, auf Latein heruntergeleierte Gebete und die auf den Knien verbrachten Stunden das A und O des Glaubens waren: Ich halte sie ebenso für Fanatiker. Was folgt daraus? Man muss *in* der Welt, aber nicht *von* der Welt sein, hat Jesus zu seinen Jüngern gesagt. Die Kirche hätte das ernster nehmen sollen.

Die gesellschaftliche Organisation

MH: Es lässt sich in der Geistesgeschichte eine seltsame Familie von Denkern ausmachen, die die römisch-katholische Kirche für ihre Fähigkeit zur spirituellen Führung der Menschen und vor allem der Organisation menschlicher Gesellschaften bewundern, ohne deshalb christlich zu sein.

Der vorderste und bemerkenswerteste Vertreter dieser Richtung ist gewiss Auguste Comte. In seiner unnachahmlichen Art erklärt Comte die Bezeichnung »protestantisch« zur *Charaktereigenschaft*. Tatsächlich kann ein Protestant nichts als protestieren, das liegt in seiner Natur. Schon de Maistre, auf den Comte sich beruft, hat bemerkt, ein Protestant wäre in der Monarchie Republikaner und in der Republik Anarchist. Protestant zu sein, ist für de Maistre noch schlimmer, als Atheist zu sein. Ein Atheist kann aus respektablen Gründen den Glauben verloren haben, es ist möglich, ihn zum Glauben zurückzuführen, dergleichen ist schon vorgekommen; der Protestantismus dagegen, schreibt er, sei »nichts als eine Negation«.[15]

Comte ist nicht nur das in intellektueller Hinsicht beachtenswerteste Mitglied dieser sonderbaren Familie der »nichtchristlichen Katholiken«, er ist auch das sympathischste, was an seinem schillernden Größenwahn liegt, der ihn am Ende dazu bringt, seine Aufrufe an all jene zu vervielfachen, die er für bereit hält, sich dem Positivismus anzuschließen: Konservative, Proletarier, Frauen, Zar Nikolaus I. Im Grunde wäre er ein sehr guter Ersatz für den Papst in Rom gewesen, und er hätte die gesamte katholische Organisation übernommen; es hätte ausgereicht, wenn die Katholiken jene in seinen Augen ganz einfache Geste vollzogen hätten: den Übertritt zum positiven Glauben.

Charles Maurras, der sich wiederum auf Comte bezieht, weist der politischen Wirksamkeit eine zu große Bedeutung zu, was ihn letztlich zu so verhängnisvollen wie amoralischen Kompromissen führt.

Der interessanteste zeitgenössische Stellvertreter dieser Richtung ist in Frankreich sicherlich Éric Zemmour. Jahrelang erinnerte er mich an jemanden, ohne dass ich hätte sagen können, an wen. Vor Kurzem fiel es mir dann ein: Zemmour ist ganz genau wie Naphta in *Der Zauberberg*. Leo Naphta ist zweifellos der faszinierendste Jesuit der Weltliteratur. In der endlosen Kontroverse zwischen Settembrini und Naphta nimmt Thomas Mann keine eindeutige Position ein, man spürt, dass die Sache für ihn nicht einfach ist. Naphta ist Settembrini gegenüber in allen Punkten unbestreitbar im Recht; Naphtas Intelligenz übersteigt Settembrinis ebenso, wie Zemmours Intelligenz die seiner heutigen Widersacher übersteigt. Doch ebenso unbestreitbar gilt Thomas Manns ganze Sympathie (und das wird im Verlauf des Buches immer deutlicher) Settembrini, und dieser alte vom Humanismus schwadronierende Italiener rührt uns schließlich zu Tränen, was dem brillanten Naphta nie gelungen wäre.

Wenn wir das Ambiente einmal radikal wechseln und die Ufer des zivilisierten Europa der 1900er-Jahre verlassen, um uns ins Herz der russischen Hysterie zu begeben, können wir der Akte ein weiteres Beweisstück hinzufügen: die berühmte Szene aus *Die Brüder Karamasow* mit Christus und dem Großinquisitor, in der Dostojewski die katholische Kirche heftig angreift, vor allem den Papst und die Jesuiten. Sobald er auf die Erde zurückkehrt, wird Christus von den kirchlichen Behörden inhaftiert. Der Großinquisitor, der ihn in seiner Zelle besucht, erklärt ihm, die Kirche habe sich ohne ihn sehr gut eingerichtet, man brauche ihn nicht mehr – ja er störe sogar. Er habe daher keine andere Wahl, als ihn erneut hinzurichten. Diese Szene, die Freud als »eine der Höchstleistungen der Weltliteratur«[16] betrachtete, stürzt den katholischen Leser in ein tiefes und anhaltendes Unwohlsein. Denn was würde wirklich passieren, wenn Christus zurückkäme und predigend und Wunder wirkend durch die Straßen von Rom wandelte? Wie würde der heutige Papst reagieren?

GL: Éric Zemmour hat ein großes Faible für die Historie, doch in einigen Jahrhunderten wird er die Arbeit der Historiker erheblich verkomplizieren. Denjenigen, die sich mit seinem Fall beschäftigen werden, um unsere Zeit zu verstehen, wird es sehr schwerfallen, die richtigen Schlüsse zu ziehen: Er verkörpert eine in Frankreich sehr starke geistige Strömung, die man als reaktionär bezeichnen könnte, ist aber beinahe der Einzige, der diese Ideen verteidigt, und er wird heftig bekämpft.

Die Haltung des »nichtchristlichen Katholiken«, die Sie beschreiben, passt wunderbar zu ihm, er ist tatsächlich einer der Letzten dieser Art. Zu Zeiten von Auguste Comte und selbst später noch gab es viele von ihnen, aus einem ganz einfachen Grund: Der Katholizismus befand sich, zumindest in Europa, in der Situation einer kulturellen Hegemonie, um mit den italienischen Kommunisten zu sprechen. Auf einem christlichen Kontinent, wo der Katholizismus oft die Staatsreligion und zugleich die gemeinsame kulturelle Basis war, vermochten die großen Denker, ob gläubig oder nicht, die Kirche zu beeinflussen. In einer entchristianisierten Zeit, auf einem Kontinent, der seine Wurzeln vergessen hat, mit Justizsystemen, die darauf abzielen, die Spuren der Religion zu tilgen, sind die »nichtchristlichen Katholiken« selten, es gibt ja überhaupt kaum noch Katholiken.

Ganz allgemein kommt es mir anachronistisch vor, der Zeit der Kontroversen zwischen großen Denkern in der Glaubensfrage nachzutrauern. Die Kirche selbst hat, indem sie sich aus der öffentlichen Sphäre zurückzog, darauf verzichtet, eine Rolle zu spielen und die Denker zu beeinflussen. In Frankreich wurde das Gesetz von 1905 zu effizient angewendet: Als die Kirche vom Staat getrennt wurde, glaubte die politische Macht zweifellos nicht, dass es in weniger als einem Jahrhundert gelingen würde, diese gigantische Auslöschung zu vollziehen. Auch wenn sie hartnäckig bekämpft wurde, trägt die Kirche einen Teil der Verantwortung, da sie sich zu leicht unterworfen hat. Heute zahlt sie den Preis dafür.

Der interreligiöse Dialog

MH: Die Doktrin der freien Forschung und die sich daraus ergebende spirituelle Anarchie machen im Grunde jeden Dialog mit den Protestanten mangels Ansprechpartnern unmöglich. Im Islam ist die Situation übrigens die gleiche.

Einige Probleme, die die Abwesenheit einer spirituellen Hierarchie mit sich bringt, werden in Douglas Kennedys Buch klar ersichtlich. In der Kleinstadt Enterprise in Alabama kommen die schwarzen und weißen Baptisten, die unterschiedliche Kirchen besuchen, nie miteinander in Berührung, obwohl sie auf Drängen des örtlichen Pastors etwa fünfzig Kilometer entfernt in denselben Gottesdiensten das Abendmahl empfangen. In einem Land mit so schwerwiegenden ethnischen Problemen wie in den Vereinigten Staaten ist das nicht nur eine kleine Unannehmlichkeit.

(Noch schlimmer ist die Situation im Islam, der nahezu von Beginn an von einem Krieg zwischen zwei Gruppierungen durchdrungen ist und in dem die blutigsten Auswüchse möglich sind – könnte es im Islam eine mit der Exkommunizierung durch einen Bischof vergleichbare Sanktion geben, wäre der Dschihadismus innerhalb weniger Wochen verschwunden.)

Zutiefst dezentralisiert, in fünfzehn »autokephale« (materiell unabhängige, aber ein und denselben Glauben teilende) Kirchen unterteilt, hat es die orthodoxe Kirche geschafft, jede schwerwiegende Unstimmigkeit, jedes Schisma zu vermeiden. Wie ist ihr das gelungen? Mir scheint, einfach dadurch, dass sie orthodox war (ich bin versucht, die Bezeichnung »orthodox« nach Art von Auguste Comte als *Charaktereigenschaft* zu benennen). Die orthodoxe Kirche hat sich im Laufe der Jahrhunderte damit begnügt, Liturgie und Doktrin unverändert beizubehalten; sie hat es abgelehnt, sich in weltliche Angelegenheiten einzumischen.

GL: Das Nichtvorhandensein einer Priesterschaft in den übrigen Religionen erklärt zweifellos die Schwierigkeit des Dialogs mit den Katholiken, doch meiner Ansicht nach gibt es noch einen weiteren Grund: den fehlenden Willen auf beiden Seiten. Mich verblüfft dieser brennende Wunsch der Katholiken, sich mit ihren Brüdern von anderem Glauben zu versöhnen, ich sehe darin einen Reflex, der aus der Zeit stammt, da sie die Welt beherrschten.

Sinnvoll war der Dialog zwischen den Religionen

mit der Zielsetzung einer kaum verhohlenen Eroberung; man konnte das schamhaft als Evangelisierung bezeichnen, und diese nahm mitunter leicht feindselige Formen an. In einer Periode des Rückzugs ist dieser Dialog ein bloßes Hirngespinst der Katholiken, von Katholiken nach katholischen Kriterien entworfen unter den zweifelnden Blicken der anderen Religionen.

Es ist eine alte Marotte, deren Ursprung sich auf das zwölfte Jahrhundert datieren lässt, als der sehr einflussreiche Petrus Abaelardus sein *Gespräch eines Philosophen, eines Juden und eines Christen* schrieb. Die Fundamente des interreligiösen Dialogs unter den Katholiken sind gelegt: Man kann über alle monotheistischen Religionen diskutieren, man kann gemeinsam in Wohlwollen und Toleranz vorwärtsschreiten. Am Ende denken manche sogar, dass man denselben Gott anbetet, dass nur die Riten und Bräuche variieren. Hauptsächlich katholische Gelehrte widmen sogar ihr Leben der Suche nach Gründen, daran zu glauben, und diese ganze Arbeit wird geleistet, während die jüdischen und muslimischen Intellektuellen ihrerseits daran arbeiten, zu beweisen, dass ihr Glaube der richtige ist.

In derselben Epoche begeistern sich die Katholiken aus dem Grund für Aristoteles, dass sie seine Philosophie von den arabischen Muslimen übernommen haben und er zur Zeit der Griechen eine Art Synthese der drei monotheistischen Religionen schafft. Die drei »abrahamitischen« Religionen arbeiten sogar gemeinsam daran, ihn zu übersetzen. In intellektuellen Kreisen träumt man schon beinahe von einer »Wiedervereinigung«. Diese optimistische Strömung durchzieht das gesamte christliche Abendland und insbesondere die Universitäten.

Sieben Jahrhunderte später verfolgt die Kirche dieses Vorhaben, das sie auf ihre eigene Initiative hin und zu ihrem eigenen Nachteil systematisch verwirklicht. Paul VI. schafft das päpstliche Konzil für den interreligiösen Dialog (mit Nichtchristen), und man beginnt die Ökumene als etwas Schützenswertes zu betrachten. Während der Messe werden Protestanten und Orthodoxe als Teil der »Stände der Kirche« in die Fürbitten eingeschlossen, man hofft, die »Einheit aller« wiederzuerlangen. Johannes Paul II. lädt alle Religionen nach Assisi ein und erklärt sie als gleichermaßen legitim – später bittet er im Namen der Kirche um Vergebung für seine Verfehlungen gegenüber den anderen Religionen. Dieser Dialog ähnelt am Ende unseren zeitgenössischen Debattenparodien, über die Philippe Muray sich mit diesen Worten amüsiert hat: »Man diskutiert, ehe man sich fragt, worüber eigentlich: Das Wichtige ist, dass man überhaupt zusammenkommt.« Es wird nicht nach der Wahrheit gesucht, sondern nach dem Konsens; das zieht eine Verwirrung nach sich, die sich in einer Art von riskantem Synkretismus, von Relativismus, ja in einer Unterwerfung der Kirche niederschlägt.

Diskutiert man mit einem Muslim, mit einem Juden,

selbst mit einem Protestanten, wird er einem immer erklären, warum seine Religion im Besitz der Wahrheit ist, warum Mohammed der Prophet ist, warum Jesus nicht Gott oder Maria keine Jungfrau ist. Es ist, als wären die Katholiken die Einzigen, die sich dafür entschuldigen, im Besitz der Wahrheit zu sein. Für einen Nichtgläubigen ist dieses Verhalten nicht sehr beruhigend. Dabei gibt es, wenn wir uns allein auf die Christen beschränken und uns auf Engels stützen, dem zufolge ab einer bestimmten Menge »Quantität in Qualität umschlägt«,[17] 1,2 Milliarden Katholiken, neunhundert Millionen Protestanten und zweihundertfünfundachtzig Millionen Orthodoxe, was ein günstiges Kräfteverhältnis ergibt und eine vorteilhaftere Verhandlungsposition darstellt als in Assisi angestrebt. Man kann sich des Eindrucks nicht erwehren, dass die Katholiken jene Lehre Christi am stärksten verinnerlicht haben, der zufolge man auch die andere Wange hinhalten soll.

Die Hölle

MH: Man hat der Hölle vielleicht zu viel Bedeutung beigemessen. Selbst ohne die Bibel aufzuschlagen, sehe ich die schillernde Beschreibung des Neuen Jerusalem vor mir, mit der die Offenbarung des Johannes endet. Bezüglich der Qualen, die den Verdammten zugefügt werden, gibt es nichts vergleichbar Anschauliches; es handelt sich eher um einen »zweiten Tod«, eine bloße Vernichtung.

Die packende Lektüre der Bücher von Philippe Ariès lehrt uns, dass sich zu Beginn des zwölften Jahrhunderts im Westen ein Wandel vollzogen hat. In den vorhergegangenen Jahrhunderten, zur Zeit der Römer, schliefen die im Frieden der Kirche Verstorbenen ein wie die Sieben Schläfer von Ephesus und ruhten bis zum Tag der Wiederkunft Christi, an dem sie im himmlischen Jerusalem erwachten. Die Bösen und die Heiden dagegen wurden schlicht der Nichtexistenz überlassen. Tatsächlich schien es mir immer – denn ich bin mit einigen in Berührung gekommen –, als lebten die Bösen bereits in der Hölle, und als wären manche Menschen, denen man in die Augen sah, bereits tot.

»Es gab in diesem Konzept«, schreibt Ariès, »keinen Raum für eine individuelle Verantwortung, für ein Abwägen der guten und schlechten Taten.«[18] Die Vorstellung des Jüngsten Gerichts, der Seelenwägung, setzt sich erst zu Beginn der Gotik durch.

GL: Ich glaube, viele Katholiken haben lange mit einer bestimmten Vorstellung der Hölle gelebt, die sich mit dem Fresko *Das Jüngste Gericht* zusammenfassen ließe, das Michelangelo für die Sixtinische Kapelle angefertigt hat. Man sieht darauf, wie die Verdammten sich in Charons Boot durch eine offene Pforte ins Feuer überführen lassen. Die Leiber werden immer dunkler, je näher sie ihm kommen, sie verzerren die Gesichter, es ist apokalyptisch, es ist die Hölle.

Diese schreckliche Vision entlockt heute vielen ein Lächeln. Tatsächlich ist die Vorstellung, die Bösen würden dazu verdammt, bis in alle Ewigkeit im Beisein mit Lanzen bewehrter Teufelchen vor sich hin zu braten, schwer mit der Vernunft in Einklang zu bringen. Dennoch hat sich Michelangelo, der alles andere als frömmlerisch war, bei dieser Darstellung nicht lumpen lassen. Er hat das Fresko im Jahr 1541 fertiggestellt, in einem christlichen Jahrhundert und auf einem christlichen Kontinent, und er treibt den Aberglauben so weit, dass er sogar ein Selbstporträt einfließen lässt, er selbst als Sünder, der hofft, sein Schicksal abwenden zu können. Warum sich vor der Hölle fürchten? Geht man in der Kathedrale Notre-Dame in Paris durch das Portal des Jüngsten Gerichts, gelangt man zu einer noch erschreckenderen Vision. Niemand ist ausgenommen, man kann sogar prominente Kirchenvertreter erkennen, und man sieht, wie sich die Verdammten selbst in Ketten legen, der Beweis dafür, dass das Bewusstsein der Sünde und die Ablehnung Gottes der Verdammnis würdig sind …

Fünf Jahrhunderte später existiert die Hölle nicht mehr, und die Welt vereint sich in der von Michel Polnareff besungenen Vorstellung »Wir alle gehen ins Paradies ein«. Vergleichen wir nicht die künstlerischen Vorzüge des Malers und des Sängers; sagen wir einfach, dass eine gemeinsame Idee (zu Beginn des Jahrhunderts glaubte man noch an die Hölle) innerhalb sehr kurzer Zeit verschwunden ist. Dennoch hat die Angst vor der Hölle lange ermöglicht, die Gläubigen in einem Zustand der Unruhe zu halten, der sie dazu trieb, ein rechtschaffenes Leben auf Erden zu führen. Ich habe die pascalsche Wette naiverweise so interpretiert: Ob Gott nun existiert oder nicht, habe ich doch jedes Interesse daran, ein gläubiges Leben zu führen, das mich auf Erden glücklich macht und mir die Hölle erspart, nur für den Fall … Wir haben diese Wette ins Gegenteil verkehrt. Wenn es die Hölle nicht gibt, gibt es Satan nicht, gibt es das Böse nicht. Schuld ist die Kirche, denn sie hat aufgehört zu predigen, was man »die letzten Dinge« nennt, und zumindest durch Unterlassung zum Vorhaben der Herabwürdigung der alten Glaubensvorstellungen beigetragen. Wo ist das Wahre? Charles Baudelaire hat geschrieben: »Die schönste List des Teufels ist es, uns zu überzeugen, dass er nicht existiert!« Wir sind an diesem Punkt.

Die christliche Kunst

MH: Was genau sind diese Jahrhunderte der kirchlichen Pracht? Meiner Meinung nach hat jeder eine Lieblingsepoche, und mir scheint, mehr als die wenigen schriftlichen Zeugnisse ist es die Architektur, die uns die Selbstverortung ermöglicht. In einem romanischen Kloster fühle ich mich friedlich, mit dem

Göttlichen verbunden. Bei gotischen Kathedralen ist das bereits anders, die Schönheit nimmt darin einen Charakter an, den Kant später als »erhaben« bezeichnet hat (Schönheit, begleitet von einem Gefühl von Gefahr, vergleichbar mit einem Sturm auf offener See oder einem Gewitter im Gebirge). In einer Barockkirche funktioniert es gar nicht mehr, ich könnte ebenso gut in einem Palast sein, in einem Theater …

Alles in allem habe ich den Eindruck, dass die römische Kirche zu Beginn des zwölften Jahrhunderts verschiedene Fehler begangen hat (die Trennung von den Kirchen des Orients, der Versuch, Vernunft und Glauben zu vereinen, der Versuch, in irdische Machtfragen einzugreifen, dem Jüngsten Gericht und damit Moralfragen zu viel Bedeutung beigemessen zu haben) und dass diese Fehler jene Zivilisationskatastrophen ermöglichten, die die griechisch-lateinische Renaissance und vor allem der Protestantismus waren – die durch ihr Zusammenwirken zwangsläufig im Jahrhundert der Aufklärung und damit dem Zusammenbruch des Ganzen münden mussten. Das Übel reicht also weit zurück.

GL: Stützen wir uns auf die Architektur, gibt es da einen durchaus überraschenden Aspekt: Zur großen Zeit des Kirchenbaus wurden gewaltige Gotteshäuser errichtet, und ihr Bau dauerte länger als ein Menschenleben. Die Kathedralen von Reims, von Chartres und Paris wurden innerhalb von fünfundsiebzig, hundertvierunddreißig und hundertzweiundachtzig Jahren erbaut: Das Kleine wurde zu jener Zeit nicht sehr geschätzt. Zum Vergleich: Der Trump Tower in New York wurde innerhalb von zwei Jahren entworfen, gebaut und eröffnet, von 1981 bis 1983. Man könnte sagen, dass die Motorisierung, der technische Fortschritt und die Materialien diesen erheblichen Unterschied erklären. Das mag auf die Geschäftswelt zutreffen, aber wenn man sich die Hässlichkeit der modernen Kirchen ansieht, dieser unglückseligen, mitunter abscheulichen Waschbetonquader, die kaum über die von den umstehenden Pavillons gezogene Horizontlinie hinausragen, begreift man vor allem, dass wir uns dadurch von den Baumeistern der Christenheit unterscheiden, dass wir »funktional denken«, statt das Bauwerk Gott zu widmen. Das war früher besser, als das Übernatürliche allerorts sichtbar war, bis hin zu den Kirchtürmen, die zum Himmel wiesen.

Weitet man diese Bilanz auf die Kunst aus, ist es noch schlimmer. Europäische Künstler haben, ob sie gläubig waren oder nicht, im Geheiligten eine grenzenlose Inspiration gefunden, um die Jahrhunderte der Christenheit mit ihrem Genie zu durchpulsen. Alles war verbunden, homogen. Der skandalöse, skurrile und streitlustige Caravaggio verdankt seinem Talent (und sicherlich auch einigen Kontakten an den richtigen Stellen) seine Rehabilitation durch den Papst, obwohl er in Abwesenheit zum Tod verurteilt worden war und im Exil außerhalb Roms lebte. Betritt man die

Kirche San Luigi dei Francesi, sieht man in den drei Gemälden, die er dem Leben des heiligen Matthäus gewidmet hat, die großartigen Früchte dieser stillen Übereinkunft zwischen Klerus und Künstlern. Soll man diese Epoche in Bezug auf die Sakralkunst mit der unseren vergleichen? Offen gesagt, sparen wir uns lieber die Zeit und vermeiden diese Scheindebatte.

Die Wissenschaft

MH: Die von den Affären um Galileo und Darwin verursachten Schäden hätten Anlass zu der Hoffnung geben können, dass sich das Verhältnis der katholischen Kirche zur Wissenschaft beruhigt hatte. Diese Passage der Enzyklika *Fides et ratio* (1998) scheint leider zu belegen, dass das nicht der Fall ist: »Im Bereich der wissenschaftlichen Forschung setzte sich eine positivistische Denkweise durch, die sich nicht nur von jedem Bezug zur christlichen Weltanschauung entfernt, sondern auch und vor allem jeden Hinweis auf die metaphysische und moralische Sicht fallen gelassen hatte.«[19]

Pascal (selbst ein talentierter Wissenschaftler und Mathematiker, der wusste, woran man bei der wissenschaftlichen Methode war) schrieb in seinen *Gedanken*: »Man muß im großen und ganzen sagen: Das geschieht durch Gestalt und Bewegung. Denn das ist wahr, doch zu sagen, welche Gestalt und Bewegung, und die Maschine zusammenzusetzen, das ist lächerlich. Denn das ist nutzlos und unsicher und mühselig.«[20]

Diese Passage, die tatsächlich positivistisch *avant la lettre* ist, legt klar fest, dass die Wissenschaft ganz und gar nicht zum Materialismus und noch weniger zum Atheismus führt (ist das Materielle doch, wie im Übrigen auch Gott, in den Augen der Positivisten nichts als eine metaphysische Hypothese, die außerhalb des wissenschaftlichen Feldes liegt) und dass demzufolge die Wissenschaft keinesfalls eine Gefahr (und im Übrigen auch keine Chance) für den Glauben darstellen kann; es handelt sich um zwei ganz und gar getrennte Bereiche des menschlichen Geisteslebens, und sie sind von Natur aus dazu verdammt, es zu bleiben.

GL: Die Geister der Vernunft, deren Zahl immer weiter zugenommen hat, je cartesianischer die Zeiten wurden, akzeptieren in einigen seltenen Augenblicken ihres Lebens, dass dieses einen mysteriösen Teil enthält, und empfinden mitunter sogar ein Bedürfnis nach dem Übernatürlichen. Tatsächlich wird niemand verschont: Es sind jene Augenblicke der Konfrontation mit dem Unerklärlichen, in denen der Mensch am ehesten geneigt ist, sich dem Religiösen zuzuwenden. Die Kirche ist wohl nie so überzeugend wie in dem Augenblick, da sie eine trauernde Familie begleitet. Der Moment, in dem der Priester ihnen das Herz tröstet, exakt der Moment, in dem er sich an die vor einem Sarg versammelte Familie wendet, das ist zweifellos der Moment, in dem die Kirche wirklich noch eine Berechtigung hat.

Ebenso glaube ich, dass Glaube und Vernunft vereinbar sind, aber man kann nur festhalten, dass insbesondere in Bezug auf den Tod die Vernunft über den Glauben gesiegt hat. Da der Geist der Wissenschaft nicht in der Lage ist, sich ein Leben nach dem Tode vorzustellen, wurde diese Vorstellung schlicht abgeschafft. Eine Statistik verdeutlicht den Rückgang des katholischen Einflusses in genau diesem Punkt: In Frankreich entschieden sich im Jahr 1975 etwas mehr als zweitausend Personen für die von der Kirche gerade eben tolerierte Einäscherung; heute sind es über zweihunderttausend im Jahr, und einer von zwei Franzosen gibt an, diese Option für seinen eigenen Tod zu favorisieren.

Wenn die Kirche im Augenblick des Todes keine Bezugsgröße mehr ist, wie soll es da verwundern, dass wir in einer Zeit der Verzweiflung leben? Die Verkündigung des ewigen Lebens ist zweifellos die wunderbarste Nachricht, die die Katholiken der Welt überbringen können, welche sie dringend nötig hat.

Die politische Macht

MH: Das Gebot »Gebt dem Kaiser, was des Kaisers ist« war deutlich; ich habe nicht den Eindruck, dass die katholische Kirche es mit ausreichender Strenge angewandt hat.

Jedweder theologischen Grundlage entbehrend, wurzelt das anglikanische Schisma allein in der Weigerung Papst Clemens' VII., die Ehe Heinrichs VIII. aufzuheben. Von diesem Kampf geschwächt, erwies sich der anglikanische Klerus als unfähig, das Wachstum des Puritanismus aufzuhalten. Ohne den Eigensinn Clemens' VII. wären die Vereinigten Staaten heute vielleicht ein katholisches Land; das ist Pech. Andere Interventionen in diesem Zusammenhang hatten keine erfreulicheren Konsequenzen. Königliche Eheschließungen stellten einen *Sonderfall* dar, in dem geopolitische Erwägungen notwendigerweise ihren Platz hatten – und jeder durchschnittlich intelligente Kirchenvertreter hätte in der Lage sein müssen, das zu begreifen. Sind Königshochzeiten heute auch nur noch eine Folkloreveranstaltung, so hat es die katholische Kirche keinesfalls aufgegeben, sich in die Regierung von Staaten einzumischen (beispielsweise in ihre Einwanderungspolitik einzugreifen), und das ging irgendwann, so muss man sagen, allen auf die Nerven.

GL: Mit seinem »Gebt dem Kaiser, was des Kaisers ist« erfindet Jesus den Säkularismus; das Problem ist, dass die Katholiken das Gebot mit etwas zu viel Eifer angewandt haben. Die Geschichte des vergangenen Jahrhunderts ließe sich wie folgt zusammenfassen: eine massive Entchristianisierung nahezu des gesamten Westens, hauptsächlich in Europa, wo innerhalb weniger Jahrzehnte rückgängig gemacht wurde, was über fünfzehn Jahrhunderte hinweg aufgebaut worden war.

Man kann der katholischen Kirche jeden Vorwurf machen, aber zu Beginn des zwanzigsten Jahrhunderts spielte sie noch eine politische Rolle und hatte vor allem noch die kulturelle Hoheit inne. In Frankreich bahnt sich das Drama im Jahr 1905 an, mit dem Gesetz der Trennung von Kirche und Staat, das darauf ausgerichtet ist, nicht nur ihrem Einfluss ein Ende zu setzen, sondern sie auch aus den Köpfen zu vertreiben. Das Hauptprinzip dieses Säkularismus französischer Art ist im Grunde mit jenem von Jesus verordneten vereinbar: Es gibt den inwendigen Glauben, und unter diesem Gesichtspunkt bleibt die Freiheit erhalten, und es gibt den öffentlichen Raum, in dem die Religion keinen Einfluss ausüben kann. Dieser Trennung zufolge ist der Staat gewiss säkular, doch zu keinem Zeitpunkt wird festgelegt, dass die Gesellschaft atheistisch sein muss. Das Problem ist, dass die Kirche verinnerlicht hat, dass sie vertrieben wurde, und auf allen Gebieten aufgegeben hat.

Ihr politischer Einfluss ist rasch geschwunden, vor allem aber hat sie den sogenannten »Sozialkatholizismus« aufgegeben, der ihr eine völkische Basis verschaffte. Die Menschen haben lange in einem katholischen Kulturbad gelebt. Ihre Tage waren durch die Glocken strukturiert, sie besuchten mehrere Gottesdienste, kamen zur Sonntagsmesse zusammen. Auch wenn sie insgeheim nicht unbedingt von einem starken Glauben beseelt waren, machten sie in wichtigen Augenblicken ihres Lebens von den Diensten des Pfarrers Gebrauch: Hochzeit, Krankheit, Tod. Mir gefällt die Vorstellung des »Köhlerglaubens« sehr, den Balzac zuweilen mit den Worten »die Jungfrau Maria ebenso lieben wie die eigene Frau« beschrieben hat: eine kindliche Frömmigkeit, eine Verbundenheit ohne jede theologische oder philosophische Reflexion, eher eine Treue zu einer bestimmten Geschichte und bestimmten Wurzeln als eine mystische Offenbarung. Ich passe selbst perfekt in die Kategorie; dieser schlichte Glaube war der Kitt, der eine Zivilisation zusammenhielt.

Nach 1905 und im Zuge ihrer breit angelegten Rückzugsbewegung hat die Kirche das Verschwinden aus der öffentlichen Sphäre mit dem Verschwinden an sich verwechselt. Sie hat sich aus der Welt getilgt. Früher herrschte sie über die Seelen; heute ist ihr politischer Einfluss gleich null und ihre Rolle in der Gesellschaft nahezu nicht mehr vorhanden: Man kann in Frankreich sein ganzes Leben verbringen, ohne einen Priester zu Gesicht zu bekommen. Sie sind nicht verschwunden, nur konnte man sie früher sehen, weil sie Soutanen trugen und zu den großen religiösen Festen Prozessionen organisierten; heute tragen sie Zivilkleidung und verstecken sich wie zur Zeit des Katakombenpakts.

Und die Kirche scheint sich dafür zu entschuldigen, dass sie noch existiert. Vor Kurzem haben wir in Frankreich einen breiten Aufstand derer erlebt, die man als »die Abgehängten der Globalisierung« bezeichnen könnte, der Gelbwesten. Diese Menschen machten einer Wut Luft, die sich über lange Zeit hinweg aufgebaut hat, und sie wurden von der Mehrheit der Bevölkerung unterstützt. Ein gesellschaftliches Phänomen dieser Größenordnung kann sich eine Institution, die für sich in Anspruch nimmt, ein Konzept für die Menschen zu haben, nicht entgehen lassen. Die Kirche, die keinen politischen Einfluss mehr ausübt, hätte ihren Teil dazu beitragen können, denen, die gegen einen ganzheitlichen Bedeutungsverlust ankämpften, ein spirituelles Konzept zu bieten. Es gibt in Frankreich einhundertvier Diözesen und damit ebenso viele Bischöfe, die die Vertreter der Kirche im Land sind. Einer von ihnen, ein einziger, hat es für richtig gehalten, sich zu einem Treffen mit den Gelbwesten zu begeben. Das ließe sich verbessern.

Die Sexualität

MH: Das Interesse der katholischen Kirche an der Sexualität ihrer Gläubigen erscheint mir deutlich übertrieben. Das geht nicht auf die Ursprünge des Christentums zurück, Paulus ist wie stets schuldlos (»es ist besser zu heiraten, als in Begierde zu brennen«) und mitunter sublim (»sie bilden einen einzigen Leib«). Mit Augustinus verschärft sich die Lage, doch das bleibt einige Jahrhunderte lang folgenlos. Wirklich bergab geht es erst in der Moderne, und das sicherlich auch aufgrund der Kontaminierung durch den Protestantismus und den daraus folgenden Puritanismus. Auf diesem Stand sind wir noch immer, und ich muss gestehen, ein echtes Unbehagen zu verspüren, wenn ich höre, wie sich verschiedene Prälaten, AIDS hin oder her, gegen die Verwendung von Präservativen auflehnen; was, um Himmels willen, geht die das an?

Ich habe seit Langem den Eindruck, dass die orthodoxe Kirche in diesem Punkt klüger war und jene tolerante Haltung zu bewahren wusste, die über Jahrhunderte hinweg jene der katholischen Kirche war. Aber es war nur ein vager Eindruck, den ich schwer anhand eines Texts belegen konnte (eben weil es den Orthodoxen widerstrebt, sich zu dieser in ihren Augen zweitrangigen Frage zu äußern), bis ich in einem Artikel von Olivier Clément (zu guten Autoren muss man wirklich immer wieder zurückkehren) auf dieses meiner Meinung nach sehr hellsichtige Zitat von Athenagoras I., dem Patriarchen von Konstantinopel, stieß: »Wenn ein Mann und eine Frau sich wirklich lieben, muss ich ihre Kammer nicht betreten; alles, was sie tun, ist heilig.«

GL: Die katholische Kirche gilt in der Tat als moralisierend und puritanisch, ja offen gestanden als langweilig. Das ist sowohl logisch als auch ungerecht. Meiner Ansicht nach wird sie ihrer Rolle gerecht, wenn sie einen spirituellen, aber auch moralischen Weg aufzeigt, und aufgrund der von ihr gepredigten Einheit zwischen Körper, Geist und Seele ist es ganz normal, dass sie sich in den Bereich der Sexualität einbringt. Mir ist es lieber, dass sie darüber spricht, ja dass sie zu viel darüber spricht, und dass die Päpste (wie Paul VI. mit der Enzyklika *Humanae vitae* oder Johannes Paul II. mit seiner Theologie des Leibes) sich zu diesem Thema äußern, als wie im Islam eine scheinheilige und ungeklärte Beziehung dazu zu unterhalten.

Je stärker sie sich zusammenducken, desto mehr gelten die Katholiken als Moralapostel, ihr Liebeskonzept ähnelt einem Feld voller Verbote, und indem sie ihre Botschaft verkünden, isolieren sie sich von der Welt. Was wir vergessen – vielleicht beharrt die Kirche nicht ausreichend auf diesem Punkt –, ist, dass ihre Lehre einen Weg aufzeigt, der eigentlich in den Himmel führen und auch zum Glück auf Erden verhelfen soll. Der Mensch ist ein Sünder, von Beginn an, und Gott vergibt ihm, das scheinen auch die Nichtgläubigen nicht mehr wahrzunehmen. Wenn es der Kirche gelänge, wieder einen Einfluss auf die Herzen auszuüben, könnte sie diese Botschaft sicherlich übermitteln. Wir sind Lichtjahre davon entfernt.

Kann die katholische Kirche zu ihrem alten Glanz zurückfinden?

MH: Ich bin versucht, mir den Begriff der orthodoxen Kirche zunutze zu machen und die katholische Kirche als das »römische Schisma« zu bezeichnen. Es ist Rom, das sich loslöste, das sich vor Stolz aufblähte, das die Weltherrschaft beanspruchte – und sie errang. Betrachtet man die westliche Kolonialisierungsbewegung (die ich übrigens auf das Schärfste verurteile, aber das ist ein anderes Thema), so hat sie eine gewaltige Anzahl an Diözesen hinzugewonnen. Dann hat sie sich vom Protestantismus kontaminieren lassen und einen langen Selbstmordprozess in Gang gesetzt.

Kann die katholische Kirche zu ihrem alten Glanz zurückfinden? Ja, vielleicht schon, ich weiß es nicht.

Es wäre gut, wenn sie sich endgültig vom Protestantismus entfernen und sich wieder der Orthodoxie annähern würde. Sich vollständig in ihr zu integrieren, wäre die beste Lösung, doch das ist nicht einfach. Das Problem des *Filioque* ließe sich von kompetenten Theologen leicht lösen. Die Frage der Entsendung von Baronen in den Nahen Osten stellt sich nicht mehr, selbst Donald Trump hat das bleiben lassen. Doch seinen universellen Ehrgeiz aufzugeben und nur ehrenhalber die Herrschaft über die Patriarchen von Konstantinopel oder Antiochia innezuhaben, das wäre für den Bischof von Rom vielleicht schwer zu schlucken.

Zumindest müsste die katholische Kirche der orthodoxen Bescheidenheit nacheifern und ihre Einmischungen in jene Belange, die nicht unmittelbar in ihren Verantwortungsbereich fallen (ich habe die wissenschaftliche Forschung, die Regierung von Staaten, die zwischenmenschliche Liebe genannt), einschränken.

Sie müsste von dieser Manie des Veranstaltens von Konzilen ablassen, die vor allem Anlass für Spaltungen sind.

Sie müsste auch von Enzykliken ablassen und ihren Erfindungsreichtum in Bezug auf Doktrinen zügeln (die Unbefleckte Empfängnis und vor allem die päpstliche Unfehlbarkeit verstoßen zu unmittelbar gegen die Vernunft; die Vernunft ist ein friedliches dickes Tier, das im Augenblick der Gottesanbetung leicht einschläft; doch man sollte es nicht unnötig provozieren).

Sie könnte sich von der Pfingstbewegung inspirieren lassen, so wie sich die Popmusik vom Gospel und vom Blues hat inspirieren lassen; andererseits darf man einen notwendigen Schuss Verrücktheit nicht vergessen, in der russischen Variante ist das Dostojewskis »Müsste ich zwischen Christus und der Wahrheit wählen, dann würde ich Christus wählen«, in Frankreich haben wir Blaise Pascal.

Im Grunde läuft alles darauf hinaus, dass die katholische Kirche im Laufe ihrer Geschichte der Vernunft zu viel Bedeutung beigemessen hat (und verschlimmert hat sich das im Laufe der Jahrhunderte zweifellos – vielleicht reite ich zu sehr darauf herum, aber ich glaube es eigentlich nicht – unter dem Einfluss des Protestantismus). Der Mensch ist ein Wesen der Vernunft – nun ja, zuweilen jedenfalls. Vor allem aber ist er ein Wesen des Fleisches und des Gefühls: Das sollte man besser nicht vergessen.

GL: Kann die katholische Kirche zu ihrem alten Glanz zurückfinden? Ja, ganz gewiss, aber es ist ein langer Weg.

Sollte man die letzten Jahrzehnte zusammenfassen, könnte man sagen, dass die Kirche, nachdem sie die weltliche Macht eingebüßt hatte, dadurch zu überleben versuchte, dass man sie tolerierte; sie hat sich dafür im Wesentlichen den Verirrungen einer Welt angepasst, die sie eigentlich retten sollte. Tatsächlich führt sie diese Umkehrung ihrer Rolle in den Selbstmord, doch selbst in den Augen Gottes existiert nach dieser tragischen Geste eine Möglichkeit der Erlösung: Der heilige Pfarrer von Ars sagte einmal zu einer Mutter, die über den Selbstmord ihres Sohnes verzweifelt war, dieser habe zwischen der Brücke, von der er sich gestürzt habe, und dem Wasser, in dem er ertrunken sei, reichlich Zeit gehabt zu bereuen und sich der göttlichen Barmherzigkeit zuzuwenden.

Um zu retten, was zu retten ist, müsste man vielleicht mit dem Relativismus brechen, der seit den Sechzigerjahren in Mode ist. Vielleicht würde die Kirche etwas von ihrem alten Glanz zurückgewinnen, wenn sie aufhörte, cool sein zu wollen, und wieder jene Gottesfurcht lehren würde, ohne die es keine Liebe gibt. Das ist wie bei der Kindererziehung; wir haben zugelassen, dass die elterliche Autorität untergraben wurde, mit den gleichen Konsequenzen.

Vielleicht sollte die Kirche ihre Faszination für die anderen Religionen mäßigen. Was den Protestantismus betrifft, wie soll man da solche trojanischen Pferde wie den Generalsekretär der Italienischen Bischofskonferenz Monsignore Nunzio Galantino tolerieren, der vor Kurzem sagte, dass »die vor fünfhundert Jahren von Martin Luther eingeleitete Revolution ein Ereignis des Heiligen Geists« gewesen sei? Ich möchte anmerken, dass er dem Papst nahesteht und eine neue Reform fordert. Papst Franziskus selbst verstärkt die Signale in Richtung der Muslime, wie seine kürzlich unternommene Reise in die Vereinigten Arabischen Emirate belegt, und war am Tag seiner Wahl darauf bedacht, sich schlicht als »Bischof von Rom« zu bezeichnen, ein Ausdruck guten Willens, hier wiederum den Orthodoxen gegenüber.

Ebenso könnte es vielleicht helfen, sich anderer verfilzter Strukturen wie der Schwulenlobby im Vatikan, der Freimaurer, der Dekonstrukteure der traditionellen Kirchendoktrin usw. zu entledigen.

Man sollte mit dem ständigen Streben nach dem großen Gefühl Schluss machen, in dieser Hinsicht kann es die Kirche nicht mit Konzerten oder dem Kino aufnehmen; beschränkt sie sich jedoch auf ihren Auftrag, Gott zu verkünden und die Menschen zum ewigen Leben zu führen, bleibt sie absolut unverzichtbar.

Vielleicht würde die Kirche ein wenig Glaubwürdigkeit zurückgewinnen, wenn sie aufhörte, sich als eine irgendwie wohltätige NGO zu begreifen, die aber nicht zur Quelle ihrer Wohltätigkeit, zu Jesus Christus steht.

In politischer Hinsicht würde sie vielleicht gewinnen, wenn sie aufhörte, gewisse Regierungen moralisch in Misskredit zu bringen (die Kritik des Papstes am Umgang des italienischen Innenministers Matteo Salvini mit Migranten ist dafür ein gutes Beispiel).

Allgemein betrachtet, hat sich die europäische Kirche, seit sie in der Minderheit ist, zu einigen harten, soziologisch sehr homogenen Kernen zusammengezogen, sie hat beinahe eine eigene gesellschaftliche Klasse gebildet und sich von der Mehrheit der Menschen abgeschnitten.

Zuletzt ist ihre Verbürgerlichung vielleicht die größte Plage zu Beginn dieses einundzwanzigsten Jahrhunderts.

MH und GL: Auf den zweiten Teil Ihrer Frage, »Könnte dieser zu seinem alten Glanz zurückgekehrte Katholizismus unsere beschädigte Zivilisation wieder instand setzen?«, haben wir nicht geantwortet. In diesem Punkt sind wir uns einig, das ist viel einfacher, geradezu offensichtlich: Die Antwort ist ja.

EIN BISSCHEN SCHLECHTER

ERWIDERUNG AN EINIGE FREUNDE

Dieser Brief wurde am 4. Mai 2020
von Augustin Trapenard auf *France Inter*
verlesen.

MAN MUSS ES SCHON zugeben: Der größte Teil der in den vergangenen Wochen verschickten E-Mails diente in erster Linie der Vergewisserung, dass der andere weder tot war noch im Sterben lag. Nachdem das überprüft war, versuchte man doch noch, irgendetwas Interessantes zu schreiben, was nicht einfach war, weil dieser Epidemie das Kunststück gelungen ist, zugleich beängstigend und langweilig zu sein. Ein banales Virus, auf wenig glanzvolle Weise mit unbedeutenden Grippeviren verwandt, kaum bekannte Überlebensbedingungen, ungenau definierte Merkmale, mal harmlos, mal tödlich, nicht einmal sexuell übertragbar: alles in allem ein Virus ohne Eigenschaften. Auch wenn diese Epidemie weltweit mehrere Tausend Leben am Tag gefordert hat, erregte sie dabei doch den seltsamen Eindruck eines Nichtereignisses. Meine schätzenswerten Kollegen (zumindest einige von ihnen sind schätzenswert) gingen im Übrigen kaum darauf ein; sie zogen es vor, sich mit der Frage der Ausgangsbeschränkung zu beschäftigen, und ich würde einigen ihrer Beobachtungen gern meinen Beitrag hinzufügen.

Frédéric Beigbeder (aus Guéthary, Pyrénées-Atlantiques). Ein Schriftsteller trifft ohnehin nicht viele Menschen, er führt ein Einsiedlerleben mit seinen Büchern, die Ausgangssperre verändert da nicht viel. Ganz und gar einverstanden, Frédéric, in Bezug auf das Sozialleben verändert sie so gut wie nichts. Es gibt nur einen Punkt, den du nicht bedacht hast (wahrscheinlich, weil du als jemand, der auf dem Land lebt, von dem Verbot weniger stark betroffen bist): Ein Schriftsteller muss *gehen* können.

Diese Ausgangssperre erscheint mir als die ideale Gelegenheit, um einen alten Streit zwischen Flaubert und Nietzsche beizulegen. An irgendeiner Stelle (wo genau, habe ich vergessen) behauptet Flaubert, nur im Sitzen könne man gut denken und schreiben. Protest und Spott vonseiten Nietzsches (ich habe wiederum vergessen, wo), der sogar so weit geht, ihn als Nihilisten zu beleidigen (das Ganze spielt sich also zu der Zeit ab, als er schon begonnen hatte, den Begriff blindlings zu verwenden): Er selbst habe alle seine Werke im Gehen entworfen, was nicht im Gehen entworfen werde, tauge nichts, im Übrigen sei er stets ein dionysischer Tänzer gewesen etc. Auch wenn ich kaum der übermäßigen Sympathie für Nietzsche verdächtig bin, muss ich doch anerkennen, dass in diesem Punkt eher er Recht hat. Hat man tagsüber nicht die Möglichkeit, sich mehrere Stunden lang dem Gehen in zügigem

Tempo zu widmen, ist vom Versuch zu schreiben stark abzuraten: Die angestaute nervöse Spannung kann sich nicht lösen, die Gedanken und Bilder kreiseln weiter schmerzhaft durch den armen Kopf des Autors, welcher bald reizbar, ja verrückt wird.

Das Einzige, was wirklich zählt, ist der mechanische, maschinelle Rhythmus des Gehens, dessen Hauptzweck es nicht ist, neue Ideen entstehen zu lassen (auch wenn das später durchaus passieren kann), sondern die Konflikte zu entschärfen, die das Aufeinanderprallen der am Schreibtisch entwickelten Ideen ausgelöst hat (und darin hat wiederum Flaubert nicht völlig Unrecht); wenn er uns von seinen auf den felsigen Hängen im Hinterland von Nizza, den Wiesen des Engadin etc. erarbeiteten Entwürfen erzählt, schwadroniert Nietzsche ein wenig: Falls man nicht gerade einen Touristenführer schreibt, sind die durchquerten Landschaften weniger von Bedeutung als die innere Landschaft.

Catherine Millet (normalerweise eher Pariserin, befand sich bei der Verhängung des Ausgangsverbots jedoch glücklicherweise in Estagel, Pyrénées-Orientales). Die gegenwärtige Situation erinnert sie auf unangenehme Weise an den »dystopischen« Teil eines meiner Bücher, *Die Möglichkeit einer Insel.*

Hierbei dachte ich mir, dass es doch gut ist, Leser zu haben. Denn dieser Vergleich war mir nicht in den Sinn gekommen, obgleich er ganz und gar einleuchtend ist. Wenn ich es mir überlege, ist es übrigens genau das, was mir seinerzeit bezüglich des Aussterbens der Menschheit vorschwebte. Nichts wie aus einem großen Filmspektakel. Etwas ziemlich Trostloses. Einzelne Individuen, die isoliert in ihren Zellen leben, kein körperlicher Kontakt mit ihren Mitmenschen, nur hier und da ein mit nachlassendem Elan geführter Austausch per Computer.

Emmanuel Carrère (Paris / Royan; er scheint einen triftigen Grund gefunden zu haben, die Stadt zu verlassen). Er fragt sich, ob es wohl interessante Bücher geben wird, die von dieser Zeit inspiriert sind.

Ich frage mich das auch. Ich habe mir die Frage wirklich gestellt, aber im Grunde glaube ich es nicht. Über die Pest hat es im Laufe der Jahrhunderte vieles gegeben, die Pest hat die Schriftsteller sehr interessiert. Hier habe ich meine Zweifel. Zunächst einmal glaube ich keine halbe Sekunde an Aussagen wie »Nichts wird je wieder wie vorher sein«. Im Gegenteil, alles wird genau so bleiben, wie es war. Der Ablauf dieser Epidemie ist sogar bemerkenswert normal. Der Westen ist nicht bis in alle Ewigkeit, von Gottes Gnaden der reichste und am höchsten entwickelte Teil der Welt; all das ist vorbei, es ist schon seit einiger Zeit vorbei, das ist keine Sensationsmeldung. Wenn man es sich im Detail ansieht, steht Frankreich sogar ein wenig besser da als Spanien und Italien, aber nicht so gut wie Deutschland; auch das ist keine große Überraschung.

Das Hauptresultat des Coronavirus dürfte ganz im Gegenteil sein, dass es gewisse bereits angestoßene Veränderungen beschleunigt. Schon seit einigen Jahren hat die Gesamtheit der technologischen Entwicklungen, ob unbedeutend (Video on demand, kontaktloses Bezahlen) oder bedeutend (Arbeiten von zu Hause aus, Einkaufen im Internet, die sozialen Netzwerke), hauptsächlich zur Folge (zum Ziel?) gehabt, materielle und vor allem zwischenmenschliche Kontakte zu reduzieren. Die Epidemie des Coronavirus liefert dieser beklemmenden Tendenz eine wunderbare Daseinsberechtigung: zwischenmenschliche Beziehungen scheinbar obsolet werden zu lassen. Was mich an einen hellsichtigen Vergleich erinnert, den ich einem gegen die künstliche Fortpflanzung gerichteten Text einer Aktivisten-Gruppe namens »Les Chimpanzés du futur« (»Die Schimpansen der Zukunft«) entnommen habe (diese Leute habe ich im Internet entdeckt; ich habe nie gesagt, dass das Internet nur Nachteile hat). Ich zitiere also: »Bald wird uns das kostenlose und planlose Zeugen eigener Kinder so unpassend erscheinen wie das Trampen ohne Internetplattformen.« Fahrgemeinschaften, Wohngemeinschaften, wir haben die Utopien, die wir verdienen, aber gut, lassen wir das.

Ebenso falsch wäre die Behauptung, wir hätten das Tragische, den Tod, die Endlichkeit etc. wiederentdeckt. Die von Philippe Ariès so gut beschriebene und nun schon über ein halbes Jahrhundert bestehende Tendenz geht dahin, den Tod so weit wie möglich zu kaschieren; nun, der Tod ist nie so diskret gewesen wie in den letzten Wochen. Die Menschen sterben allein in ihren Zimmern im Krankenhaus oder Pflegeheim, im Verborgenen, sie werden sofort beerdigt (Oder werden sie eingeäschert? Die Einäscherung entspricht eher dem Zeitgeist.), ohne irgendjemanden dazuzubitten. Gestorben, ohne dass wir das geringste Zeugnis davon haben, beschränken sich die Opfer auf einen Zähler in der täglichen Statistik der Toten, und die Angst, die sich in dem Maße in der Bevölkerung ausbreitet, wie die Gesamtzahl steigt, hat etwas sonderbar Abstraktes.

Eine andere Zahl ist in diesen Wochen weit wichtiger geworden, nämlich das Alter der Kranken. Bis zu welchem Alter soll man sie wiederbeleben und behandeln? 70, 75, 80 Jahre? Das hängt offenbar davon ab, in welchem Teil der Welt man lebt; aber in jedem Fall wurde nie mit einer so gelassenen Schamlosigkeit ausgesprochen, dass nicht jedes Leben gleich viel wert ist; dass es von einem gewissen Alter an (70, 75, 80 Jahre?) in etwa so ist, als wäre man bereits tot.

All diese Tendenzen gab es, wie gesagt, schon vor dem Coronavirus; sie sind nur mit einer neuen Selbstverständlichkeit zutage getreten. Wir werden nach der Ausgangssperre nicht in einer neuen Welt erwachen; es wird dieselbe sein, nur ein bisschen schlechter.

DEN FALL VINCENT LAMBERT HÄTTE ES NICHT GEBEN DÜRFEN

Dieser Text ist das Vorwort zu Emmanuel Hirschs Buch *Vincent Lambert, une mort exemplaire?*, Paris, Éditions du Cerf, 2020.

DOCH ES HAT IHN gegeben, und das Buch von Professor Hirsch, das die Chroniken fortführt, die er Vincent Lambert von 2014 bis zu dessen tragischen Ende im Jahr 2019 gewidmet hat, beleuchtet endlich seine wahren Probleme. Etwas läuft im Medienbetrieb noch immer schief: Stunden um Stunden wurden diesem Fall gewidmet, auf sämtlichen Kanälen, ohne die Vorstellung aus dem öffentlichen Bewusstsein zu vertreiben, dass »die Diskussion um das Ende des Lebens neu eröffnet« worden wäre. Obwohl das überhaupt nicht die Frage war oder zumindest nicht hätte sein sollen. Um sich davon zu überzeugen, muss man nur bedenken, dass der Zustand eines Großteils der Wachkoma- oder Locked-in-Syndrom-Patienten (also ein Zustand analog zu dem von Vincent Lambert) auf ein im Allgemeinen durch einen Unfall verursachtes Schädeltrauma zurückzuführen ist. Ohne Helm Motorroller zu fahren, ist zum Beispiel ein ausgezeichneter Weg, um sich im Wachkoma wiederzufinden. Damit ist klar, dass wir es nicht mit Kranken »am Ende ihres Lebens«

oder auch nur in besonders fortgeschrittenem Alter zu tun haben (als er seinen Verkehrsunfall erlitt, war Vincent Lambert zweiunddreißig Jahre alt). Wir haben es mit Invaliden zu tun, mit Opfern einer sehr schweren Behinderung, einer der schwersten überhaupt, und es stellt sich allein die Frage, ob unsere Gesellschaft die Pflicht hat, sich ihrer anzunehmen, sie zu behandeln und ihnen, wo eine Verbesserung ihres Zustands nicht möglich ist, ein Lebensumfeld zu bieten.

Die Antwort auf diese Frage lautet aus offensichtlichen moralischen Gründen »ja« (und wenn unsere Gesellschaft sie irgendwann verneinen würde, müsste ich mich in diesem Augenblick von ihr trennen). Das Zivilgesetz stimmt in dieser Sache bislang vollständig mit dem moralischen Gesetz überein, das macht Professor Hirsch in seiner Einleitung unter Berufung auf die Gesetzesbestimmungen vom 4. März 2002 hinsichtlich der Patientenrechte noch einmal sehr deutlich. Darüber hinaus sieht der Runderlass Bernard Kouchners vom 3. Mai 2002, in dem die Anwendung dieses Gesetzes in ihren Einzelheiten dargelegt wurde, die Schaffung von Einrichtungen zur Versorgung von Wachkoma- und LiS-Patienten vor und legt ihre landesweite Verteilung fest.

Das wirft eine erste quälende Frage auf, mit der sich Professor Hirsch bereits in seinem Vorwort auseinandersetzt und die er im Verlauf seines Buchs immer wieder aufgreift: Wie kommt es, dass Vincent Lambert nie in eine dieser speziellen Einrichtungen (es gibt in

Frankreich knapp 150 davon) verlegt wurde? Diesem Fall liegt ein gewaltiger Fehler der medizinischen Institution zugrunde. Sieben Jahre lang wurde Vincent Lambert die in seinem Zustand erforderliche physio- und sprachtherapeutische Behandlung vorenthalten. In seinem Zimmer eingesperrt, wird er nicht die Möglichkeit bekommen haben, jene Ausfahrten im Rollstuhl zu unternehmen, die keine simple »Annehmlichkeitsbehandlung« darstellen (wenngleich auch eine solche durchaus gerechtfertigt wäre), sondern durch die Vermehrung von Sinneseindrücken zur Regeneration der Nervenkapazität des Patienten beitragen können. Denn es gibt Beispiele für eine spätere Genesung, auch nach einem langen komatösen Zustand. Sie sind selten, sehr selten, aber es gibt sie, und diese schwache, aber reale Hoffnung erhält manchmal über Jahre hinweg die Moral der Familien aufrecht. Keine bildgebende Untersuchung des Gehirns, so fortschrittlich die Verfahren auch sein mögen, lässt sichere Rückschlüsse auf die Möglichkeit oder Unmöglichkeit einer Genesung zu; wir stoßen in diesem Bereich wie auch in einigen anderen an die Grenzen der medizinischen Wissenschaft. Es wäre auch nicht angemessen, von den Experten zu viel zu fordern; in ihrer Eigenschaft als praktizierende Ärzte wird ihnen von den Instanzen, die sie einberufen, gnadenlos abverlangt, eine verwertbare Diagnose zu liefern; in ihrer Eigenschaft als Wissenschaftler können sie (und müssen sie aus rein wissenschaftlicher Sicht sogar) ihre Zweifel zum Ausdruck bringen.

Im Übrigen wären wir, selbst in dem Fall, dass ein Komazustand zweifelsfrei als irreversibel anerkannt würde, nicht weniger dazu verpflichtet, diese Patienten zu betreuen, ihnen die bestmöglichen Lebensbedingungen zu verschaffen. Niemand kennt die Gedanken, die in ihrem Gehirn Gestalt annehmen. Sie schwanken zwischen Wach- und Schlafzustand, aber niemand weiß, ob sie träumen; und schon ein Leben, das nur aus Träumen besteht, ist es in meinen Augen wert, gelebt zu werden. Jeder, der einmal versucht hat, ein Buch zu schreiben, weiß das: Manchmal gelingt es einem teilweise (ich bestehe auf »manchmal« und »teilweise«), in schriftlicher Form Dinge zu vermitteln, die sich anders nicht vermitteln ließen; und was man schreibt, ist nichts weiter als ein schwacher Abglanz dessen, was man hatte schreiben wollen. Um es schonungsloser auszudrücken: Das Innenleben eines Menschen beschränkt sich nicht auf seine Beziehungen zu seinen Mitmenschen.

Mitmenschen, Familie ... Es besteht kein Zweifel daran, dass es der Aspekt der »Familientragödie« ist, der die außerordentliche mediale Aufregung um diesen Fall erklärt. Tatsächlich ging es dabei um alles, was den Medien gefällt: Würde, Liebe, Tränen und sogar fundamentalistische Katholiken ... Es ist an diesem Punkt nicht fehl am Platze, an einige Grundsätze zu erinnern: Vincent Lambert war ein freies Individuum, ein menschliches Wesen, in vollem Umfang des Wortes (und daneben noch französischer Staatsbürger).

Niemand (weder seine Frau noch seine Mutter noch irgendeines seiner Geschwister und auch nicht seine Ärzte) hatte das Recht, über sein Leben oder seinen Tod zu entscheiden, hatte das Recht, zu bestimmen, ob sein Leben »lebenswert« war oder nicht. Absolut niemand.

Und doch würde man sehr wohl an seiner Stelle entscheiden. Er hatte keine Patientenverfügung verfasst, und warum hätte er das auch tun sollen? Man verfasst eine Patientenverfügung, wenn man alt und krank ist und einem nahenden Todeskampf entgegensieht; nicht, wenn man dreißig Jahre alt ist und weil man Gefahr läuft, einen Autounfall zu haben.

Nicht nur hat die medizinische Einrichtung ihren Fehler nie behoben, nicht nur hat Vincent Lambert die letzten zehn Jahre seines Lebens auf einer Palliativstation verbracht, auf der er nichts verloren hatte, sondern man hat von 2013 an versucht, ihn zu töten, indem man sich anfangs auf einen lächerlichen Befund stützte, dem zufolge er einen »Todeswunsch« zum Ausdruck gebracht habe. Wie soll ein Patient, dessen Zustand durch ungeheure Schwierigkeiten selbst im Mitteilen der einfachsten Dinge gekennzeichnet ist, ein solches Bedürfnis kundgetan haben können? Das ist offenkundig absurd.

Das Universitätskrankenhaus von Reims wird es ziemlich schwer gehabt haben, Vincent Lambert ein Ende zu bereiten, unter anderem aufgrund seines beharrlichen Überlebens (beim ersten Einstellen der künstlichen Ernährung waren es immerhin einunddreißig Tage ohne Nahrung), vor allem aber dank des Eingreifens des Gesetzes. Es sollte nicht weniger als vier Palliativmaßnahmen bedürfen – deren letzte zweimal unterbrochen wurde –, um das tödliche Ergebnis zu erreichen. In dem Gerichtsdrama treten das Verwaltungsgericht von Châlons-en-Champagne (mehrfach), der Regierungsrat, das Europäische Menschenrechtsgericht, mehrere Berufungsgerichte, der Kassationsgerichtshof auf. All das vor dem Hintergrund der wiederholten Beschwerden des Ausschusses zum Schutz der Rechte von Menschen mit Behinderungen der Vereinten Nationen (die allerdings keinerlei Wirkung zeigten). Seine Schlussphase bietet uns das verwirrende Spektakel dreier Gerichte, die innerhalb weniger Wochen vollkommen entgegengesetzte Urteile erlassen, ohne dass sich dabei irgendetwas Neues ergeben hätte.

Wenn ich in Form eines in *Le Monde* veröffentlichten Artikels selbst in diese Debatte eingriff (zu einem recht späten Zeitpunkt, gewissermaßen als Spätberufener), dann weil ich fassungslos darüber war, dass die Regierung gegen die Entscheidung des Pariser Berufungsgerichts in Revision ging, das den französischen Staat aufforderte, die künstliche Ernährung Vincent Lamberts wiederaufzunehmen. Ich war seinerzeit, das gebe ich offen zu, nicht sehr gut informiert; dennoch hielt ich es für wenig wahrscheinlich, dass es in den Bereich »unverhältnismäßiger lebensverlängernder Maßnahmen« fiele, einem Patienten zu essen und zu trinken zu geben (und sei es auf künstlichem Wege). Ich hatte seither die Gelegenheit, mir jene Magensonden anzusehen, die zur Ernährung und zur Flüssigkeitsversorgung von Patienten mit Schluckschwierigkeiten dienen; es handelt sich dabei um kleine Geräte, die leicht transportabel sind und von der Familie, ist der Angehörige in ihrer Obhut, selbstständig gewechselt werden können, ohne medizinisches Fachpersonal hinzurufen zu müssen; nichts Umständliches, nichts Schwieriges. Also, Lebensverlängerung um jeden Preis?

Dieses staatliche Eingreifen, ohne das Vincent Lambert heute noch am Leben wäre, erschien mir seinerzeit, erscheint mir noch heute unbegreiflich; es wirft einen Schatten auf die erste Amtszeit von Emmanuel Macron und wird es auch in Zukunft tun. Auch wenn der französische Staat in der letzten Phase des Dramas eine gewisse Verantwortung trägt, ist es, verdeutlicht man sich noch einmal die Tatsachen, doch vor allem die mörderische Unnachgiebigkeit des Universitätskrankenhauses von Reims, die an dieser Geschichte verblüfft, hatten sich andere medizinische Einrichtungen in Frankreich doch bereit erklärt, diesen Patienten aufzunehmen und ihm die Pflege zukommen zu lassen, die sein Zustand erforderte. Es war also überhaupt nicht ungerechtfertigt, dass ihm der Prozess gemacht wurde. In der ersten Instanz wurden das Universitätskrankenhaus von Reims und der Arzt Dr. Sanchez vom Gerichtshof von Reims freigesprochen. Emmanuel Hirsch erzählt in seinem Vorwort, seine Entscheidung, dieses Buch zu veröffentlichen, sei am Ende dieses Prozesses gefallen, in dem er als Zeuge der Nebenklage auftrat; denn er begreift nicht, er begreift noch immer nicht, warum Vincent Lambert sterben musste.

Gegenwärtig befinden sich in Frankreich über 1500 Personen in einem vegetativen Zustand ähnlich dem von Vincent Lambert, und viele von ihnen sind in einer noch schwierigeren Lage (so konnte er beispielsweise auf natürliche Weise atmen, ohne Hilfe eines Luftröhrenschnitts, was alles andere als der Normalfall ist). Soll man sie fortan als Leichen auf Bewährung betrachten, abhängig von einer wohlwollenden juristischen Entscheidung, während die Justiz ihre Widersprüchlichkeit und Unberechenbarkeit deutlich unter Beweis gestellt hat (was man übrigens angesichts der von Professor Hirsch gut dargelegten Mehrdeutigkeiten des Leonetti-Gesetzes geradezu zu entschuldigen geneigt wäre)? Und hat man einmal an jene medizinischen Kräfte gedacht, die ihre Arbeitstage, ihr Mitgefühl, ihre Kraft dafür aufwenden, diese Patienten zu pflegen, so gut sie können? Welche Missachtung dieser schwierigen, emotional anspruchsvollen Arbeit, für die sie sich fast alle entschieden haben! (Die große Mehrheit des Pflegepersonals in einer Abteilung für Wachkomapatienten besteht aus Freiwilligen.) Emmanuel

Hirsch übertreibt nicht, wenn er in seiner letzten Chronik von einem »ethischen und politischen Debakel« spricht, und er fürchtet zu Recht, dass wir in Zukunft in dieser Richtung noch mehr aufgeben werden.

Als Kind mochte ich die populären Sachbücher von Jean Rostand. Das war ein etwas »altbackener« Humanist von jener Art, die leider verschwunden zu sein scheint, doch er schien die Gefahren, die uns heute bedrohen, durchaus vorausgeahnt zu haben, als er 1970 in *Le Courrier d'un biologiste*[21] schrieb: »Ich glaube, dass es kein Leben gibt, so entwürdigt, so schadhaft, so erniedrigt, so verkümmert es auch sein mag, welches keinen Respekt verdient und nicht voller Eifer verteidigt werden muss.

Ich erlaube mir die Schwäche, zu glauben, dass die Ehre einer Gesellschaft darin liegt, diesen beschwerlichen Luxus auf sich zu nehmen, den die Last der Unheilbaren, der Nutzlosen, der Unfähigen für sie bedeutet; und ich würde ihren Zivilisationsgrad geradezu danach bemessen, wie viel Mühe und Sorgfalt sie sich aus bloßem Respekt vor dem Leben aufbürdet ... Wenn es zur Gewohnheit wird, Monster zu beseitigen, gelten schon kleine Schönheitsfehler als Monstrosität. Von der Unterdrückung des Schrecklichen zur Unterdrückung des Unerwünschten ist es nur ein Schritt ... Diese gereinigte, gesäuberte Gesellschaft, diese Gesellschaft, in der das Mitleid keinen Platz mehr hat, diese Gesellschaft ohne Unrat, ohne Unsauberkeiten, in der die Normalen und die Starken aus Ressourcen Nutzen schlagen würden, die bislang die Unnormalen und die Schwachen aufbrauchen, diese Gesellschaft, die wieder an Sparta anknüpfen und die Schüler von Nietzsche begeistern würde: Ich bin mir nicht sicher, ob sie es noch verdiente, als menschliche Gesellschaft bezeichnet zu werden.«

Sparta rühmte sich seiner Effizienz, »und verschwand aus diesem Grund, ohne irgendwelche Spuren zu hinterlassen«.[22] Auch unsere Gesellschaft brüstet sich gern mit ihrer Effizienz; sie wird wie Sparta verschwinden, und sie läuft durchaus Gefahr, nichts als die ungewisse Erinnerung an eine Schande, der Schatten eines Abscheus zu sein.

ANMERKUNGEN

Der verlorene Text

1 Georges Perec, *Das Soprano-Project. De Iaculatione Tomatonis (in cantatricem)*. Aus dem Französischen von Gerhard Pilzer. Bettighofen am Bodensee: Libelle, 1992.

Interview mit Frédéric Beigbeder

2 Serges Gainsbourg, *Initials B.B.* o. O.: Philips, 1968.

3 Michel Houellebecq, *Gegen die Welt, gegen das Leben*. Aus dem Französischen von Ronald Voullié. Köln: DuMont, 2016.

Interview mit Marin de Viry und Valérie Toranian

4 Alfred de Musset, *Rolla*. Aus dem Französischen von Ludwig Ganghofer. Wien: Konegen, 1883.

5 Der Begriff Daesch bezeichnet den »Islamischen Staat im Irak und der Levante«. Mithilfe der Ab-

kürzung wird es vermieden, den selbst gegebenen Namen der islamistischen Fundamentalisten zu verwenden, und damit auch der weltweite Herrschaftsanspruch der Terrororganisation zurückgewiesen.

6 Pascal Bruckner, *Das Schluchzen des weißen Mannes. Europa und die Dritte Welt. Eine Polemik.* Aus dem Französischen von Christiane Kayser. Berlin: Rotbuch, 1984.

INTERVIEW MIT AGATHE NOVAK-LECHEVALIER

7 Michel Houellebecq, *Ich habe einen Traum. Neue Interventionen.* Aus dem Französischen von Hella Faust. Köln: DuMont, 2010.

8 Bernard-Henri Lévy, Michel Houellebecq, *Volksfeinde. Ein Schlagabtausch.* Aus dem Französischen von Bernd Wilczek. Köln: DuMont, 2010.

9 Michel Houellebecq, *Plattform.* Aus dem Französischen von Uli Wittmann. Taschenbuch-Neuausgabe. Köln: DuMont, 2015.

EMMANUEL CARRÈRE UND DAS PROBLEM DES GUTEN

10 Emmanuel Carrère, *Alles ist wahr.* Aus dem Französischen von Claudia Hamm. Berlin: Matthes & Seitz, 2014.

11 Emil Cioran, *Vom Nachteil, geboren zu sein.* Aus dem Französischen von François Bondy. Frankfurt a. M.: Suhrkamp, 1979.
12 Fjodor Michailowitsch Dostojewski, *Der Jüngling.* Aus dem Russischen von Hermann Röhl. Berlin, Weimar: Aufbau, 1971.

GESPRÄCH MIT GEOFFROY LEJEUNE

13 Friedrich Nietzsche, *Also sprach Zarathustra. Ein Buch für Alle und Keinen.* Frankfurt: Insel, 1994.
14 Heutzutage unter dem Namen »Gemeinschaft der Seligpreisungen« bekannt.
15 Joseph de Maistre, »Sur le protestantisme«. In: *Œuvres.* Hrsg. v. Pierre Glaudes. Paris: Robert Laffont, 2007.
16 Sigmund Freud, »Dostojewski und die Vatertötung«. In: Sigmund Freud, *Studienausgabe Bd. X.* Frankfurt: S. Fischer, 1969.
17 Friedrich Engels, »Dialektik der Natur«. In: Karl Marx, Friedrich Engels, *Werke.* Band 20. Berlin: Karl Dietz Verlag, 1962.
18 Philippe Ariès, *Essais sur l'histoire de la mort en Occident. Du Moyen Âge à nos jours.* Paris: Éditions du Seuil, 1975.
19 Johannes Paul II., *Fides et ratio. An die Bischöfe der katholischen Kirche – über das Verhältnis von Glaube und Vernunft.* 13. Enzyklika. Vatikan: Libreria Editrice Vaticana, 1998.

20 Blaise Pascal, *Gedanken über die Religion und einige andere Themen*. Herausgegeben von Jean-Robert Armogathe. Aus dem Französischen von Ulrich Kunzmann. Stuttgart: Philipp Reclam jun., 1997.

DEN FALL VINCENT LAMBERT HÄTTE ES NICHT GEBEN DÜRFEN

21 Jean Rostand, *Le Courrier d'un biologiste*. Paris: Gallimard, 1970.

22 Michel Houellebecq: »Ich weiß nicht mehr, wem dieses amüsante Zitat zu Sparta zuzuordnen ist; vielleicht Chesterton, es wäre in jedem Fall sein Stil.«

BIBLIOGRAFIE

Der Konservatismus, Quelle des Fortschritts, in: *Le Figaro*, 8. November 2003; erneut veröffentlicht in: *Houellebecq*, Les Cahiers de l'Herne, Paris: Éditions de l'Herne, 2017.

Der verlorene Text, Vorwort zu: Rachid Amirou, *L'imaginaire touristique,* Paris: CNRS Éditions, 2012.

Gespräch mit Frédéric Beigbeder, in: *Lui* Nr. 7, Paris, April 2014.

Ein Heilmittel gegen die Daseinserschöpfung, Vorwort zu: Marc Lathuillière, *Musée national*, Paris: Éditions de La Martinière, 2014.

Interview mit Marin de Viry und Valérie Toranian, in: *Revue des deux mondes*, Paris, Juli 2015.

Gespräch mit Agathe Novak-Lechevalier, online gestellt im Rahmen der *Noche de los libros*, Malaga, April 2017.

Emmanuel Carrère und das Problem des Guten, in: Laurent Demanze und Dominique Rabaté (Hg.),

Emmanuel Carrère. Faire effraction dans le réel, Paris: Éditions P.O.L, 2018.

Donald Trump ist ein guter Präsident, in: *Harper's Magazine*, New York, Januar 2019.

Gespräch mit Geoffroy Lejeune, erstmals veröffentlicht in: *First Things*, Mai 2019; erneut veröffentlicht in: *Revue des deux mondes*, Paris, Oktober 2019.

Ein bisschen schlechter. Erwiderung an einige Freunde, Brief, verlesen auf *France Inter*, Mai 2020.

Den Fall Vincent Lambert hätte es nicht geben dürfen, Vorwort zu: Emmanuel Hirsch, *Vincent Lambert, une mort exemplaire?*, Paris: Éditions du Cerf, Juni 2020.

MICHEL HOUELLEBECQ BEI DUMONT

Michel Houellebecq, Ein bisschen schlechter
Essays. 208 Seiten, gebunden, auch als eBook

»Michel Houellebecq ist in Wahrheit der menschlichste Essayist unserer Tage.« Welt am Sonntag

---

Michel Houellebecq, Serotonin
Roman. 336 Seiten, gebunden, auch als eBook

»Wo zum Teufel findet man denn intelligentere Gegenwartsdiagnosen von schmerzhafterer Klarheit und zwingenderer Radikalität als bei Houellebecq?« ARD Druckfrisch

---

Michel Houellebecq, In Schopenhauers Gegenwart
80 Seiten, gebunden, auch als eBook

»Eine Fundgrube hinreißend unzeitgemäßer Wertvorstellungen« Münchner Merkur

---

Bernard Maris, Michel Houellebecq, Ökonom
Eine Poetik am Ende des Kapitalismus.
144 Seiten, gebunden, auch als eBook

»Witzig und kenntnisreich geschrieben. Absolut lesenswert!« 3Sat Kulturzeit

---

Michel Houellebecq, Unterwerfung
Roman. 272 Seiten, gebunden, auch als eBook

»Der umwerfendste Schriftsteller unserer Gegenwart.« Frankfurter Allgemeine Sonntagszeitung

---

Michel Houellebecq, Gestalt des letzten Ufers
Gedichte. 176 Seiten, gebunden, auch als eBook

»Durch die spitze Selbstironie des Autors werden die Gedichte reizvoll zerzaust.« Süddeutsche Zeitung

---

Michel Houellebecq, Ich habe einen Traum
Essays. 112 Seiten, gebunden

»Mit flotten, mitunter derben Strichen wirft Houellebecq ein Panorama der Kunst- und Medienszene des frühen 21. Jahrhunderts hin.« Buchkultur

---

Michel Houellebecq, Karte und Gebiet
Roman. 416 Seiten, gebunden, auch als eBook

»Lesen!« Monopol

Michel Houellebecq / Bernard-Henri Lévy, Volksfeinde
Ein Schlagabtausch. 320 Seiten, gebunden, auch als eBook

»Richtig lesenswert (…) Ein Streit, wie er aktueller nicht sein könnte« Die Welt

---

Michel Houellebecq, Gesammelte Gedichte
784 Seiten, Taschenbuch

»Tausend Seiten Depression sind schließlich ziemlich witzig.« Literarische Welt

---

Michel Houellebecq, Die Möglichkeit einer Insel
Roman. 448 Seiten, Taschenbuch, auch als eBook

»Hart und böse ist dieses Buch, von großer Genauigkeit und verblüffendem Scharfblick.« Süddeutsche Zeitung

---

Michel Houellebecq, Gegen die Welt, gegen das Leben
128 Seiten, Taschenbuch

»Dieses Buch ist ein Schöpfungsakt. Ein Autor erschafft sich selbst.« Deutschlandfunk

---

Michel Houellebecq, Plattform
Roman. 352 Seiten, Taschenbuch, auch als eBook

»Michel Houellebecq ist ein Prophet.« Frankfurter Rundschau

Michel Houellebecq, Lanzarote
80 Seiten, Taschenbuch

»Ein moderner Klassiker« Der Standard

Michel Houellebecq, Elementarteilchen
Roman. 368 Seiten, Taschenbuch, auch als eBook

»Ein atemraubend spannender Text« Frankfurter Allgemeine Zeitung

---

—

»Für jeden ›Houellebecqianer‹ unverzichtbar«
DEUTSCHLANDFUNK BÜCHERMARKT

Man kann Houellebecq nicht festlegen: Er ist Romancier, Lyriker, Essayist, Dramatiker. Und er dehnt das Feld der Literatur aus: auf das Kino, auf die Musik und auf die bildende Kunst. Mit seinen Texten inspiriert er Künstler aller Art.

Das von Agathe Novak-Lechevalier, einer ausgewiesenen Kennerin des Werks von Houellebecq, herausgegebene Cahier de l'Herne enthält unveröffentlichte Texte des Autors, Gespräche mit literarischen Größen, Beiträge von Freunden, Schriftstellerkollegen und -kolleginnen, von Philosophen, Musikern, Journalisten und Journalistinnen.